© 2016 Claus Petersen

Lektorat: Veit Schäfer, Karlsruhe

Verlag: tredition GmbH, Hamburg

ISBN Paperback: 978-3-7345-2159-1
ISBN Hardcover: 978-3-7345-2160-7

Das Werk, einschließlich seiner Teile, ist urheberrechtlich geschützt. Jede Verwertung ist ohne Zustimmung des Verlages und des Autors unzulässig. Dies gilt insbesondere für die elektronische oder sonstige Vervielfältigung, Übersetzung, Verbreitung und öffentliche Zugänglichmachung.

Bibliografische Information der Deutschen Nationalbibliothek:
Die Deutsche Nationalbibliothek verzeichnet diese Publikation in der Deutschen Nationalbibliografie; detaillierte bibliografische Daten sind im Internet über http://dnb.d-nb.de abrufbar.

Claus Petersen

WeltReligion

Von der paulinisch-lutherischen
Kreuzestheologie zur Botschaft Jesu
von der Gegenwart des Reiches Gottes

Von den Strukturen der Gewalt
zu einer Kultur des Friedens

INHALT

Warum dieses Buch 9

KAPITEL 1: Ecclesia nunc reformanda
Die Reformation muss weitergehen   15

1. Der reformatorische Durchbruch 15
2. Traumatisierungen 19
      Exkurs: Die Grundkonstante der Gewalt in der paulinischen
      Theologie und der Versuch einer Erklärung 28
3. Strukturen der Gewalt – nicht nur im 16. Jahrhundert 35
4. Die Wirkmächtigkeit der paulinisch-reformatorischen Sühnopfer-
   theologie 46
5. Sola scriptura, allein die Schrift 57
6. „Evangelium" im neutestamentlichen Kanon 60

KAPITEL 2: „Kommt, denn es ist schon bereit!"
Das jesuanische Evangelium von der Gegenwart des
Reiches Gottes   65

1. Sacra scriptura (Heilige Schrift) und historisch-kritische
   Exegese 66
2. Ipsissima verba, die Jesusworte: der Urgrund des Christentums 71
      Die Seligpreisung der Armen
      (Matthäus 5,3 / Lukas 6,20b) 71
      Kamel und Nadelöhr
      (Markus 10,25) 77
      Das Gleichnis von der Einladung zum großen Gastmahl
      (Lukas 14,16-21a) 79
      Der Zuspruch des Reiches Gottes an die Kinder
      (Markus 10,14b-15) 83

Das Gleichnis vom Schatz im Acker
(Matthäus 13,44) 87
Vom Austreiben der Dämonen
(Matthäus 12,28 / Lukas 11,20) 89
Vom Satanssturz
(Lukas 10,18) 91
Von der Präsenz des Reiches Gottes
(Lukas 17,20b-21) 92
Neuer Stoff, neuer Wein
(Markus 2,21-22a) 96
Jesu Ablehnung des Fastens
(Markus 2,19a) 97
„Wer seine Hand an den Pflug gelegt hat…"
(Lukas 9,62) 99
Das Gleichnis von der von selbst Frucht bringenden Erde
(Markus 4,26-28) 100
Das Gleichnis vom Senfkorn
(Markus 4,30-32) 102
Das Gleichnis vom Sauerteig
(Matthäus 13,33 / Lukas 13,21) 103
Das Gleichnis von der Aussaat
(Markus 4,3-8) 105
Vom Groß-sein-Wollen und vom Dienen
(Markus 10,43b-44) 108
Vom Hinhalten der anderen Wange
(Matthäus 5,39b / Lukas 6,29a) 110
Die Beispielerzählung von den Arbeitern im Weinberg
(Matthäus 20,1-14) 111
Vom Sabbat
(Markus 2,27) 116
Von nun an wird das Reich Gottes verkündigt
([Matthäus 11,12f.] / Lukas 16,16) 117
„Lass die Toten ihre Toten begraben."
(Matthäus 8,22 / Lukas 9,60) 118

3. Das jesuanische Evangelium: eine identifizierbare, konsistente, komplexe und höchst eigenständige Größe 120

4. Die Intention Jesu: die Welt als „Reich Gottes" wahrnehmen und an ihr teilhaben; weltverbunden leben 121
        Exkurs: Zur Biografie Jesu 124
5. „Reich Gottes" – jetzt und hier. Präzisierungen in zweierlei Hinsicht 129
   5.1 „Reich Gottes" – Gegenwart, nicht Zukunft 129
   5.2 „Reich Gottes" – die Welt in ihrer Heiligkeit, nicht Überwelt, nicht Himmel, kein neues Gottesbild 133
6. Die Jesusworte: nicht „Mitte der Schrift", wohl aber „Kanon im Kanon" 136
7. Sola scriptura? Sola scriptura! Solum regnum Dei praesens! 138
8. Die Jesusworte im Zusammenhang – „Kanon im Kanon", Urgrund des Neuen Testaments 142

KAPITEL 3: WeltReligion oder: die Sakralität der Weltverbundenheit
Ansätze zu einer Kultur des Friedens   147

1. „Reich Gottes" – Metapher für den heiligen Zusammenhang der Welt, in den wir eingebunden sind 148
2. Dimensionen der Weltverbundenheit. Elemente einer Kultur des Friedens 151
   2.1 *„Das Recht sprudele wie Wasser, Gerechtigkeit wie ein unversieglicher Bach!" (Amos 5,24)*
      Unser in der „Reich-Gottes"-Verbundenheit wurzelndes tiefes Bedürfnis, in gleicher Weise wie alle anderen Menschen geachtet zu werden und einen Platz in der Welt zu haben 152
   2.2 *„Gerechtigkeit und Frieden küssen sich." (Psalm 85,11b)*
      Unser in der „Reich-Gottes"-Verbundenheit wurzelndes tiefes Bedürfnis, dass uns und anderem Leben kein Leid geschehe 173
   2.3 *„Jahwe Gott bildete den Menschen aus Staub vom Erdboden und blies in seine Nase den Atem des Lebens. So wurde der Mensch zu einem lebendigen Wesen." (1. Mose 2,7)*
      Unser in der „Reich-Gottes"-Verbundenheit wurzelndes elementares Verlangen nach Nahrung, nach Luft, Wärme und Licht 180
3. „...und er weiß selbst nicht wie" (Markus 4,27) – Der himmlische Glanz des „Reiches Gottes" 187

KAPITEL 4: Ecclesia reformata
Kirche: Botschafterin des Reiches Gottes, Wächterin der Erde, Hüterin des Paradieses 193

1. „Neuer Stoff, neuer Wein" – Paradigmenwechsel 193
2. „Kommt, denn es ist schon bereit!" – Wir feiern es 197
    2.1 Feier des Reiches Gottes (Compañerismo) 201
    2.2 Das Leben feiern 210
    2.3 Feste im Kirchenjahr 213
3. Die Welt in den Blick nehmen, eine Welt, die nach den Spielregeln des Reiches Gottes eingerichtet ist 223

Warum dieses Buch

Eine Kultur des Friedens, das ist kein Traum, das ist keine Vision. Sie ist die Bedingung für ein Leben in Würde und zugleich seine Ausdrucksweise. Von allem Anfang an und von Grund auf sind wir Menschen kooperative Wesen. In einer auf Konkurrenz und Profitmaximierung ausgelegten Gesellschaft, in der alles, Mensch und Welt, zur Ware wird, fühlen wir uns nicht wohl, nicht wie zuhause, sondern wie Fremdlinge in einem Land, das nicht zu uns passt. Es ist nicht „unsere Welt". Wahrhaft Mensch sein, das können wir nicht für uns selbst, sondern nur in Verbundenheit mit der Welt, in der und mit der wir leben. Weltverbundenheit bedeutet Heil, bedeutet Seligkeit. Sie hat religiöse Qualität.

Damit ist der Grundcharakter der Botschaft Jesu umrissen, der Person also, auf den sich die christlichen Kirchen bis heute berufen. Dass wir nicht abgetrennt von der Welt unser Leben fristen, sondern teilhaben an ihr und so „hineinkommen ins Reich Gottes", weil diese Teilhabe nichts anderes als unsere wahre, unsere volle Existenz ausmacht, auf diese *Welt*-Religion wollte er hinaus. Um das jesuanische Evangelium vom „Reich Gottes" der so lange währenden tiefen Vergessenheit zu entreißen, es wieder ans Licht zu holen und zum Leuchten zu bringen, deshalb vor allem habe ich dieses Buch geschrieben. Möge es zur *nota ecclesiae* werden, zum charakteristischen Wesenszug der Kirche schlechthin, einer Kirche, die diese heilige, friedenschaffende Botschaft hütet und bewahrt und in der Weise lebendig werden lässt, dass durch ihre Energie, die von ihrer Wahrheit rührt, die Strukturen der Gewalt in der Welt überwunden werden und der Frieden immer aufs neue Gestalt gewinnt.

Im Zentrum der Botschaft Jesu steht der Begriff „Reich Gottes". Er bezieht sich auf die Welt, in der wir leben, auf die Welt, mit der wir von unserem ersten Atemzug an verbunden sind. „WeltReligion" lautet denn auch der Titel dieses Buches. Damit ist nicht etwa eine Religion gemeint, die über die ganze Erde verbreitet ist, wie der Begriff gewöhnlich verstanden wird. Vielmehr bezeichnet WeltReligion hier die uns Menschen gemäße Daseinshaltung der Weltverbundenheit, durch die das in uns angelegte tiefe Verlangen nach Freude und Glück zur Erfüllung kommt.

Wem sich die Welt öffnet als das Medium seiner Existenz schlechthin, wer spürt, dass er zu ihr gehört und sie zu ihm, der empfindet etwas, das noch mehr ist als Glück, nämlich tiefste Erfüllung, innerster Frieden, Seligkeit. Die Welt enthüllt sich ihm als etwas Heiliges, ja Göttliches, eben als „Reich Gottes". Er erlebt sie und lebt in ihr, wie es ihr entspricht; etwas anderes ist jetzt gar nicht mehr möglich.

Einer Ethik bedarf es nicht mehr (von Jesus ist kein einziges Gebot überliefert!). Die beiden wesentlichsten Merkmale einer Existenz im „Reich Gottes" und einer Kultur des Friedens – und Jesus benennt sie beide –, ergeben sich im Grunde wie von selbst: Allen Kindern dieser Welt wird ganz selbstverständlich und ohne, dass erst spezielle Rechte, Kinderrechte, formuliert werden müssten, eine ausgesprochen hohe Wertschätzung entgegengebracht. Sie rücken in die Mitte der Gesellschaft, begegnet uns doch in ihnen das, was wir Weltverbundenheit genannt haben, noch ganz unmittelbar. *Sie* sind *unsere* Lehrmeister im „Reich Gottes"! Und das andere: Niemand, der weltverbunden lebt, wird jemals mehr besitzen wollen als nötig. Denn jedes Zuviel trennt von der Welt, der Quelle des Lebens. Mehr zu haben, als man braucht, kann jetzt keine Steigerung des Lebens mehr sein, sondern schränkt es auf geradezu fundamentale Weise ein. Den Kindern und den Armen, denen, die einfach leben, spricht Jesus das „Reich Gottes" unmittelbar zu.

Noch sind es die Strukturen der Gewalt, die unsere Welt durchdringen. Dass der Mensch dem Menschen ein Wolf sei und jeder sich selbst der Nächste, ein Leben im Einklang mit der Natur nichts sei als Illusion und Schwärmerei, das scheint weithin Konsens zu sein. Und an diesem Vor-Urteil soll möglichst niemand rütteln. Nichts soll uns in dem Glauben beirren, dass es dazu keine wirkliche Alternative gibt. Und gleichwohl sehnt sich (fast) jeder Mensch nach einem anderen Leben, nach einer anderen Art gesellschaftlichen Zusammenlebens, nach einer „heilen Welt". Die Verwerfungen werden immer offensichtlicher und unerträglicher. Gibt es einen Ausweg?

Leider werden die christlichen Kirchen durchaus nicht als unbestechliche Verteidigerinnen der Gerechtigkeit, als Anwältinnen des „Friedens auf Erden", als „Wächter der Erde" wahrgenommen. Die Welt und Mensch vergiftende Gewalt wird von ihnen nicht wirklich überwunden. Wie sollte das auch geschehen, solange sie sich nicht unmissverständlich und kompromisslos von der ihre Spiritualität und Liturgie schon in frühester Zeit – gleichwohl nicht von allem Anfang an! – in grundlegender Weise bestimmenden Lehre lossagen, dass der Kreuzestod Jesu ein, ja das alles entscheidende Heilsereignis sei, dass die Jesus zugefügte und von ihm erlittene Gewalt und sie allein die Erlösung des Menschen erwirkt habe. Diesen Glaubenssatz zu dekonstruieren und zu delegitimieren, ist ein weiteres wesentliches Anliegen dieses Buches.

Die „reformatorische Entdeckung" Martin Luthers, mit der das *erste Kapitel* einsetzt, gründet gerade in diesem Glaubenssatz. Der Reformator war davon überzeugt, dass ihm durch den Kreuzestod Jesu, den er wie Paulus als ein die Schuld der Menschen stellvertretend sühnendes und ihn deshalb auch von seiner eigenen Sündenlast befreiendes Opfer interpretierte, das Heil schlechthin widerfahren sei. Diesen Glaubenssatz wollte er von aller späteren Überfremdung befreien: Was uns Menschen durch unser Handeln niemals gelingen könne, das habe Christus durch seinen Tod vollbracht, nämlich uns das Heil, ewiges Heil zu erwerben. Dieses sein Werk, nicht unsere Werke, rechtfertige uns vor Gott.

Wie konnte es zu dieser Deutung kommen? Wie konnte dieser furchtbare Gewaltakt, die Hinrichtung am Kreuz und das damit verbundene Martyrium, als ein, ja als das Heilsereignis schlechthin verstanden werden? Wie ist es möglich, diese blutige Folter eines Menschen als einen, ja als den Ausdruck umfassender göttlicher Liebe selbst zu interpretieren? Liegt die Annahme nicht nahe, dass es durch eigene Gewalterfahrungen hervorgerufene Traumatisierungen gewesen sein müssen, die zur Ausbildung eines solchen Glaubens- und Bekenntnissatzes geführt haben, Traumatisierungen, wie sie Martin Luther in seiner Kindheit und so viele andere Kinder um ihn, vor ihm (eventuell auch Paulus aus Tarsus) und nach ihm erlitten haben, Gewalterfahrungen auf dem Boden von Gesellschaften, die selber schon längst von einer Un-Kultur der Gewalt infiltriert worden waren?

Einen Auszug aus dieser Knechtschaft der Gewalt eröffnet die Jesusbotschaft! Diese aber muss erst rekonstruiert werden. Sie erschließt sich keineswegs durch die Lektüre des Neuen Testaments gleichsam wie von selbst. Im Gegenteil: Beinahe bis zur Unkenntlichkeit übermalt, in einen fremden und sie verfremdenden Kontext gestellt, haben die biblischen Autoren sie eher verhüllt als ins Licht gestellt. So ging sie ihrer befreienden Kraft wieder verlustig, wurden ihre heil- und friedenschaffenden Impulse wieder in Ketten gelegt. Doch durch letztlich auf die Reformation und den Humanismus des 16. Jahrhunderts zurückgehende Anstöße wurde es möglich, die Übermalungen Schicht um Schicht zu entfernen und das ursprüngliche Gemälde wieder freizulegen, den ursprünglichen Text des „Palimpsestes"[1] der synoptischen Tradition doch noch zu entziffern und die die Jesusbotschaft verfremdenden Bearbeitungen der neutestamtlichen Redakteure beiseitezuräumen. Und genau darin besteht die bleibende Bedeutung der Reformation. Aufgrund des reformatorischen Schriftprinzips („*sola scriptura*", allein die Schrift) hat sie die Entwicklung der historisch-kritischen Bibelexegese auf den Weg gebracht. Sie ist es gewesen, sie allein, die es ermöglicht hat, dem jesuanischen Evan-

---

[1] Eine durch Schaben oder Waschen gereinigte und danach neu beschriebene Papyrus- oder Pergamentseite, deren Originaltext oftmals wieder sichtbar gemacht werden kann.

gelium überhaupt erst einmal wieder auf die Spur zu kommen. Anhand der *ipsissima verba*, der wenigen mit hoher Wahrscheinlichkeit authentischen Jesusworte, wird die Botschaft Jesu im *zweiten Kapitel* dieses Buches ausführlich dargestellt. Dabei treten auch bereits die Konturen der mit dem Begriff WeltReligion umschriebenen Existenzweise nach und nach immer klarer hervor. In welch dramatischer Weise erste Tradenten der Jesusüberlieferung und dann vor allem die Evangelisten selbst und hier in besonderer Weise noch einmal Johannes, dem das vierte Evangelium zugeschrieben wird, die Jesusbotschaft nachträglich wieder verhüllt, ja entstellt haben – ganz zu schweigen von Paulus, der überhaupt keine Notiz von ihr nimmt –, das ist nun nicht mehr zu übersehen. Die Konsequenz ist unausweichlich: Basis und letztlich *norma normans* einer sich auf die Botschaft Jesu rückbeziehenden kirchlichen Liturgie und Praxis können im Grunde nur diese mit hoher Wahrscheinlichkeit authentischen Jesusworte sein, die – allerdings nur sie allein und von der übrigen neutestamentlichen Überlieferung strikt isoliert! – die Kontur seiner Botschaft in aller wünschenswerten Klarheit erkennen lassen. Die notwendige Folge wäre eine radikale, wirklich an die jesuanischen Wurzeln gehende Reform zwar auch der Strukturen, zunächst aber und vor allem der Botschaft der Kirche, des Inhalts, für den sie jetzt, unter diesen neu gewonnenen, jedoch letztlich reformatorischen Rahmenbedingungen steht. Im Grunde destruiert das wieder freigelegte jesuanische Evangelium praktisch die gesamte kirchlich-theologische Dogmatik. Der *articulus stantis et cadentis ecclesiae*, der Artikel, mit dem die Kirche steht und fällt, ist von nun an die Botschaft Jesu von der Gegenwart des Reiches Gottes – und nicht mehr die nichtjesuanische Lehre von der Heilsbedeutung seines Kreuzestodes (und seiner Auferstehung).

Das *dritte Kapitel* ist der „Sakralität der Weltverbundenheit" gewidmet, wie man den Gehalt der das jesuanische Evangelium von der Gegenwart des „Reiches Gottes" aufnehmenden WeltReligion vielleicht am präzisesten umschreibt. Er bezeichnet, kurz gesagt, eine Existenzweise im „Medium" der Welt, ein Leben, das nur im Weltzusammenhang wirklich „Leben" genannt werden kann. Diesem Weltzusammenhang entstammen letztlich die Grundbedürfnisse des Menschen, und nur im Weltzusammenhang, aus der Welt heraus, können sie erfüllt und befriedigt werden – wobei sich die Weltverbundenheit auch daran zeigt, dass sich diese Bedürfnisse nicht nur auf den Einzelnen beziehen, sondern darüber hinaus auf alle anderen Menschen, ja letztlich auf die ganze Welt: Ich habe das tiefe Bedürfnis, dass andere meinem Verlangen nach Beachtung und Anerkennung gerecht werden, und ich möchte, dass dies in gleicher Weise auch allen anderen Menschen zuteil wird. Ich habe das tiefe Bedürfnis, dass mir und anderen Menschen, ja dem Leben selbst kein Leid geschieht. Und ich habe das tiefe Bedürfnis, dass ich mich ausreichend und vollwertig ernähren, dass ich atmen, dass ich Sonne, Licht und Wärme empfangen kann – ich und alle Menschen dieser Erde. Der Mensch ist ein Wesen, ja das macht sein Wesen aus, das auf elementare Weise mit seiner Mitwelt kommuniziert. Die Zielvorgaben des bekannten Dreiklangs „Gerechtigkeit, Frieden, Bewahrung der Erde" haben in diesen Grundbedürfnissen – dass man mir gerecht werde, dass mein Körper unversehrt bleibe, dass ich mich gut ernähre von den Früchten der Erde – ihre existenzielle Basis. Wem aufgegangen ist, dass die Welt zur eigenen Existenz hinzugehört, der wird niemals mehr auf den Gedanken verfallen, sich eigenes Glück mit dem Unglück anderer und mit der Zerstörung der Welt erkaufen zu können. Vielmehr ergeben sich gerade aus der Weltverbundenheit heraus manchmal Erfahrungen, deren Zauber man sich nicht zu entziehen vermag. Man hat den Eindruck, dies oder das gelte einem ganz persönlich, man fühlt sich unvorhergesehen in eine Richtung gelenkt, die dem eigenen Leben im großen Weltzusammenhang eine neue Dimension erschließt. Es sind Erfahrungen, die man sich nicht erklären kann – doch es ist kein übernatürlicher, sondern gerade der natürliche Glanz der Welt, der in solchen Momenten noch einmal in besonderer Weise aufscheint und ihre „Göttlichkeit" enthüllt.

Im *vierten Kapitel* schließlich kommt eine von Grund auf erneuerte Kirche in den Blick, wie sie sich an manchen Orten schon abzuzeichnen beginnt. Sie gestaltet, kultiviert und tradiert nichts anderes als jene Sakralität der Weltverbundenheit, die allein unsere Existenz zur Entfaltung und Erfüllung bringt und ohne die sich eine Kultur des Friedens nicht etablieren kann. Die religiöse Qualität unserer Grundbezogenheit auf die Welt, eines Lebens nicht einfach in der Welt, sondern in tiefer Verbundenheit mit ihr, in jesuanischer Terminologie formuliert: das Im-Reich-Gottes-Sein, das „Am-Reich-Gottes-Anteil-Haben", das ist jetzt das große Thema der Kirche, das ist ihr Identitäts-, ihr Alleinstellungsmerkmal. Eine diese WeltReligion repräsentierende Institution ist unverzichtbar. Wir brauchen sie, weil wir Menschen unsere Weltverbundenheit wieder verlieren können, gehört sie doch nicht zum unveräußerlichen Habitus unserer menschlichen Existenz. Kontinuierlich stärkt eine dem jesuanischen Evangelium und ihm allein verpflichtete Kirche unser Immunsystem gegen die Infizierung mit dem geradezu omnipräsenten Bazillus der Weltentfremdung mit all ihren zerstörerischen (und auch selbstzerstörerischen) Folgen.

Der Kirchenraum repräsentiert wie ein Mikrokosmos das Welt-Haus des „Reiches Gottes", in dem wir leben. Hier wird der „Reich-Gottes"-Charakter der Welt lebendig und erfahrbar, hier wird das „Reich Gottes" gefeiert. Im Zentrum steht das Mahl, das gemeinsame Essen und Trinken am „Welttisch des Reiches Gottes": Menschen teilen miteinander (spanisch „com") das Brot (spanisch „pan"). „Compañerismo" sei diese Feier des Reiches Gottes deshalb genannt. Dem Begriff eignet eine dynamische Qualität: Wir möchten auf dieser Erde das Fest des Lebens miteinander feiern! Wir möchten einander compañeros und compañeras, Gefährten und Gefährtinnen sein! Und wir möchten compañeros/compañeras sein auch der Erde, dem Wasser, der Luft, den Pflanzen, den Tieren, dem Leben und allen seinen Elementen! Immer wieder – regelmäßig wiederkehrend – feiern wir unsere Weltverbundenheit. Aber auch unser individuelles Leben möchten wir in den großen Zusammenhang stellen („Das Leben feiern"), und an den großen Festen des Kirchenjahrs ruft die Kirche immer wieder die unser Dasein konstituierende Weltverbundenheit in Erinnerung („Feste im Kirchenjahr").

Ein entscheidender, unübersehbarer Unterschied zum bisherigen Erscheinungsbild der Kirche besteht allein schon darin, dass ein hell erleuchteter Globus auf dem (Altar-)Tisch die Blicke auf sich zieht, Sinnbild einer Welt, die nach den Spielregeln des „Reiches Gottes" eingerichtet ist, Sinnbild für die Kultur des Friedens, für die die *ecclesia reformata*, die erneuerte Kirche nunmehr steht.

KAPITEL 1
Ecclesia nunc reformanda[2]
Die Reformation muss weitergehen[3]

*Ist so'n kleines Rückgrat,
sieht man fast noch nicht.
Darf man niemals beugen,
weil es sonst zerbricht.*

*Grade, klare Menschen
wär'n ein schönes Ziel.
Leute ohne Rückgrat
hab'n wir schon zuviel.*

– Bettina Wegner[4] *–*

1. Der reformatorische Durchbruch

„Wenn ich nicht durch Zeugnisse der Schrift oder einsichtige Vernunftgründe widerlegt werde – denn ich glaube weder dem Papst noch den Konzilien allein, da es feststeht, dass sie öfter geirrt und sich selbst widersprochen haben – , bin ich durch die von mir angeführten Schriftworte bezwungen. Und solange mein Gewissen in Gottes Worten gefangen ist, kann und will ich nichts widerrufen, weil es weder sicher noch geraten ist, etwas gegen das Gewissen zu tun. Gott helfe mir, Amen."[5] Mit diesen Worten endet die Verteidigungsrede Martin Luthers am 18. April 1521

---

[2] Wörtlich: „Die Kirche muss jetzt reformiert werden"; Zuspitzung der Formel „Ecclesia semper reformanda" („Die Kirche muss ständig reformiert werden"); vgl. S. 59 mit Anm. 114.
[3] Unter dem Motto „Die Reformation geht weiter" stand eine Resolution, die die Synode der Evangelischen Kirche in Deutschland (EKD) am 7. November 2012 einstimmig verabschiedet hat. Darin werden die Mitgliedskirchen gebeten, sich anlässlich des 500. Reformationsjubiläums 2017 intensiv mit den Kernthemen des reformatorischen Glaubens zu beschäftigen.
[4] Aus dem Lied „Kinder" (1976).
[5] Quelle: Deutsche Reichstagsakten unter Kaiser Karl V., Jüngere Reihe, Band 2: Der Reichstag zu Worms 1521, herausgegeben von Adolf Wrede, Göttingen 1962 (= Gotha 1896), Nr. 80, S. 581f.

auf dem Reichstag zu Worms[6]. Nur unter der Bedingung, dass die Bibel selbst oder „der gesunde Menschenverstand" seinen Thesen entgegenstünden, wäre er zum Widerruf bereit. Weil er sich sicher ist, dass beides nicht der Fall ist, muss er seinem Gewissen folgen.

Es waren ja gerade die „Zeugnisse der Schrift", denen Martin Luther seine „reformatorische Entdeckung" verdankte. Sein Bibelstudium hatte ihm die Rechtfertigung des Menschen vor Gott „allein aus Glauben" (*sola fide*) erschlossen. Vorausgegangen waren jahrelange Bemühungen in dem für seine besondere Strenge bekannten Erfurter Augustinerkloster, durch eigene fromme Werke, durch Beten, Fasten, Bußübungen, die bis an die Grenze dessen gingen, was ein Mensch sich zumuten konnte, der Gnade Gottes gewiss zu werden[7]. Immer wieder scheiterte er an der, wie es ihm schien, eigenen Unzulänglichkeit, an seiner nicht und niemals auszurottenden Sündhaftigkeit[8]. Bis es ihm bei der Lektüre des Römerbriefs gleichsam wie Schuppen von den Augen fiel: „Die Gerechtigkeit Gottes wird darin offenbart, wie geschrieben steht: Der Gerechte lebt aus dem Glauben[9], – da begann ich die Gerechtigkeit Gottes verstehen zu lernen als die Gerechtigkeit, in der der Gerechte durch Gottes Geschenk lebt, und zwar aus dem Glauben (…). Hier fühlte ich mich völlig neugeboren und als wäre ich durch die geöffneten Pforten ins Paradies selbst eingetreten. Da zeigte mir sogleich die ganze Schrift ein anderes Gesicht. (…) So groß vorher mein Hass war, womit ich das Wort ‚Gerechtigkeit Gottes' gehasst hatte, so groß war jetzt die Liebe, mit der ich es als allersüßestes Wort

---

[6] Die Worte „Ich kann nicht anders, hier stehe ich" finden sich erst in einem späteren Druck.

[7] „War ists, Ein frommer Münch bin ich gewest, Und so gestrenge meinen Orden gehalten, das ichs sagen thar: ist jhe ein Münch gen himel komen durch Müncherey, so wolt ich auch hinein komen sein. Das werden mir zeugen alle meine Klostergesellen, die mich gekennet haben. Denn ich hette mich (wo es lenger geweret hette), zu tod gemartert mit wachen, beten, lesen und ander erbeit." (WA 38, S. 143, Z. 25-29)

[8] „Me iuvenem [Mich als Jüngling] hatt der spruch schir getodt in proverbiis [in den Sprüchen (27,23)]: Agnosce vultum pecoris tui, id est, pastor debet scire et noscere suas oves [Auf deine Schafe hab acht und nimm dich deiner Herde an, d.h. ein Hirte soll seine Schafe verstehen und kennen]. Hanc sic accibiebam [Dieses Wort fasste ich so auf]: Ich must mich so rein entdecken meinem pfarrher, prior etc. [Prior usw.], das er wust, was ich mein tag thun hett. Da sagt ich alls, was ich gethan hett von jugent auff, das mich mein praeceptor [Lehrer] im closter zu lezt drumb strafft." (WA.TR 1, S. 200f. [Nr. 461]).

[9] Römer 1,17, zitiert nach der lateinischen Bibelübersetzung, der Vulgata.

rühmte. So ist mir diese Stelle des Paulus wahrhaftig zu einer Pforte des Paradieses geworden."[10]

Das Geschenk Gottes an den Menschen, das ihm die aus eigener Kraft niemals zu erlangende Gerechtigkeit erwirkt hat und das es im Glauben anzunehmen gilt, ist der von Jesus Christus stellvertretend für die Todesstrafe bzw. die ewige Höllenpein, die die Menschen durch ihr sündhaftes Verhalten verdient hätten, erlittene Kreuzestod. „Ich glaube, dass Jesus Christus (…) sei mein Herr, der mich verlornen und verdammten Menschen erlöset hat, erworben, gewonnen von allen Sünden, vom Tode und von der Gewalt des Teufels; nicht mit Gold oder Silber, sondern mit seinem heiligen, teuren Blut und mit seinem unschuldigen Leiden und Sterben (…)", legt Martin Luther den zweiten Glaubensartikel aus. Der Sünder wird gerecht gesprochen, sofern er Gottes an seinem sündlosen Sohn vollstrecktes Urteil annimmt[11]. In seinem Lied „Nun freut euch, lieben Christen g'mein" aus dem Jahr 1523 lässt Luther den von Gott, seinem Vater, eben zu diesem Zweck auf die Erde gesandten „lieben Sohn" zu dem in seiner Sündhaftigkeit und Höllenangst verzweifelten Menschen sprechen: „Vergießen wird er [der „Feind", der „Teufel"; C.P.] mir mein Blut, / dazu mein Leben rauben; / das leid ich alles dir zugut, / das halt mit festem Glauben. / Den Tod verschlingt das Leben mein, / mein Unschuld trägt die Sünde dein: / da bist du selig worden."

Fehlverhalten muss bestraft, muss gesühnt werden. Versöhnung ist nur möglich, wenn die Schuld gesühnt, durch Bestrafung abgetragen worden ist. Luther stellt diesen Mechanismus selbst an keiner Stelle in Frage. Dass dieses Sühnedenken und Sühnehandeln nichts anderes sind als ein Ausdruck viel umfassenderer, Kirche und Gesellschaft durch und durch bestimmender, zerstörerischer Gewaltstrukturen, von denen er auch selber schon längst infiltriert worden ist, bleibt ihm verborgen und wird ihm auch durch sein Bibelstudium an keiner Stelle zum Problem. Die „Pforte des Paradieses" geht ihm vielmehr allein deshalb auf, weil er,

---

[10] „Iustitia Dei revelatur in illo, sicut scriptum est: Iustus ex fide vivit, ibi iustitiam Dei coepi intelligere eam, qua iustus dono Dei vivit, nempe ex fide (...). Hic me prorsus renatum esse sensi, et apertis portis in ipsam paradisum intrasse. Ibi continuo alia mihi facies totius scripturae apparuit. (...) Iam quanto odio vocabulum ‚iustitia Dei' oderam ante, tanto amore dulcissimum mihi vocabulum extollebam, ita mihi iste locus Pauli fuit vere porta paradisi." (WA 54, S. 186, Z. 4-6.8-10.14-16 [1545])

[11] Er bleibt aber Sünder („simul iustus et peccator", „gerechtfertigt und Sünder zugleich"), denn seine Gerechtigkeit ist immer eine zugesprochene; keinesfalls geht sie auf eine neue, etwa durch die Rechtfertigung jetzt ermöglichte qualitativ andere Verhaltensweise des betreffenden Menschen zurück.

angeregt und bestätigt vor allem durch Worte des Paulus im Römerbrief, den Kreuzestod Jesu als einen Akt der Liebe deutet, die sich darin äußert, dass diese furchtbare Strafe nicht ihn, Martin Luther selber, der sie eigentlich verdient hätte, sondern stellvertretend den sündlosen Gottessohn getroffen hat. Allein der Passion Jesu, nicht seinen eigenen Werken, verdankt er sein Leben (nicht nur im übertragenen, sondern im ganz wörtlichen Sinn[12]). Der von Jesus stellvertretend zur Sühne der Schuld der Menschen auf sich genommene gewaltsame Tod am Kreuz wird für ihn zum zentralen, über Tod und Leben entscheidenden Heilsgeschehen schlechthin. Hier offenbart sich für ihn die „Gerechtigkeit Gottes". Nur wer daran glaubt, wird leben.

---

[12] Vgl. oben Anm. 7.

2. Traumatisierungen

Gewalt – ein Ausdruck von Liebe, gar der Liebe Gottes? Sie theologisch zu legitimieren, ja zum zentralen Glaubensinhalt zu erheben – wie ist das möglich? Es als ein Heilsgeschehen zu deuten, ja wie den Einzug ins Paradies zu empfinden, weil ein anderer die Gewalt erlitten hat, die einen im Grunde selber hätte treffen müssen – wie ist eine solche Vorstellung zu erklären? Wie kann es geschehen, dass ein Mensch Gewalt in einer kaum mehr überbietbaren Weise dadurch rechtfertigt, dass er sie als Ausdruck, ja als das Unterpfand unendlicher Liebe schlechthin versteht, der Liebe Gottes selbst? Was muss mit der Seele eines Menschen geschehen sein, dass eine solche Annahme für ihn eine geradezu erlösende Kraft entwickelt? Aus psychologischer Sicht kann eine solche Vorstellung wohl nur auf tiefste seelische Verletzungen, Verstörungen, Dissoziationen zurückgehen, auf Erfahrungen, die einen Menschen bis ins Mark getroffen haben: Er muss sich genötigt gesehen haben – was seine Seele gleichzeitig zerreißt –, erfahrene und erlittene Gewalt als eine Form der Liebe zu interpretieren und damit zwangsläufig die Gewalt zu verinnerlichen. Fündig wird man in der Biografie Martin Luthers. Vieles spricht dafür, dass hier die Wurzeln seiner lebenslangen, durch seine „reformatorische Entdeckung" nicht etwa geheilten, sondern im Gegenteil sich eher noch weiter verfestigenden Traumatisierung liegen dürften[13].

Auf die gesellschaftlichen und kirchlichen, etwa das Straf- und Bußsystem bestimmenden Gewaltstrukturen[14] ist schon hingewiesen worden. Sühne, Versöhnung erschien nur möglich durch eine über den Täter verhängte und von ihm zu

---

[13] Sie lägen damit sehr viel weiter zurück und erwiesen sich als sehr viel existenzbestimmender als die eventuell ebenfalls traumatischen Erfahrungen im Kloster. Jochen Vollmer sieht darin den Grund für die Reduktion des Heils auf den einzelnen Menschen bei Martin Luther („Wie kriege *ich* einen gnädigen Gott?") und demzufolge auch für seine Antithetik und Polemik, die Exklusivität und die Intoleranz seiner Theologie gegenüber dem Judentum (Jochen Vollmer, Die Freiheit eines Christenmenschen und Luthers antijudaistische Rechtfertigungslehre. Eine Auseinandersetzung mit dem schwierigen Erbe des Reformators, in: Deutsches Pfarrerblatt, Heft 11/2013, 643-651.645).

[14] Thomas Müntzer (1489-1525, Reformator, Gegenspieler Martin Luthers) hat sie erkannt, benannt und verurteilt: Die „grobe" Art des „gemeinen Mannes" „entschuldigt er damit, dass das Volk vor lauter Sorge um die Nahrung von Grundherren und Fürsten an die kreatürliche, Angst erzeugende Ordnung gebunden ist und keine Zeit und Kraft mehr hat, sich Gott zuzuwenden: ‚es kann vor dem wucher und vorm schoß und zinsen niemandt zum glauben kumen'." (Hans-Jürgen Goertz, Thomas Müntzer. Revolutionär am Ende der Zeiten. Eine Biografie, Verlag C. H. Beck, München 2015, 170) Die Fürsten „schinden und schaben" „den armen ackerman, handwerkman

erbringende Buße. Gewaltstrukturen hatten allerdings nicht nur die gesellschaftliche und kirchliche Öffentlichkeit infiltriert. Sie reichten tief hinab bis hinein in die Familien, bestimmten den Umgang der Erwachsenen mit ihren eigenen Kindern.

Das galt auch für Hans und Margarete Luther und ihren kleinen Martin[15]. In seinen Tischreden hat sich Martin Luther in der Spätzeit seines Lebens mehrfach über seine Kindheit geäußert. Man merkt es seinen Worten an, dass sie ihre Schrecken auch nach so vielen Jahren noch immer nicht verloren hat. Martin ist als Kind nicht nur von seinem Vater, sondern auch von seiner Mutter schon für Kleinigkeiten schwer misshandelt worden:

> „Man soll die kinder nitt zu hart stäupen, den mein vatter steupt mich einmal also sehr, das ich im floh und das im bang was, bis er mich wider zu im gewenet."[16]
>
> „Mei parentes me strictissime usque ad pusillanimitatem coercuerunt [Meine Eltern haben mich in strengster Ordnung gehalten, bis zur Verschüchterung]. Mein mutter steupet mich umb einer eingen nuß willen usque ad effusionem sanguinis. Et ita stricta disciplina me tandem ad monasterium adegerunt [bis Blut

---

und alles, das da lebet (…), so er sich dan vergreifft am allergeringesten, so muß er hencken" (ebd. 178), und die „Schriftgelehrten", die Vertreter der Kirche „predigen unverschempt, der arm man soll sich von den tyrannen lassen schinden und schaben" (ebd. 167).

[15] Eher familiäre Gründe mögen hinzugekommen sein: „Die rasch wachsende Familie (…) nötigte dem um ihre wirtschaftliche und soziale Etablierung ringenden Elternpaar ein Maß an Disziplin gegenüber sich selbst, an Sparsamkeit und an Strenge gegenüber den Kindern ab, das dem sensiblen, wohl gar ängstlichen Martin kaum Erfahrung elterlicher Geborgenheit zuteil werden ließ." (Thomas Kaufmann, Martin Luther, Verlag C. H. Beck, München 2006², 28). Maßgeblich aber waren die auf den gesellschaftlichen Gewaltstrukturen basierenden Konventionen.

[16] WA.TR 2, S. 134 [Nr. 1559]. „Als Stäupen (…) bezeichnete man im Mittelalter eine Körperstrafe, bei welcher der Verurteilte am Pranger geschlagen wurde, der daher auch den Namen *Staupsäule* trägt. Verwendet wurde dafür neben den sonst üblichen Schlaginstrumenten wie der Zuchtpeitsche oder Lederriemen ein Bündel aus Birkenreisig, die *Staupe*, oder der *Staupbesen*, in den zur besonderen Verschärfung mitunter scharfkantige Metallsplitter oder Steine eingearbeitet sein konnten. (Wikipedia, abgerufen am 18.4.2016) Luther hat diese Form der Bestrafung eines Kindes allerdings keineswegs verworfen: „Man soll ein kind steuppen, doch essen und trincken geben, das man sehe, das mans gern from hette." (WA.TR 5, S. 254, Z. 2-4 [Nr. 5571]) „Si es pater, mater, Crede in Iesum Christum [Bist du Vater, Mutter: glaube an Jesus Christus], so bistu ein heiliger vater, muter, Hore zu morgen deine kinder, lasse sie betten, straffe, steuppe sie, Sihe, wie es im hause zu gehe, wie man kocht, sind eitel heilige werck, Quia [denn] du bist dazu geruffen, Das heisst ein heilig leben, quod in verbo dei et vocatione [welches in Gottes Wort und Berufung] hergeht". (Aus Luthers Predigt am 5. Juli 1534 [WA 37, S. 480, Z. 4-8])

> floss. Und durch diese harte Zucht trieben sie mich schließlich ins Kloster], wiwol sie es hertzlich gut gemeinet haben, sed ego pusillanimus tantum. Ipsi non potuerunt discernere inter ingenia et correctiones, quomodo temperandae essent [wurde ich dadurch nur verschüchtert. Sie vermochten die Ingenia nicht zu unterscheiden und das rechte Maß in den Strafen nicht zu treffen]. Man mus so straffen, das der apffel bei der ruten sei. Malum enim est, si liberi et discipuli amittunt animum erga parentes et praeceptores. [Denn es ist schlimm, wenn Kinder und Schüler das Vertrauen zu Eltern und Lehrern verlieren.]"[17]

Der kleine Junge musste diese furchtbare Gewalt als Ausdruck von Liebe deuten, als Kind hatte er keine Wahl[18]. Er ist ja existenziell auf diese annehmende, ihn so wie er ist, bergende und wärmende Liebe angewiesen, findet sie jedoch bei seinen Bezugspersonen nicht. Die einzige Erklärung, die ihm in seiner aufs Äußerste bedrängenden Not bleibt, ist es, die Schuld für diesen fürchterlichen Umstand, von seinen geliebten Eltern bestraft und geschlagen zu werden, bei sich selbst zu suchen, sein eigenes Verhalten dafür verantwortlich zu machen, dass seine Eltern „gezwungen" sind, ihre „Liebe" zu ihm in die gegen ihn gerichtete Gewalt zu kleiden[19].

In der Schule machte Martin Luther ähnliche Erfahrungen wie in seinem Elternhaus:

> „Malum enim est, si liberi et discipuli amittunt animum erga parentes et praeceptores. Sicut insulsi ludimagistri fuerunt, qui multa egregia ingenia suis importunitatibus impediverunt. [Denn es ist schlimm, wenn Kinder und Schüler das Vertrauen zu Eltern und Lehrern verlieren. So gab es zum Beispiel abgeschmackte Schulmeister, die durch ihr barsches Wesen viele treffliche Anlagen verdarben.]"[20]

---

[17] WA.TR 3, S. 415, Z. 28 – S. 416, Z. 5 [Nr. 3566A].
[18] Aber auch in den späteren Jahren hat sich an dieser Grundeinstellung nichts geändert, wie folgende Äußerung belegt: „das best, das aus meins vatern gutt geratten ist, ist, das er mich erzogen hatt" (WA.TR 2, S. 636, Z. 11f. [Nr. 2756a]).
[19] „Schläge...sind *immer* erniedrigend, weil das Kind sich nicht dagegen wehren darf und den Eltern dafür Dank und Respekt schulden soll." (Alice Miller, Am Anfang war Erziehung, Suhrkamp Verlag, Frankfurt am Main 1980, 33; Hervorhebung im Original). Ein Kind „*darf* seinen Vater *nicht hassen*, das geht ja aus dem Vierten Gebot hervor und wurde ihm von klein auf anerzogen, aber es *kann* ihn auch *nicht hassen*, wenn es *Angst haben muss, seine Liebe zu verlieren*, und es *will ihn gar nicht hassen, weil es ihn liebt*" (ebd.; Hervorhebungen im Original).
[20] WA.TR 3, S. 416, Z. 5-7 [Nr. 3566 A].

> „Es sein ein teil praeceptores [Lehrer] so crudeles [grausam] wie die hencker. Als ich wurde einmal vor mittag 15 mal gestrichen, on alle schult, denn ich sollt declinirn und conjugirn und hett es [doch noch] nicht gelernet."[21]

Und so, wie er Eltern und Lehrer erlebte, nämlich als Menschen, die jedes Fehlverhalten, jedes Ungenügen hart bestraften, ist ihm von Kindesbeinen an auch Christus als ein unerbittlich strenger Richter vermittelt worden:

> „... a puero sic imbutus eram, ut conterritus palluerim audito tantum nomine Christi, quia persuasus eram eum esse iudicem. [Ich wurde von Kindheit auf so gewöhnt, dass ich erblassen und erschrecken musste, wenn ich den Namen Christus auch nur nennen hörte; denn ich war nicht anders unterrichtet, als dass ich ihn für einen strengen Richter hielt.]"[22]
>
> „Ergo ists ein schedlich ding, das man in papatu [unter dem Papst] die leute geleret hat, fur Christo zu fliehen. Ich horet ihn nicht gern nennen, quia eram sic doctus [weil man mich so unterwiesen hatte], das ich must gnug thun fur mein sunde, und das Christus werde in novissimo die [am Jüngsten Tage] sagen: Quomodo servasti decem praecepta? Ordinem tuum? [Wie hast du die zehn Gebote gehalten? Wie deinen Stand?] wenn ich in gemalt sahe, so erschrack ich fur im als fur dem Teufel, quia [weil] ich kunde sein gericht nicht leiden."[23]

Ist es unter diesen Umständen verwunderlich, dass Martin Luther es als die entscheidende Lösung seiner Seelenqualen, ja geradezu als existenziellen Durchbruch empfindet, als es ihm zu gelingen scheint, diese Liebe, die sich, geradezu als Erweis ihrer Wahrhaftigkeit und Ernsthaftigkeit, schrecklichster Gewalt bedienen muss, in des Gottvaters eigenem Verhalten wiederzuerkennen? Die große göttliche Vaterliebe zu den Menschen „verlangte", ihrer unendlichen Schuld wegen, den Kreuzestod seines einzigen Kindes. Und genau dies als „Liebestat" zu glauben, nur und einzig und allein dieser Glaube verbürgt für den Reformator Martin Luther die Rechtfertigung des Menschen. Ohne ihn ist und bleibt er dem „gerechten Zorn" Gottes ausgeliefert und wird ihn, spätestens im Jüngsten Gericht, zu spüren bekommen. Ganz und gar aussichtslos wäre es, dennoch auf Gottes Liebe zu hoffen. Sie gilt ausschließlich dem Rechtgläubigen! „Maledicta sit charitas, quae servatur cum iactura doctrinae fidei, cui omnia cedere debent, charitas,

---

[21] WA.TR 5, S. 254, Z. 7-10 [Nr. 5571].
[22] WA 40/I, S. 298, Z. 29f.
[23] WA 41, S. 197, Z. 5 – S. 198, Z. 4.

Apostolus, Angelus e coelo etc. [Verflucht sei die Liebe, die auf Kosten der Glaubenslehre erhalten wird, der doch alles weichen muss, die Liebe, der Apostel, der Engel vom Himmel usw.]"[24]

Keine Rede also davon, dass der Mensch „angenommen" sei und einen, seinen Platz in der Welt habe einfach als Mensch, in seinem Sosein, ohne es in irgendeiner Weise rechtfertigen zu müssen. Existenzielle Gewissheit erlangt er nach Martin Luther vielmehr einzig durch den „rechten Glauben" an das stellvertretende Sühnopfer Jesu Christi. Die Rechtfertigungslehre verleiht damit einer durch mangelnde Zuwendung und Bestätigung zutiefst verletzten und geschädigten Menschenseele scheinbaren Halt[25].

---

[24] WA 40/II, S. 47, Z. 26-28.

[25] Dass so viele Menschen zur Zeit Martin Luthers und all die Jahrhunderte hindurch bis heute in ihrer Kindheit Ähnliches erlitten haben wie der spätere Reformator, erklärt vielleicht die Resonanz und Popularität seiner Lehre. – In vielen Lutherbiografien wird die harte, ja grausame Umgangsweise der Eltern mit ihrem Sohn zwar durchaus referiert, aber in ihrer Tragweite weitgehend heruntergespielt, geschweige denn als entscheidender Beweggrund für die Ausbildung der lutherischen Theologie ins Kalkül gezogen. „Was die Erziehung im Elternhaus betrifft, so hat Luther sich zwar später mancher harter Züchtigung erinnert. Aber abgesehen davon, dass die Kindererziehung damals allgemein für moderne Begriffe sehr streng war, Luthers Erlebnisse also nichts Besonderes darstellen, haben doch Luthers Eltern und er selbst stets eine tiefe Zuneigung zueinander gehabt." (Bernhard Lohse, Martin Luther. Eine Einführung in sein Leben und sein Werk, C. H. Beck Verlag, München 1981[3], 35; ähnlich auch Walther von Loewenich, Martin Luther. Der Mann und das Werk, List Verlag, München 1982, 37f., Martin Brecht, Martin Luther. Sein Weg zur Reformation 1483-1521, Calwer Verlag, Stuttgart 1981, 18f., und Heinz Schilling, Martin Luther. Rebell in einer Zeit des Umbruchs, C. H. Beck Verlag, München 2013[2], der das Verhalten der Mutter sogar rechtfertigt: „Wegen des rauen Klimas wuchsen im Osten Deutschlands wenige Nussbäume mit geringem Ertrag. Eine Walnuss war daher ein kostbares Gut, über dessen Verteilung ebenso wie über die der anderen Lebensmittel die Eltern bestimmten. Hausvater und Hausmutter waren ganz selbstverständlich Herr und Herrin des Hauses, über Gesinde ebenso wie über die Kinder." [63]) „Im Rahmen der damaligen Erziehungsformen hat Luther *eine normale Erziehung* erfahren. Obwohl er als Kind von seinen Eltern auch gezüchtigt worden ist und längere Zeit die Missbilligung seines Vaters erfuhr, als er Bettelmönch wurde, erlaubt uns das Gesamtbild seiner Eltern und seiner Beziehung zu ihnen nicht die Annahme, dass Martins Entwicklung unter schweren psychischen Belastungen gestanden habe." (Reinhard Schwarz, Luther, Verlag Vandenhoeck & Ruprecht, Göttingen 2004[3], 16 [Hervorhebung im Original]). Doch wird die große Härte und Strenge, die Martin durch seinen Vater erlitten hat, weder dadurch „ausgeglichen", dass der Vater aufgrund der Folgen, die seine Erziehungsmethoden zeitigten, nämlich der Flucht seines Sohnes, sein Handeln im Nachhinein bereut haben dürfte, noch erst recht dadurch relativiert, „dass Luther nach der Nachricht vom Tod seines Vaters betont, dass er traurig seiner überaus süßen Liebe gedenke" (so Volker Leppin, Martin Luther, Wissenschaftliche Buchgesellschaft, Darmstadt 2006, 18). Vielmehr kann dies kaum anders interpretiert werden, als dass Luther die von seinem Vater erfahrene Gewalt in

All diese schweren, nie aufgearbeiteten Gewalterfahrungen, die noch dazu auch die „Rechtfertigung aus Glauben" (eben an die Heilsbedeutung der am Kreuz erlittenen Gewalt) zutiefst bestimmen, könnten auch erklären, warum Martin Luther immer wieder und bis zum Ende seines Lebens der Gewalt das Wort redet, unverhohlen zu Gewalt aufruft, wie die folgenden Beispiele aus der Zeit des Bauernkrieges und im Zusammenhang seiner Auseinandersetzung mit den Juden, aber auch seine Ausführungen über Zauberinnen bzw. Hexen (*magae*) zeigen[26]:

> „Drumb sol hie zuschmeyssen, wurgen und stechen heymlich odder offentlich, wer da kan, und gedencken, das nicht gifftigers, schedlichers, teuffelischers seyn kan, denn eyn auffrurischer mensch, gleich als wenn man eynen tollen hund totschlahen mus, schlegstu nicht, so schlegt er dich und eyn gantz land mit dyr."[27]
> „Drumb, lieben herren, loset hie, rettet hie, helfft hie, Erbarmet euch der armen leute, Steche, schlahe, würge hie, wer da kan, bleybstu drüber tod, wohl dyr, seliglichern tod kanstu nymer mehr uberkomen, Denn du stirbst ynn gehorsam göttlichs worts und befelhs Ro. am 13. und ym dienst der liebe, deynen nehisten zurretten aus der hellen und teuffels banden."[28]

---

diesem Augenblick entweder verdrängt hat oder – wahrscheinlicher – eben als Ausdruck dieser „überaus süßen Liebe" verstanden hat und auch jetzt noch versteht („wiwol sie es hertzlich gut gemeinet haben", vgl. oben S. 21). Anders urteilt Richard Friedenthal: „Dass die Zuchtmethoden, die Vater Luder anwandte, nach dem üblichen Spruch des ‚wer sein Kind lieb hat, der züchtigt es' ihre Spuren in der Seele des Kindes hinterlassen mussten, dürfte sicher sein. (…) Das Bild eines unbarmherzigen Richters, als welcher auch der Vater im Himmel nach allgemeiner Anschauung vorgestellt wurde, befestigte sich, der Gedanke, auf ‚Gnade und Ungnade' ausgeliefert zu sein und sich weder auf Wohlverhalten noch Verdienste berufen zu können." (Richard Friedenthal, Luther – sein Leben und seine Zeit, R. Piper Verlag, München 1967, 17)

[26] Was die Kindererziehung betrifft, vgl. oben Anm. 16. – Es ist doch sehr fraglich, ob es sich bei diesen „Belege(n) einer Tod-bringenden Intoleranz" lediglich um einen „dunklen Schatten" handelt, der über Luthers Lebenswerk liegt und dem man sich selbstverständlich kritisch zu stellen habe (so der frühere EKD-Ratsvorsitzende Nikolaus Schneider in einem Vortrag am 23. Januar 2013: http://www.ekd.de/vortraege/schneider/2013_01_23_schneider_reformation_und_toleranz.html; abgerufen am 21.11.2015). Müssen derartige Äußerungen nicht vielmehr in engstem, ja ursächlichem Zusammenhang mit den religiösen Überzeugungen Martin Luthers stehen?

[27] Aus: Martin Luther, Wider die räuberischen und mörderischen Rotten der Bauern (1525), WA 18, S. 358, Z. 14-18.

[28] Ebd. S. 361, Z. 24-28.

In der Schrift „Von den Juden und ihren Lügen" aus dem Jahr 1543, eine von vier Schriften gegen die Juden, die Martin Luther in seinen letzten Lebensjahren verfasst hat[29], heißt es:

„So ists auch unser schuld, das wir das grosse unschuldige blut, so sie an unserm Herrn und den Christen bey dreyhundert jaren nach zerstörung Jerusalem, und bis daher, an kindern vergossen (welchs noch aus jren augen und haut scheinet) nicht rechen, sie nicht todschlahen, Sondern fur alle jren mord, fluchen, lestern, liegen, schenden, frey bey uns sitzen lassen..."[30].

Sodann stellt Luther diesen Sieben-Punkte-Plan zum Umgang mit den Juden auf:

„Erstlich, das man jre Synagoga oder Schule mit feur anstecke und, was nicht verbrennen wil, mit erden uber heuffe und beschütte, das kein Mensch ein stein oder schlacke davon sehe ewiglich. Und solchs sol man thun, unserm Herrn und der Christenheit zu ehren damit Gott sehe, das wir Christen seien..."[31].

„Zum andern, das man auch jre Heuser des gleichen zebreche und zerstöre, Denn sie treiben eben dasselbige drinnen, das sie in jren Schülen treiben. Dafur mag man sie etwa unter ein Dach oder Stal thun, wie die Zigeuner, auff das sie wissen, sie seien nicht Heren in unserm Lande..."[32].

Zum dritten, das man jnen neme alle jre Betbüchlein und Thalmudisten, darin solche Abgötterey, lügen, fluch und lesterung geleret wird.

Zum vierden, das man jren Rabinen bey leib und leben verbiete, hinfurt zu leren..."[33].

„Zum fünfften, das man den Jüden das Geleid und Straße gantz und gar auffhebe..."[34].

„Zum sechsten, das man jnen den Wucher verbiete und neme jnen alle barschafft und Kleinot an silber und Gold, und lege es beiseit zu verwaren..."[35].

„Zum siebenden, das man den jungen, starcken Jüden und Jüdin in die hand gebe flegel, axt, karst, spaten, rocken, spindel, und lasse sie jr brot verdienen im schweis der nasen..."[36].

Aber auch an anderer Stelle redet Luther der Gewalt gegen die Juden das Wort: „Alius, multa dicens de blasphemia illorum, interrogavit, an privato liceat infringere colaphum blasphemanti Judaeo? Respondit: Maxime! [Es fragt einer, ob man einem Juden, der lästert, eine Ohrfeige geben dürfe. Antwort: Durchaus.]

---

[29] Ebenfalls im Jahr 1543 erschienen die Schriften „Vom Schem Hamphoras und vom Geschlecht Christi" sowie „Von den letzten Worten Davids" und 1538 „Wider die Sabbather".
[30] WA 53, S. 522, Z. 8-13.
[31] WA 53, S. 523, Z. 1-5.
[32] WA 53, S. 523, Z. 24-27.
[33] WA 53, S. 523, Z. 30-33.
[34] WA 53, S. 524, Z. 6f.
[35] WA 53, S. 524, Z. 18f.
[36] WA 53, S. 525, Z. 31 – S. 526, Z. 1.

Ich wolt einem ein maulschell geben! Si possem, prosternerem et gladio (in ira mea) transfoderem; quia cum liceat humano et divino iure interficere latronem, multo magis blasphemum. [Wenn ich könnte, würde ich ihn zu Boden werfen und (in meinem Zorn) mit dem Schwert durchbohren; da es nämlich nach menschlichem und göttlichem Recht erlaubt ist, einen Straßenräuber zu töten, wie viel mehr einen Gotteslästerer.]"[37]

Gleich fünfmal insistiert Luther in seiner „Hexenpredigt" aus dem Jahr 1526[38] über das Wort in Exodus 22,17 „Die Zauberinnen sollst du nicht am Leben lassen" auf dem kategorischen „occidantur" [sie sollen getötet werden][39]. Er beschließt die Predigt mit dem Satz: „Varie nocent, ergo occidantur, non solum quia nocent, sed etiam quia commercia habent cum Satana. [Sie schaden mannigfaltig, also sollen sie getötet werden, nicht allein, weil sie schaden, sondern auch, weil sie Umgang mit dem Satan haben.]"[40]

Die Frage, die Martin Luther so sehr bedrängt hat: „Wie kriege ich einen gnädigen Gott?" rührte also wohl von einer anderen Frage her, die lautet: „Wir kriege ich ‚gnädige' Eltern, Eltern, die sich mir vorbehaltlos, trotz meiner ‚Fehler' und trotz meines ‚Versagens', zuwenden und mich lieben?" Tiefer gefasst, geht es um die Frage: „Wie kann es mir gelingen, mich selber als einen vollwertigen Menschen zu empfinden, wie kann ich endlich mit mir selber einverstanden sein?"

Dass dieser Martin einer ist, der den Ansprüchen seiner Eltern einfach nicht gerecht zu werden vermag, vielmehr immer wieder versagt, das ist ihm im wahrsten Sinn des Wortes eingebläut worden. Dieses Ur-Gefühl des Ungenügens, das Selbstbild, ein Sünder durch und durch zu sein, konnte er trotz aller fast unmenschlichen Kraftanstrengungen auch im strengsten der Erfurter Klöster nicht überwinden. Der einzige Ausweg, der blieb, war die „Gnade", ein nicht verdienter, dem Empfänger eigentlich nicht zustehender Erlass der Strafe. „Gnade" allerdings eben deshalb und insofern, als die auf das eigene Versagen unweigerlich folgende und keineswegs zu erlassende Bestrafung stellvertretend einen anderen, nämlich den am Kreuz leidenden und sterbenden Jesus getroffen hatte. Der Gnade, die der Sünder erfährt, korrespondiert die Ungnade, die dem (sündlosen) Jesus widerfährt, geht also zu dessen Lasten. Gottvater bleibt der „strenge Richter". Der „gnädige" Gott ist somit immer zugleich der – nur nicht den Sünder, sondern, an seiner Stelle,

---

[37] WA.TR 5, S. 257, Z. 20-24 [Nr. 5576].
[38] WA 16, S. 551, Z. 18 – S. 552, Z. 23.
[39] WA 16, S. 551, Z. 21.31.37; S. 552, Z. 14.22.
[40] WA 16, S. 552, Z. 22f.

seinen Sohn Jesus Christus – strafende Gott. Selbstannahme, Selbstvertrauen und Weltvertrauen, geschweige denn eine Kultur des Friedens können sich aus einem solchen Verständnis des christlichen Glaubens heraus nie und nimmer entwickeln.

Exkurs: Die Grundkonstante der Gewalt in der paulinischen Theologie und der Versuch einer Erklärung

Auch die Sprache und das Denken des Paulus, des Kronzeugen der lutherischen Rechtfertigungslehre, sind voll von Gewalt. Gewalt ist geradezu ein Strukturmerkmal seiner Theologie, ist sie doch seinem Gottesbild und deshalb auch seiner Erlösungslehre inhärent.

Ein Gott der sühnenden Gerechtigkeit

Gott ist und bleibt für Paulus der Gott der sühnenden Gerechtigkeit. Seine „Liebe" besteht lediglich darin, dass, stellvertretend für uns Menschen, sein Sohn Jesus Christus sein Blut für uns vergossen hat. „Gott aber erweist seine Liebe zu uns darin, dass Christus für uns gestorben ist, als wir noch Sünder waren. Um wie viel mehr werden wir nun durch ihn bewahrt werden vor dem Zorn, nachdem wir jetzt durch sein Blut gerecht geworden sind!" (Römer 5,8f.) Immer und immer wieder begegnen in den Paulusbriefen ähnliche Formulierungen: „Gott hat seinen eigenen Sohn nicht verschont, sondern hat ihn für uns alle dahingegeben…" (Römer 8,32). Dies, die Hingabe seines Sohnes, ja die Tatsache, dass Gott ihn dem Fluch der Kreuzigung ausgeliefert und ausgesetzt hat (Galater 3,13), das ist für Paulus der theologische Grund unserer Rechtfertigung, der Rechtfertigung „ohne des Gesetzes Werke, allein durch den Glauben", so der berühmte Satz in Römer 3,28, des Glaubens nämlich, dass „Gott ihn für den Glauben hingestellt hat als Sühne in seinem Blut zum Erweis seiner Gerechtigkeit" (Römer 3,25). Der göttlichen Gerechtigkeit wegen ist nach Ansicht des Paulus die Sühne unabdingbar. Da der Mensch sie jedoch niemals erbringen könnte, habe Gott in seiner „Liebe" seinen Sohn „dahingegeben", damit dieser sie durch seinen Tod am Kreuz erwirke.

„Rächt euch nicht selbst, meine Lieben", rät Paulus der Gemeinde in Rom, „sondern gebt Raum dem Zorn Gottes; denn es steht geschrieben: ›Die Rache ist mein; ich will vergelten, spricht der Herr.‹" (Römer 12,19) „Der einzelne Christ soll keine Gewalt anwenden, aber nicht etwa, weil das Reich Gottes eine gewaltfreie Welt und Gesellschaft ist, sondern weil Gott im Endgericht sich als Gott der rächenden Gewalt erweisen und die Sühne einfordern wird von all denen, die nicht an Christus glauben, und zwar als den für unsere Sünden Gekreuzigten. Paulus mutet der Gemeinde zwar zu, Böses mit Gutem zu vergelten (12,21), aber indem er auf die Vergeltung von Bösem mit Bösem durch Gott verweist." (Jochen Vollmer)

Auch die paulinische Erwählungstheologie (Römer 9-11) hat, abgesehen von ihrer eigenen Problematik[41], eine zutiefst erschreckende und verstörende Kehrseite[42]. Für Paulus steht fest: Gott hat sein erwähltes Volk nicht preisgegeben, die Erwählungszusage gilt nach wie vor und unverrückbar (Römer 11,1f.). Doch da sich Israel nicht, wie es nach Ansicht des Paulus jetzt geboten wäre, in seiner Gesamtheit zu Christus bekennt, habe Gott den Teil seines Volkes, der sich dazu nicht bereitgefunden hat, solange verstockt, ja verworfen, bis sich alle Nichtjuden zu Christus bekehrt haben werden. „Einem Teil Israels ist Verstockung widerfahren[43] bis zu dem Zeitpunkt, da die Vollzahl der Heiden zum Heil gelangt ist, und so wird ganz Israel gerettet werden" (11,25b.26a). Erst dann, und das heißt: am Ende der Zeiten, werden die jetzt vom Ölbaum abgebrochenen natürlichen Zweige wieder in ihn eingepfropft werden (11,17-24). „Durch ihren (Israels) Fehltritt ist den Heiden das Heil widerfahren" (11,11), „ihre Verwerfung ist zur Versöhnung der Welt

---

[41] Vgl. unten S. 169ff.
[42] Dies gilt im Übrigen auch schon für das Alte Testament. So ist im 5. Buch Mose, das das Verb „erwählen" geradezu als sein Vorzugswort mit Abstand am häufigsten (30-mal im Verhältnis zu 153-mal im Alten Testament) verwendet, oftmals in unmittelbarer Nachbarschaft zur Erwählungsaussage davon die Rede, dass Gott seinem Volk die Vernichtung anderer Völker, die Vollstreckung des „Banns" an ihnen befiehlt, so zum Beispiel in 5. Mose 7,1-8: „Wenn dich der Herr, dein Gott, ins Land bringt, in das du kommen wirst, es einzunehmen, und er ausrottet viele Völker vor dir her, die Hetiter, Girgaschiter, Amoriter, Kanaaniter, Perisiter, Hiwiter und Jebusiter, sieben Völker, die größer und stärker sind als du, und wenn sie der Herr, dein Gott, vor dir dahingibt, dass du sie schlägst, so sollst du an ihnen den Bann vollstrecken. Du sollst keinen Bund mit ihnen schließen und keine Gnade gegen sie üben und sollst dich mit ihnen nicht verschwägern; eure Töchter sollt ihr nicht geben ihren Söhnen und ihre Töchter sollt ihr nicht nehmen für eure Söhne. Denn sie werden eure Söhne mir abtrünnig machen, dass sie andern Göttern dienen; so wird dann des Herrn Zorn entbrennen über euch und euch bald vertilgen. Sondern so sollt ihr mit ihnen tun: Ihre Altäre sollt ihr einreißen, ihre Steinmale zerbrechen, ihre heiligen Pfähle abhauen und ihre Götzenbilder mit Feuer verbrennen. Denn du bist ein heiliges Volk dem Herrn, deinem Gott. Dich hat der Herr, dein Gott, erwählt zum Volk des Eigentums aus allen Völkern, die auf Erden sind. Nicht hat euch der Herr angenommen und euch erwählt, weil ihr größer wäret als alle Völker – denn du bist das kleinste unter allen Völkern –, sondern weil er euch geliebt hat und damit er seinen Eid hielte, den er euren Vätern geschworen hat. Darum hat er euch herausgeführt mit mächtiger Hand und hat dich erlöst von der Knechtschaft, aus der Hand des Pharao, des Königs von Ägypten." Ein ähnlicher Zusammenhang besteht, auch wenn der explizite Ausdruck „Erwählung" fehlt, in 5. Mose 9,1-5; vgl. auch 5. Mose 20,16-18 sowie 2,31-36 und 3,1-6.
[43] Nach Römer 11,7 ein Widerfahrnis, das durch Gottes Handeln gesetzt ist.

geworden" (11,15), „sie sind ungehorsam geworden zugunsten des euch geschenkten Erbarmens" (11,31) – für Paulus ein exklusiv ihm selber geoffenbartes Geheimnis (ein *mystérion*), das er seinen Brüdern nicht verschweigen möchte (11,25a)[44].

Pastorale und sozialethische Anweisungen voller Gewalt

Und so droht Paulus ohne weiteres auch jetzt schon Mitgliedern der christlichen Gemeinde Tod und Verderben an, wenn sie sich nicht so verhalten, wie es zu erwarten wäre. Die Christen in Korinth sollen wissen, dass der unwürdige Genuss des Abendmahls das Gericht, und das heißt konkret: Krankheit, Siechtum und Tod nach sich zieht: „Denn wer so isst und trinkt, dass er den Leib des Herrn nicht achtet, der isst und trinkt sich selber zum Gericht. Darum sind auch viele Schwache und Kranke unter euch, und nicht wenige sind entschlafen." (1. Korinther 11,29f.)

Derselben Gemeinde gebietet er im Hinblick auf einen Mann, Mitglied der Gemeinde in Korinth, der mit seiner Stiefmutter sexuell verkehrt: „Ich, der ich nicht leiblich bei euch bin, doch mit dem Geist, habe schon, als wäre ich bei euch, beschlossen über den, der solches getan hat: wenn ihr in dem Namen unseres Herrn Jesus versammelt seid und mein Geist samt der Kraft unsres Herrn Jesus bei euch ist, soll dieser Mensch dem Satan übergeben werden zum Verderben des Fleisches, damit der Geist gerettet werde am Tage des Herrn." (1 Korinther 5,3-5) „Verstoßt den Bösen aus eurer Mitte!" (5,13) Oder, im selben Brief: „Wenn jemand den Herrn nicht lieb hat, der sei verflucht." (16,22) Ganz ähnlich heißt es im ersten Kapitel des Galaterbriefes: „Auch wenn wir oder ein Engel vom Himmel euch ein Evangelium predigen würden, das anders ist, als wir es euch gepredigt haben, der sei verflucht. Wie wir eben gesagt haben, so sage ich abermals: Wenn jemand euch ein Evangelium predigt, anders als ihr es empfangen habt, der sei verflucht." (1,8f.)

---

[44] Schon jetzt bekommen die Juden den Zorn Gottes zu spüren: „Liebe Brüder, ihr seid den Gemeinden Gottes in Judäa nachgefolgt, die in Christus Jesus sind; denn ihr habt dasselbe erlitten von euren Landsleuten, was jene von den Juden erlitten haben. Die haben den Herrn Jesus getötet und die Propheten und haben uns verfolgt und gefallen Gott nicht und sind allen Menschen feind. Und um das Maß ihrer Sünden allewege voll zu machen, wehren sie uns, den Heiden zu predigen zu ihrem Heil. Aber der Zorn Gottes ist schon in vollem Maß über sie gekommen." (1. Thessalonicher 2,14-16)

Es ist in diesem Zusammenhang nicht verwunderlich, dass Paulus der staatlichen Gewalt absolute Anerkennung zollt, ist sie doch von Gott selber eingesetzt: „Jedermann soll übergeordneten Gewalten Folge leisten. Denn es gibt keine Gewalt außer von Gott; und die, die es gibt, sind von Gott eingesetzt. Darum: Wer sich der Gewalt widersetzt, befindet sich im Aufstand gegen Gottes Anordnung; und die, die sich im Aufstand befinden, ziehen sich selbst die (künftige) Verurteilung zu. Denn die Herrschenden sind zu fürchten nicht für das gute Werk, sondern für das böse. Willst du die Gewalt nicht fürchten (müssen)? (So) tue das Gute, und du wirst Lob von ihr erhalten. Gottes Dienerin nämlich ist sie für dich zum Guten." (Römer 13,1-4a)[45] Der gerade durch das (göttliche) Recht der Gewaltanwendung charakterisierte Staat ist für Paulus eine unbedingt anzuerkennende sakrosankte Größe. Die Gewaltstrukturen, die demnach das gesellschaftliche Zusammenleben regeln und bestimmen, sind eine unhinterfragte selbstverständliche, ja geradezu göttliche Notwendigkeit. Der Staat ist nicht nur befugt, sondern verpflichtet, den, der sich ihm bzw. seinen Anordnungen widersetzt, mit Gewalt in die Schranken zu weisen.

War bereits die Kindheit des Paulus von Härte und Gewalt geprägt?

Härte, Gehorsam, Selbstdisziplin, eine ihm von außen auferlegte Gewalt, der man sich selbst unterwirft, sprechen aber auch aus folgenden Worten: „Ich übertraf im Judentum viele meiner Altersgenossen in meinem Volk weit und eiferte über die Maßen für die Satzungen der Väter." (Galater 1,14) Die Erfüllung des Gesetzes, das war sein ganzes Bestreben, sein spiritueller Lebensinhalt, und zwar von Anfang an. Was er von Jesus zu wissen glaubte bzw. einfach als selbstverständlich annahm[46] – „...geboren von einer Frau und unter das Gesetz getan" –, könnte als Projektion seiner eigenen Kindheit gedeutet werden, worauf insbesondere die Fortsetzung hindeutet: „...damit er die, die unter dem Gesetz waren [und dazu gehörte eben vor allem auch Paulus selbst] erlöste, damit wir die Kindschaft[47]

---

[45] Übersetzung: Ulrich Wilckens (Der Brief an die Römer. 3. Teilband: Röm 12-16, EKK VI/3, Benziger Verlag, Neukirchener Verlag, Zürich, Einsiedeln, Köln 1982, 29).
[46] An dem Jesus „nach dem Fleisch", wir würden sagen, an dem historischen Jesus, war Paulus in keiner Weise interessiert (vgl. 2. Korinther 5,16).
[47] Wörtlich die „Annahme an Kindes Statt, die Adoption" (Walter Bauer, Griechisch-deutsches Wörterbuch zu den Schriften des Neuen Testaments und der frühchristlichen Literatur, 6., völlig neue bearbeitete Auflage, herausgegeben von Kurt Aland und Barbara Aland, Walter de Gruyter Verlag, Berlin/New York, 1988, 1662).

empfingen [also endlich wie geliebte Kinder leben könnten, wonach sich Paulus wahrscheinlich immer gesehnt hat]." (Galater 4,4f.)

Aufgewachsen ist Paulus wahrscheinlich in einer streng jüdischen Familie der Diaspora[48]. Der Gesetzesgehorsam stand über allem – und die Drohung göttlicher Gewalt gegenüber jedem, der ihn vernachlässigt oder verweigert. Dass diese von den religiösen Instanzen geforderte Strenge auch das Verhalten seiner Eltern ihm gegenüber bestimmte, ist nicht nur reine Vermutung. Dafür sprechen zunächst einmal sowohl die Härte, die er sich selbst auferlegte, als auch die Unnachsichtigkeit, mit der er die der Tora gegenüber liberaler eingestellten christlichen Gemeinden der hellenistischen Diaspora geradezu leidenschaftlich verfolgt hatte (Galater 1,13.23; 1. Korinther 15,9, vgl. Apostelgeschichte 7,58; 8,1a.3; 9,1-2; 22,4f.).

Unübersehbare narzisstische Züge seiner Persönlichkeit

Doch nicht nur die von Paulus selber ausgeübte Gewalt lässt auf eigene Gewalterfahrungen schließen, auch sein unübersehbarer Narzissmus deutet darauf hin, dass er große, wahrscheinlich dem gravierenden Mangel annehmender Liebe in seiner Kindheit[49] geschuldete Probleme mit seinem Selbstwertgefühl gehabt haben muss. Er entwickelt ein „Größenselbst" – neben dem „Größenklein" eine der beiden Varianten, um den frühen Mangel an elterlicher Zuwendung, Annahme und Bestätigung, die ständig neue Erfahrung, den elterlichen Erwartungen nicht zu entsprechen, also die Kehrseite einer liebevollen Atmosphäre, zu kompensieren. Das Ich muss gesteigert werden, es ist auf den Rausch der Anerkennung, ja Verehrung angewiesen, um sich nicht zu verlieren. Ein solcher Mensch ist geradezu gezwungen, das eigene Ich immer neu herauszustellen und hervorzuheben, um gegen das dadurch natürlich nie wirklich abzustellende Minderwertigkeitsgefühl anzukämpfen und es zu verdrängen[50]:

„Ich habe mein Evangelium nicht von einem Menschen empfangen, bin auch nicht darüber belehrt worden, sondern durch eine Offenbarung Jesu Christi", betont Paulus in Galater 1,12. Gott selbst habe es „gefallen", ihn „von meiner Mutter

---

[48] Günther Bornkamm, Paulus, Verlag W. Kohlhammer, Stuttgart 1969², 27.
[49] „Die narzisstischen Störungen entstehen in der frühen Kindheit." (Hans-Joachim Maaz, Die narzisstische Gesellschaft. Ein Psychogramm, Verlag C. H. Beck, München 2012², 217)
[50] Hans-Joachim Maaz, der die Begriffe „Größenselbst" und „Größenklein" geprägt hat, geht sogar so weit, alle herausragenden Leistungen in Sport und Wissenschaft, in Kultur und Politik der Kompensation von Minderwertigkeitsgefühlen zu verdächtigen (ebd. 19).

Leib an ausgesondert und durch seine Gnade berufen" zu haben, „dass er seinen Sohn offenbarte in mir, damit ich ihn durchs Evangelium verkündigen sollte unter den Heiden", eine göttliche Sendung, für die er keinerlei Bestätigung durch die zu benötigen glaubte, „die vor mir Apostel waren", so dass er sich sofort auf Missionsreise begab und erst drei Jahre später Petrus kennenlernte (Galater 1,15-19). Er war sich gewiss, „die Gnade des Apostolates für alle Heiden" empfangen zu haben (Römer 1,5). Als letztem von allen sei ihm „als einer unzeitigen Geburt" der Auferstandene erschienen (1. Korinther 15,8) – unerlässlich, um als Apostel (wenn auch dem „geringsten unter ihnen", Vers 9) legitimiert zu sein –, eine allerdings eher unwahrscheinliche Behauptung, da es sich bei den „Erscheinungen" um visuelle Halluzinationen gehandelt haben dürfte, die voraussetzen, dass diejenigen, die sie erfahren, den ihnen „leibhaft" vor Augen stehenden Verstorbenen nicht nur gekannt, sondern sich besonders eng mit ihm verbunden wussten[51]. Unmittelbar „vom Herrn empfangen" habe er, Paulus, die Worte, die Jesus beim letzten Mahl in Jerusalem gesprochen habe (1. Korinther 11,23) – ein starkes Indiz dafür, dass Paulus diese sogenannten Einsetzungsworte selbst formuliert und gleichzeitig mit der höchstmöglichen Autorität versehen, sie geradezu als sakrosankt erklärt hätte[52]. „Folgt meinem Beispiel!", ermahnt er die Gemeinde in Korinth (1. Korinther 4,16). „Ich trage die Malzeichen Jesu an meinem Leibe", versichert er den Galatern (6,17). Es sei auch noch einmal an seine Ausführungen über die Verstockung und Verwerfung Israels bis zur Bekehrung aller Heidenvölker erinnert (Römer 9-11), die er ein „Geheimnis" nennt, das sich allein ihm selbst entschlüsselt und kundgetan hat (Römer 11,25).

---

[51] Vgl. Werner Zager, Jesus und die frühchristliche Verkündigung. Historische Rückfragen nach den Anfängen, Neukirchener Verlag, Neukirchen-Vluyn 1999, 71-82. – Weiter könnte man natürlich fragen, woher Paulus denn wissen wollte, dass er tatsächlich der letzte sei, dem eine Erscheinung des Auferstandenen gewährt worden ist.

[52] Anders als bei der Christusformel in 1. Korinther 15,3-5 beruft sich Paulus hier auf eine exklusive Offenbarung. Dies wäre aber kaum möglich gewesen, wenn die Einsetzungsworte in den christlichen Gemeinden bereits ganz selbstverständlich so oder ähnlich rezitiert worden wären. Auch sind die Paralleltexte in den neutestamentlichen Evangelien literarisch allesamt jünger.

Zusammenfassung

Gewaltstrukturen bestimmten das Leben des Paulus und durchtränkten seine Vorstellungswelt wahrscheinlich von Anfang an. Durch eine rigide Erziehung dürfte er ihnen bereits in seiner Kindheit unterworfen gewesen sein. Er scheint sie so tief verinnerlicht zu haben, dass er sich später, als sie ihm von Seiten des Staates und der von ihm zunächst übernommenen religiösen Tradition entgegentrat, nicht mehr von ihr lösen konnte. Sie müssen seine ganze Existenz in einer Weise durchdrungen, er muss sie so selbstverständlich akzeptiert haben, dass er ihren Boden auch nach seiner Begegnung mit der christlichen Botschaft nie verlassen hat. Auch weiterhin bestimmten sie seine Denk-, Ausdrucks- und Verhaltensweise. Vor allem aber prägten sie seine für die gesamte Geschichte des Christentums so fundamentale Vorstellung von dem Zugang zur Liebe, Güte oder eben der Gnade Gottes einzig auf dem Weg der Anerkennung der von Gott über den eigenen geliebten Sohn verhängten Gewalt als einer Heils- und Liebestat. Die paulinische Botschaft ist „das Wort vom Kreuz", er predigt „den gekreuzigten Christus", nichts will er wissen „als allein Jesus Christus, den Gekreuzigten" (1. Korinther 1,18.23; 2,2)

Prinzipiell bleiben die Menschen der Gewalt, dem (wegen ihrer Missetaten verdienten) Zorngericht Gottes unterworfen und ausgeliefert. Nur kraft des Glaubens, dass „der gekreuzigte Christus" es an ihrer Stelle in all seiner furchtbaren Tiefe durchlitten hat, sind sie begnadigt und bleiben sie von ihm verschont. Die paulinische Glaubenswelt setzt die Strukturen der Gewalt nicht nur voraus; sie ist nicht nur von ihnen durchtränkt und bestimmt. Vielmehr stellt der Glaubensvollzug selber nichts anderes als einen einzigen Gewaltakt dar, verlangt er doch quasi ununterbrochen vom Menschen, sich dem zutiefst verstörenden, ja zerstörerischen seelischen Zwang zu unterwerfen, das „Wort vom Kreuz" als Evangelium, als frohe Botschaft zu begreifen.

3. Strukturen der Gewalt – nicht nur im 16. Jahrhundert

Die massive elterliche Gewalt, die Martin Luther in seiner Kindheit erfahren musste, war kein Einzelfall. Und auch wenn sehr viele Kinder in seiner Zeit, wovon mit Sicherheit auszugehen ist, Ähnliches erlitten haben, resultiert daraus nicht nur eine große Summe letztlich singulärer Einzelereignisse vor dem Hintergrund eines im Großen und Ganzen achtsamen, liebevollen Umgangs der Gesellschaft mit ihren Kindern. Ganz im Gegenteil. Verschiedenste Zeugnisse lassen viel eher den Schluss zu, dass derartige Erziehungsmethoden seinerzeit allgemein üblich waren, dass sie keineswegs lediglich toleriert wurden, sondern allgemeine pädagogische Maxime gewesen sind.

Gewalt gegen Kinder im 16. und 17. Jahrhundert

Ihr unterlagen selbst Kinder von Königen. So wurde Louis XIII. (1601-1643) nach dem 25. Lebensmonat regelmäßig jeden Morgen mit einer Peitsche geschlagen. Sein Vater, Henri IV. (1553-1610), schrieb an eine der Gouvernanten: „Ich muss mich beschweren: Sie haben nicht bestätigt, dass Sie meinen Sohn gepeitscht haben. Ich wünsche und befehle Ihnen, ihn jedes Mal zu peitschen, wenn er ungehorsam ist oder sich schlecht benimmt; denn ich weiß genau, dass es nichts in der Welt gibt, das besser für ihn sein könnte als das. Ich weiß es aus Erfahrung, da ich selbst davon Nutzen gehabt habe; denn als ich in seinem Alter war, wurde ich oft gepeitscht. Darum wünsche ich, dass Sie ihn peitschen und ihn begreifen machen warum."[53]

Selbst ein humanistischer Pädagoge wie Juan Luis Vives (1492-1540) insistiert: „Nimm niemals die Rute vom Rücken eines Knaben weg; vor allem Töchter sollen keinerlei Zärtlichkeit erfahren. Denn Zärtlichkeit schadet Söhnen, aber Töchter zerstört sie völlig."[54]

„Spirituell" unterlegt, ja geradezu transzendental begründet wurden derartige Maßnahmen durch kirchliche Weisungen wie die aus dem Domostroj, einem im

---

[53] Zitiert aus: Erna M. Johansen, Betrogene Kinder. Eine Sozialgeschichte der Kindheit, Fischer-Taschenbuch-Verlag, Frankfurt am Main 1978, 121.
[54] Ebd. 120. Johansen zieht dieses Resümee: „Das Material, das ich über die Methoden zur Disziplinierung von Kindern gesammelt habe, veranlasst mich zu der Überzeugung, dass ein sehr großer Prozentsatz der vor dem achtzehnten Jahrhundert geborenen Kinder – in heutiger Terminologie – ‚geschlagene Kinder' waren." (66f.)

16. Jahrhundert von russischen Klerikern zusammengestellten Ratgeber zur Familienführung: „Strafe deinen Sohn, solange er klein ist, und er wird dich erfreuen und die Zierde deiner Seele sein, wenn du alt bist. Erspare deinem Kind keine Schläge, denn der Stock wird ihn nicht töten, sondern ihm gut tun. Wenn du den Körper schlägst, rettest du die Seele vorm Tode. (...) Wenn du deinen Sohn liebst, strafe ihn oft, damit er später deine Seele erfreuen kann. Strafe deinen Sohn in seiner Jugend; und wenn er ein Mann ist, wird er dein Trost sein, und du wirst unter den Gottlosen gepriesen werden und deine Feinde werden dich beneiden. Erzieh dein Kind in Furcht und du wirst Frieden und Segen in ihm finden"[55].

Biblische Texte, die der Gewalt gegen Kinder das Wort reden

Nicht zu überhören sind dabei Anklänge an Bibelworte, die ihrerseits und letztlich bis heute zu Härte und Unnachsichtigkeit gegenüber Kindern aufrufen. Es sind Sätze wie diese (alle folgenden Bibelzitate sind in der Übersetzung Martin Luthers wiedergegeben):

> „Wenn jemand einen widerspenstigen und ungehorsamen Sohn hat, der der Stimme seines Vaters und seiner Mutter nicht gehorcht und auch, wenn sie ihn züchtigen, ihnen nicht gehorchen will, so sollen ihn Vater und Mutter ergreifen und zu den Ältesten der Stadt führen und zu dem Tor des Ortes und zu den Ältesten der Stadt sagen: Dieser unser Sohn ist widerspenstig und ungehorsam und gehorcht unserer Stimme nicht und ist ein Prasser und Trunkenbold. So sollen ihn steinigen alle Leute seiner Stadt, dass er sterbe, und du sollst so das Böse aus deiner Mitte wegtun, dass ganz Israel aufhorche und sich fürchte." (5. Mose 21,18-21)
>
> „Mein Sohn, verwirf die Zucht des Herrn nicht und sei nicht ungeduldig, wenn er dich zurechtweist; denn wen der Herr liebt, den weist er zurecht, und hat doch Wohlgefallen an ihm wie ein Vater am Sohn." (Sprüche 3,11f.)
>
> „Wer Zucht liebt, der wird klug; aber wer Zurechtweisung hasst, der bleibt dumm." (Sprüche 12,1)
>
> „Wer seine Rute schont, der hasst seinen Sohn; wer ihn aber lieb hat, der züchtigt ihn beizeiten." (Sprüche 13,24)
>
> „Der Tor verschmäht die Zucht seines Vaters; wer aber Zurechtweisung annimmt, ist klug." (Sprüche 15,5)

---

[55] Zitiert aus: Hört ihr die Kinder weinen. Eine psychogenetische Geschichte der Kindheit. Aus dem Amerikanischen von Ute Auhagen u.a., herausgegeben von Lloyd deMause, Suhrkamp Verlag, Frankfurt am Main 1980, 547f.

„Züchtige deinen Sohn, solange Hoffnung da ist, aber lass dich nicht hinreißen, ihn zu töten." (Sprüche 19,18)

„Torheit steckt dem Knaben im Herzen; aber die Rute der Zucht treibt sie ihm aus." (Sprüche 22,15)

„Lass nicht ab, den Knaben zu züchtigen; denn wenn du ihn mit der Rute schlägst, so wird er sein Leben behalten; du schlägst ihn mit der Rute, aber du errettest ihn vom Tode." (Sprüche 23,13f.)

„Rute und Tadel gibt Weisheit; aber ein Knabe, sich selbst überlassen, macht seiner Mutter Schande." (Sprüche 29,15)

„Züchtige deinen Sohn, so wird er dir Freude machen und deine Seele erquicken." (Sprüche 29,17)

„Wer seinen Sohn liebhat, der hält für ihn die Rute bereit, damit er später Freude an ihm erlebt. Wer seinen Sohn in Zucht hält, der wird sich an ihm freuen und braucht sich bei den Bekannten seinetwegen nicht zu schämen." (Sirach 30,1f.)

„Wer aber zu weich ist gegen seinen Sohn, der verbindet ihm die Wunden und erschrickt, wenn dieser weint. Ein ungebändigtes Pferd wird störrisch, und ein zügelloser Sohn wird ungebärdig. Verhätschelst du dein Kind, so musst du dich vor ihm fürchten; spielst du mit ihm, so wird es dich betrüben. Spotte nicht gemeinsam mit ihm, damit du nicht mit ihm trauern und zuletzt die Zähne zusammenbeißen musst. Lass ihm seinen Willen nicht in der Jugend und entschuldige seine Verfehlungen nicht. Beuge ihm den Nacken, solange es noch jung ist; bläue ihm den Rücken, solange es noch klein ist, damit es nicht halsstarrig und dir ungehorsam wird und dir Herzeleid bereitet. Erzieh deinen Sohn und lass ihn nicht müßig gehen, damit du nicht über seiner Torheit zuschanden wirst." (Sirach 30,7-13)

„Aber über folgendes schäme dich nicht, und nimm keine falsche Rücksicht, durch die du sündigen könntest: ...die Kinder streng zu erziehen; den bösen Sklaven kräftig zu züchtigen." (Sirach 42,1.5)

„Ihr habt noch nicht bis aufs Blut widerstanden im Kampf gegen die Sünde und habt bereits den Trost vergessen, der zu euch redet wie zu seinen Kindern: ›Mein Sohn, achte nicht gering die Erziehung des Herrn und verzage nicht, wenn du von ihm gestraft wirst. Denn wen der Herr lieb hat, den züchtigt er, und er schlägt jeden Sohn, den er annimmt.‹ [56] Es dient zu eurer Erziehung, wenn ihr dulden müsst. Wie mit seinen Kindern geht Gott mit euch um; denn wo ist ein Sohn, den der Vater nicht züchtigt? Seid ihr aber ohne Züchtigung, die doch alle erfahren haben, so seid ihr Ausgestoßene und nicht Kinder. Wenn unsre leiblichen Väter uns gezüchtigt haben und wir sie doch geachtet haben, sollten wir uns dann nicht viel mehr unterordnen dem geistlichen Vater, damit wir leben? Denn jene haben uns gezüchtigt für wenige Tage nach ihrem Gutdünken, dieser aber tut es zu unserm Besten, damit wir an seiner Heiligkeit Anteil erlangen. Jede Züchtigung aber, wenn sie da ist, scheint uns nicht Freude, sondern Leid zu sein;

---

[56] Ein Zitat aus dem Buch der Sprüche (3,11f.; siehe oben).

danach aber bringt sie als Frucht denen, die dadurch geübt sind, Frieden und Gerechtigkeit." (Hebräer 12,4-11)

Bei all diesen Ratschlägen wird unterstellt, dass Kinder zur Bosheit neigen, ihren eigenen Willen durchsetzen wollen, sich ihren Eltern bewusst widersetzen. Es sei daher die Pflicht der Eltern, ihr Kind dafür zur Rechenschaft zu ziehen, es zu bestrafen, damit sich sein Verhalten bessert – und Gottvater verfährt mit den Menschenkindern, das geht aus dem Wort des Hebräerbriefes und aus dem Zitat aus den Buch der Sprüche hervor, in gleicher Weise, züchtigt sie, auch wenn es zunächst einmal schmerzt, zu ihrem Wohl.

Gewalt gegen Kinder, „Strafvollzug" bis in die heutige Zeit

„Die Autoritäts- und Strafpädagogik ist der erzieherische Teil eines Obrigkeitsstaates, und dazu gehörte auch lange Zeit – und bis weit in die zweite Hälfte des 20. Jahrhunderts hinein – die Vorstellung, dass das Kind (pädagogisch inspiriert und legitimiert) geschlagen, geprügelt, mit einer als notwendig erachteten Härte und strategischen Gefühlskälte erzogen werden müsse, um es gesellschaftlich zu ‚zähmen' und zu einem wertvollen, nützlichen, angepassten Mitglied der Gesellschaft zu machen."[57] Dass genau umgekehrt ein unangemessenes Verhalten des Kindes auf ein unangemessenes Verhalten seiner Eltern oder anderer Bezugspersonen beziehungsweise auf der Welt und Gesellschaft aufoktroyierte Gewaltstrukturen zurückzuführen sein könnte, kam den Menschen vergangener Jahrhunderte nicht in den Sinn – und daran hat sich bis heute nicht allzu viel geändert. Das belegt allein schon der Terminus „Straftäter": Jemand hat sich etwas zuschulden kommen lassen, weswegen er bestraft werden muss. Die Tat als solche ist eine „Straftat", eine Tat, die eine Strafe nach sich ziehen muss, ja deren geradezu integraler Bestandteil die Strafe ist, die auf sie folgt. Es ist nicht eine Tat, die Gründe in der Vorgeschichte eines Menschen hat, etwa auf das Verhalten der Eltern dem Täter gegenüber zurückgehen könnte, für die diese sich zu verantworten hätten, zu der sie zumindest befragt werden müssten. Und, noch viel entscheidender: Diese

---

[57] Benno Hafeneger, Strafen, prügeln, missbrauchen. Gewalt in der Pädagogik, Verlag Brandes & Apsel, Frankfurt am Main, 2011, 27. „Um die Kleinen für die Härte des Lebens und die Zukunft zu rüsten, galt bis in die 1960er Jahre, das unberechenbare und unkontrollierte Kind mit ‚eiserner Konsequenz' zu zähmen, kein Mitleid zu haben, keine Zärtlichkeit zu zeigen und sich von ihm nicht gängeln zu lassen." (Ebd. 37)

Tat ist in der öffentlichen Meinung keine, die letztlich durch Grundstrukturen der Gewalt bedingt sein könnte, denen der „Straftäter", aber ebenso die elterliche Gewaltanwendung ihrem Kind gegenüber unterliegen, Gewaltstrukturen, die weit über den Umgang mit den Kindern hinaus die ganze Gesellschaft prägen. Obwohl der Umgang mit Kindern umso gewaltsamer und schonungsloser ausfällt, je weniger menschlich und je ungerechter es in der Gesellschaft zugeht[58], werden diese Gewaltstrukturen nicht in Frage gestellt, geschweige denn überwunden[59]. Im Strafprozess wird die Strafe für die Tat verhängt, im Strafvollzug wird sie gesühnt. Es kommt nicht in den Blick, dass die Gesellschaft von diesen Gewaltstrukturen geheilt, dass eine ganz andere Kultur an ihre Stelle treten müsste und durchaus auch treten könnte.

„Die Frage der Schulzucht ist für die meisten Autoren ‚der Schule immanent' und gehört zu ‚ihrem Wesen' (…); sie ist so alt wie die Schule, und die historischen Belege finden sich bei Klassikern der Pädagogik, in Schulordnungen, schulgeschichtlichen Publikationen, Autobiografien und vielen anderen Quellen."[60] Erst am 22. Juli 1986 wurde in Großbritannien als dem letzten Land in Europa die

---

[58] Leo Tolstoi schrieb nach einem Deutschlandbesuch 1860 in sein Tagebuch: „War in der Schule. Entsetzlich. Gebet für den König, Prügel, alles auswendig, verängstigte, seelisch verkrüppelte Kinder." (Lew Tolstoj. Gesammelte Werke in zwanzig Bänden, herausgegeben von Eberhard Dieckmann, Gerhard Dudek, Verlag Rütten & Loening, Berlin 1964–1978, Band 18, 1978, 273)

[59] Beispiele, die folgenden Sätzen aus dem Roman „Der kleine Lord" von Frances Hodgson Burnett aus dem Jahr 1886 entsprechen, dürften eine verschwindende Ausnahme gewesen sein: „Alle waren von seiner [des Jungen Cedric, des „Kleinen Lord"; C.P.] fröhlichen, furchtlosen Art entzückt. Sein vertrauensvolles Wesen ließ ihn auf jeden zugehen und er konnte sich auch gut in andere Menschen einfühlen. Das hatte er seinen Eltern zu verdanken, die immer zärtlich und rücksichtsvoll miteinander umgingen. Nie bekam er zu Hause ein unfreundliches Wort zu hören. Da er viel Liebe empfing, war er voller Zärtlichkeit und Wärme. Und weil seine Mutter immer mit liebevollen Kosenamen angesprochen wurde, sprach er sie auch so an. Er lernte, sorgsam mit ihr umzugehen, ganz so, wie es sein Vater tat." „Cedric kennt weder Hass noch Härte…" (Frances Hodgson Burnett, Der kleine Lord. Aus dem Englischen neu übersetzt von Cornelia Krutz-Arnold, Arena Verlag, Würzburg 2008[10], 11f.56).

[60] Benno Hafeneger a.a.O. (vgl. Anm. 57) 31.

körperliche Züchtigung („Corporal Punishment") in staatlich unterstützten *Schulen* verboten[61]. Das Recht auf eine gewaltfreie Erziehung *zuhause* wird den Kindern in der Bundesrepublik Deutschland erst mit dem am 6. Juli 2000 verabschiedeten Gesetz zur Ächtung von Gewalt in der Erziehung gewährt[62].

Dimensionen gegenwärtiger Gewalt

Aber, wie schon erwähnt, die Barbarei der Gewalt beschränkt sich keineswegs auf den Umgang einer Gesellschaft mit ihren Kindern. Sie prägt und kennzeichnet praktisch die gesamte politische und ökonomische Realität, aber auch die persönliche Lebensgestaltung. Einige wenige Schlaglichter müssen hier genügen, die jedoch gleichwohl die geradezu ungeheuerlichen Dimensionen der die ganze Welt durchdringenden Gewalt aufscheinen lassen.

Was den *politischen Bereich* angeht: Trotz der START-Abkommen beträgt die Gesamt-Sprengkraft der Atomwaffenarsenale noch immer 7500 Megatonnen TNT-Äquivalent – das entspricht der Waffenwirkung von 2500 Zweiten Weltkriegen oder einer Tonne Sprengstoff für jeden Menschen. 1,676 Billionen Dollar

---

[61] Vier Stunden stritten die Parlamentarier, dann stimmten sie mit einer Stimme Mehrheit für ein Verbot der Züchtigung. Es trat 1987 in Kraft und wurde im Jahre 1998 auf alle Schulen ausgedehnt. Auch Jahre nach der Abschaffung wollten sich noch nicht alle damit abfinden. Die „Christian Fellowship School" klagte noch 2002 auf das Recht, ihre Schüler verprügeln zu dürfen, und berief sich dabei auf die Bibel. – In der Bundesrepublik Deutschland wurde die Prügelstrafe an Schulen im Jahr 1973 abgeschafft, in der DDR bereits 1949.

[62] Es ergänzt das „Züchtigungsgesetz" im § 1631 Abs. 2 des Bürgerlichen Gesetzbuchs (BGB), der bisher „körperliche und seelische Misshandlungen" für „unzulässig" erklärt, um die beiden Sätze: „Kinder haben ein Recht auf gewaltfreie Erziehung. Körperliche Bestrafungen, seelische Verletzungen und andere entwürdigende Maßnahmen sind unzulässig." Das Gesetz trat am 2. November 2000 in Kraft. – Wie eine am 12. März 2012 vorgestellte repräsentative Umfrage des Instituts Forsa ergab, gehören körperliche Strafen bei deutschen Eltern allerdings immer noch zum Erziehungsrepertoire. 40 Prozent der Eltern gaben zu, ihr Kind mit einem „Klaps auf den Po" bestraft zu haben, jeder Zehnte mit einer Ohrfeige. Vier Prozent der Eltern gaben an, ihren Kindern in den vergangenen zwölf Monaten ein- bis zweimal „den Hintern versohlt zu haben". Auftraggeber der Studie war das Magazin Eltern. – In Großbritannien gilt nach wie vor ein Richterspruch aus dem Jahr 1860, wonach es völlig in Ordnung ist, sein Kind zu schlagen, wenn es sich um eine „angemessene Züchtigung" handelt. Im April 2004 veröffentlichte die Times eine repräsentative Umfrage, wonach sich 59 Prozent der Inselbewohner gegen alle Versuche stemmen, die elterliche Prügelstrafe gesetzlich für illegal zu erklären.

(rund 1,5 Billionen Euro) wurden nach Erhebungen des internationalen Friedensforschungsinstituts Sipri im Jahr 2015 weltweit für militärische Zwecke ausgegeben[63], das heißt: Unendlich viele Menschen haben allein in jenem Jahr eine gigantische Menge Waffen jeder Größenordnung hergestellt, gewartet, an und mit ihnen geübt und sie eingesetzt, und noch einmal ein Vielfaches dieser Zahl von Menschen haben die Ausgaben für Militär und Rüstung mit ihren Steuern finanziert[64] – nicht zu reden von der „Massenkultur des Todes"[65], die die Unterhaltungsindustrie durch ihre medialen Angebote in Millionenauflagen produziert und damit „die virtuelle Zerstörung von Leben zur äußerst populären Alltagskultur werden lässt und das Mordhandwerk in tausend Spielarten zelebriert"[66].

Was die Gleichgültigkeit gegenüber der *Gewalt in der Ökonomie* betrifft: „Die Brand- und Einsturzkatastrophen in mehreren Textilfabriken in Bangladesch und Pakistan haben in den vergangenen zwei Jahren die deutsche Öffentlichkeit aufgerüttelt. Mehrmals kamen hunderte Menschen dabei qualvoll zu Tode und weitere Hunderte wurden schwer verletzt, weil grundlegende Sicherheitsstandards nicht eingehalten und Notausgänge versperrt wurden. Verantwortlich dafür sind nicht nur Fabrikbesitzer, die ihre Arbeiterinnen und Arbeiter rücksichtslos ausbeuten, sondern auch deren Auftraggeber, die ihren Sitz größtenteils in den USA und Europa, einschließlich Deutschland, haben. Obwohl die unmenschlichen Arbeitsbedingungen und Sicherheitsmängel im Textilsektor dieser Länder den Handels-

---

[63] In der Bundesrepublik wurde im Zeitraum von 1999 bis 2013 mit 32,5 Milliarden Euro mehr als 100 Mal so viel für Auslandseinsätze der Bundeswehr ausgegeben wie für den Zivilen Friedensdienst (0,25 Milliarden Euro). Im Jahr 2014 wurde der Zivile Friedensdienst vom Bundesministerium für wirtschaftliche Zusammenarbeit und Entwicklung mit insgesamt 34 Millionen Euro gefördert, verglichen mit dem Verteidigungshaushalt, der 2014 wiederum mehr als 32 Milliarden Euro umfasste, eine verschwindend geringe Summe. Im Bundeshaushalt 2015 wurde das Budget für den Zivilen Friedensdienst um fünf Millionen Euro auf insgesamt 39 Millionen Euro erhöht. Der Verteidigungsetat stieg allerdings um mehr als eine halbe Milliarde.

[64] Nur relativ wenige weigern sich, diese Steuern zu zahlen. Dazu gehören Menschen, die sich im Netzwerk Friedenssteuer zusammengeschlossen haben, dessen zentrale Erklärung lautet: „Ich trete für eine gesetzliche Regelung ein, nach der niemand gegen sein Gewissen gezwungen werden darf, durch Steuern und Abgaben zur Finanzierung von Militär und Rüstung beizutragen. Stattdessen ist die Verwendung dieser Zahlungen für zivile Aufgaben sicherzustellen." Vgl. http://www.netzwerk-friedenssteuer.de/index.php/steuern-zu-pflugscharen/militaersteuerverweigerung-kirchen.

[65] So der Titel eines Aufsatzes von Peter Bürger in der Jungen Welt vom 4.1.2014. Im Internet unter http://www.jungewelt.de/2014/01-04/056.php abrufbar.

[66] Ebd.

konzernen seit langem bekannt waren, hatten sie nicht die gebotene Sorgfalt walten lassen, um solchen Katastrophen vorzubeugen. Einer Mitverantwortung kann sich letztlich aber kein Mensch entziehen, der solche unter menschenunwürdigen Bedingungen hergestellten Produkte erwirbt[67].

Die erwähnten Katastrophen sind in vielerlei Hinsicht nur die Spitze des Eisbergs: Menschenrechtsverletzungen sind auch in der chinesischen, indischen und philippinischen Textilproduktion alltäglich, ohne dass die deutsche Presse bislang davon Notiz nimmt. Das Phänomen beschränkt sich auch keineswegs auf Textilien, sondern betrifft viele Sektoren. Nach einer im Auftrag des früheren UN-Sonderbeauftragten für Wirtschaft und Menschenrechte, John Ruggie, erarbeiteten Studie betrafen mit 28 Prozent die meisten wirtschaftsbezogenen Menschenrechtsvorwürfe im Zeitraum 2005 bis 2007 den Abbau von Rohstoffen. Mit rund einem Fünftel rangierte der Einzelhandel an zweiter Stelle der Menschenrechtsbrennpunkte. Häufig in der Kritik stehen ferner Konzerne aus den Bereichen Pharmazeutik und Chemie, Infrastruktur und Energieversorgung, finanzielle Dienstleistungen, Nahrung und Getränke, Elektronik und Telekommunikation sowie aus der Schwerindustrie."[68]

Im Jahr 2012 haben allein die Vereinigten Staaten 130 Millionen Tonnen Mais und mehrere Hundert Millionen Tonnen Getreide als Agrartreibstoff verbrannt. „Wenn alle 5 Sekunden ein Kind an Hungerfolgen stirbt, dann ist das Verbrennen von Nahrungsmitteln ein Verbrechen gegen die Menschlichkeit."[69] Ist aber nicht allein dies schon Ausdruck globaler und gleichzeitig subtiler Gewalt, wenn das reichste Prozent der Weltbevölkerung über mehr Vermögen verfügt als der Rest

---

[67] Allerdings sind für immer mehr Menschen existenzsichernde Löhne und soziale Mindeststandards maßgebliche Einkaufskriterien. In Deutschland ist der Markt für fair gehandelte Produkte im Jahr 2015 zum zwölften Mal in Folge um einen zweistelligen Prozentbetrag gewachsen, zuletzt um 31 Prozent auf 1.027 Milliarden Euro (Quelle: http://www.forum-fairer-handel. de/fairer-handel/zahlen-fakten/; abgerufen am 5.3.2016). Diese Anmerkung wurde von mir in das Zitat eingefügt.

[68] Aus der im Jahr 2014 veröffentlichten gemeinsamen Studie „Globales Wirtschaften und Menschenrechte. Deutschland auf dem Prüfstand" (im Netz unter www.misereor.de/globales-wirtschaften) des katholischen Hilfswerks Misereor und der Entwicklungsorganisation Germanwatch. Danach „erfüllen die meisten der Firmen [die Rede ist von den 30 an der Frankfurter Börse gelisteten Dax-Unternehmen; C.P.] ihre menschenrechtlichen Sorgfaltspflichten bislang nur in Ansätzen". „Inwieweit sich ihre Einkaufspraktiken negativ auf die Arbeitsstandards bei ihren Zulieferern auswirken, scheint bislang kein Unternehmen systematisch zu überprüfen und erst recht nicht zu verändern."

[69] Jean Ziegler in einem Interview mit medico international, rundschreiben 01/13, 29.

der Welt zusammen? Und der Trend ist eindeutig: Besaßen im Jahr 2010 noch 388 Individuen so viel wie die ärmere Hälfte der Weltbevölkerung zusammengenommen, waren es 2014 bereits lediglich 80 und 2015 nur noch 62 Einzelpersonen[70].

Schließlich noch zur Gewalt gegen das *außermenschliche Leben auf dieser Erde*: Unendlich viele Menschen auf der Welt haben im Jahr 2011 58.110 Millionen Hühner, 2.817 Millionen Enten, 1.383 Millionen Schweine, 654 Millionen Truthähne, 649 Millionen Gänse und Perlhühner, 517 Millionen Schafe, 430 Millionen Ziegen und 296 Millionen Rinder und 24 Millionen Büffel[71] zum alleinigen Zweck ihrer Tötung gehalten und geschlachtet[72], und noch einmal ein Vielfaches dieser Zahl von Menschen haben die getöteten Tiere verarbeitet und gegessen[73]. Tausende Wissenschaftler haben im Jahr 2013 allein in der Bundesrepublik laut Statistik des Bundesministeriums für Ernährung und Landwirtschaft an fast 2,2 Millionen Mäusen, 375.656 Ratten, 202.685 Fischen, 95.653 Kaninchen und vielen anderen, nämlich insgesamt 2.997.152 Tieren Versuche vorgenommen; anschließend sind diese Tiere in aller Regel getötet worden[74].

---

[70] Die Zahlen sind der am 18. Januar 2016 im Vorfeld des Weltwirtschaftsforums (World Economic Forum, WEF) in Davos vorgestellten Studie „Ein Wirtschaftssystem für die Superreichen: Wie ein unfaires Steuersystem und Steueroasen die soziale Ungleichheit verschärfen" der Hilfsorganisation Oxfam entnommen.

[71] Amtliche und amtlich geschätzte Zahlen; Quelle: Fleischatlas 2014. Daten und Fakten über Tiere als Nahrungsmittel, 19.

[72] In gewerblichen Schlachtunternehmen in Deutschland wurden im Jahr 2015 laut Statistischem Bundesamt u.a. 59,3 Millionen Schweine und 3,5 Millionen Rinder, davon 318.300 Kälber (Alter: bis zu acht Monaten) und 37.600 Jungrinder (mehr als acht, höchstens zwölf Monate alt), geschlachtet.

[73] Menschen, die aus ethischen Gründen keine Tiere essen, sind zwar noch in der Minderheit, ihre Zahl wächst jedoch ständig. Lag der Anteil der Vegetarier im Jahr 1983 laut damaliger Studie der GFK bei nur 0,6 Prozent, so leben derzeit dem Institut für Demoskopie Allensbach zufolge knapp sieben Millionen Menschen völlig fleischfrei, also rund acht Prozent der Deutschen. Nach einer Untersuchung der Gesellschaft für Konsumforschung sind das fünfzehnmal so viele Menschen wie noch 1983, also vor gut 30 Jahren. Rund 900.000 Deutsche leben nach Angaben des Vegetarierbundes (Vebu) vegan (Meinungsforschungsinstitute bestätigen dies), nutzen also gar keine tierischen Produkte wie Eier, Milch, Wolle oder Leder mehr.

[74] Für Tierversuche werden in Deutschland jährlich rund drei Milliarden Euro ausgegeben, während der tierversuchsfreien Forschung im Jahr nur rund vier Millionen Euro zur Verfügung stehen.

Homo homini lupus, der Mensch ist dem Menschen ein Wolf!?

Gewalt gilt weithin als ein integrierendes Merkmal der Welt schlechthin, der der Mensch nun einmal unterworfen und ausgeliefert ist. Ein eher zufälliger, gleichwohl symptomatischer Beleg für diese grundsätzliche Annahme ist das Vorwort, das Gerd Presler seiner Biografie über Martin Luther King vorangestellt hat[75], den man geradezu einen Apostel der Gewaltlosigkeit nennen könnte[76]. Für Presler gehört die Gewalt zur Natur des Menschen. „Der Mensch ist das einzige Säugetier, das ein Mörder und Sadist ist. Den eigenen Artgenossen umzubringen, das tut kein Affe. Das ist menschlich."[77] „Niemand bestreitet, dass der Mensch dazu neigt, Konflikte gewaltsam auszutragen. Am Kind schon kann man das beobachten. Diese Analyse des menschlichen Verhaltens ist sicher richtig. Aber sie ist nicht vollständig. Homo homini lupus (der Mensch ist dem Menschen ein Wolf) – gerade deshalb muss er sich vor sich selbst schützen; und er weiß das. (…) Erziehung erweist sich als ein zentraler und buchstäblich ‚notwendiger' Vorgang im menschlichen Leben. Mit der Gesetzgebung schuf der Mensch einen weiteren Schutzwall gegen die eigene gefährliche Natur, ein Geflecht lebenserhaltender Vereinbarungen. Erziehung und Gesetzgebung machen den Menschen nicht zu einem friedlichen Wesen. Er ist, wie gesagt, anders. Aber es ist lohnend, ihm die Mittel und Wege zu zeigen, die ihn zu einem friedensfähigen Wesen heranreifen lassen."[78] Martin Luther King, so Preslers Vermutung, resignierte nicht vor dieser angeblichen Unabänderlichkeit, er wusste von dieser Veranlagung des Menschen, glaubte aber, dass er ihr nicht hilflos ausgeliefert sei. „Gewaltlosigkeit ist dem Menschen von der Natur nicht mitgegeben. Aber er kann sie erlernen."[79]

Presler beruft sich dabei auf Martin Luther Kings bekanntes Diktum: „Wir haben gelernt, wie die Vögel zu fliegen und wie die Fische zu schwimmen. Doch wir haben nicht gelernt, in Frieden miteinander zu leben." Meint King mit dem Lernen

---

[75] Ich beziehe mich auf den im Juli 2008 in der Reihe der „rowohlts monographien" in 15. Auflage erschienenen Band „Martin Luther King, Jr. mit Selbstzeugnissen und Bilddokumenten dargestellt von Gerd Presler" (1. Auflage: Oktober 1984); mittlerweile ist bereits die 16. Auflage erschienen.
[76] Nicht ohne Belang in diesem Zusammenhang: „Martin Luther King jr. (…) verbrachte mit seiner älteren Schwester Christine und seinem jüngeren Bruder Alfred Daniel eine Jugend in großer Geborgenheit." (Ebd. 32)
[77] Ebd. 7.
[78] Ebd. 8.
[79] Ebd. 10.

hier tatsächlich die mühsame Aneignung einer Fähigkeit, die uns Menschen zunächst einmal völlig fremd ist? Oder geht es nicht vielmehr um die Aktivierung einer Erinnerung an das, was uns als Menschen so vertraut ist wie den Vögeln das Fliegen und den Fischen das Schwimmen, nämlich in Frieden zusammenzuleben? Für diese Interpretation spricht ein Ausruf Kings, den Presler selbst zitiert. Nachdem ihm am 19. September 1958 eine Frau einen scharfen japanischen Brieföffner in die Brust gestoßen hatte und er gerade noch mit dem Leben davongekommen war, bat er gleichwohl: „Diese Frau braucht Hilfe. Sie ist nicht verantwortlich für die Gewalt, die sie gegen mich gebraucht hat. Tut ihr nichts, bringt sie nicht vor Gericht, heilt sie."[80] –

Gewiss gibt es Gründe, weshalb Menschen gewalttätig werden oder der Gewalt das Wort reden. Entscheidend dürften die gesellschaftlichen Gewaltstrukturen sein, die tief in das Leben und Zusammenleben der Menschen eingreifen und es bestimmen (sollen) bis hin zum Umgang der Eltern mit ihren Kindern. So wird die Gewalt zur Konvention, zur Normalität, zum nicht mehr hinterfragten Habitus des Menschen. Damit scheint es unausweichlich zu sein, Gewalt durch Gewalt einzudämmen, Frieden durch Gewalt zu erzwingen. Nicht prinzipiell in Frage gestellt, sondern noch einmal unterlegt wird diese Grundannahme der „Heilsnotwendigkeit" der Gewalt durch ein von der paulinischen Sühnetheologie dominiertes Christentum, das den Gewaltakt der Kreuzigung als Heilsereignis versteht, ja seine Deutung als das fundamentale Erlösungsgeschehen schlechthin in den Rang eines Dogmas erhebt.

---

[80] Ebd. 60.

4. Die Wirkmächtigkeit der paulinisch-reformatorischen Sühnopfertheologie

Für die evangelisch-lutherische Kirche ist die paulinische Kreuzestheologie nach wie vor *Articulus stantis et cadentis ecclesiae*, der Artikel, mit dem die Kirche steht und fällt[81], der eigentliche Glaubensgegenstand, wie die Confessio Augustana (CA) in ihrem zentralen vierten Artikel mit großem Nachdruck betont: „Weiter wird gelehrt (…), dass wir Vergebung der Sünde bekommen und vor Gott gerecht werden aus Gnade um Christi willen durch den Glauben, *nämlich wenn wir glauben, dass Christus für uns gelitten hat und dass uns um seinetwillen die Sünde vergeben, Gerechtigkeit und ewiges Leben geschenkt wird*. Denn *diesen Glauben will Gott als Gerechtigkeit, die vor ihm gilt, ansehen und zurechnen*, wie der Hl. Paulus zu den Römern im 3. und 4. Kapitel sagt." (CA IV; Hervorhebungen von mir, C.P.). Wer dies jedoch nicht glaubt, erleidet fürchterlichste Gewalt, und zwar in alle Ewigkeit: „Auch wird gelehrt, dass unser Herr Jesus Christus am Jüngsten Tag kommen wird, um zu richten und alle Toten aufzuerwecken, den Gläubigen und Auserwählten ewiges Leben und ewige Freude zu geben, die gottlosen Menschen aber und die Teufel in die Hölle und zur ewigen Strafe verdammen wird. Deshalb werden die verworfen, die lehren, dass die Teufel und die verdammten Menschen nicht ewige Pein und Qual haben werden." (CA XVII) Sühnende Gewalt bleibt weiterhin die göttliche Norm; begnadigt werden allein die, die glauben, dass Christus diese Gewalt stellvertretend „für uns" erlitten habe[82]. Dass all diejenigen verdammt werden, die lehren, dass es unchristlich sei, Übeltäter mit dem Schwert zu bestrafen und rechtmäßig Kriege zu führen (CA XVI), verwundert nicht.

---

[81] Vgl. WA 40/III, S. 352, Z. 3; 39/I, S. 205, Z. 20-22; BSLK 415, 21f.
[82] Dies gilt selbstverständlich auch dann, wenn auf die Feststellung Wert gelegt wird, dass dieses Leid nicht als ein Opfer gedeutet werden dürfe, das erbracht werden musste, um Gott zu versöhnen. Auch wenn man das „für uns gelitten" beispielsweise im Sinne Raymund Schwagers versteht (Gott „erlöste die Menschen dadurch, daß er ihre bösen Taten sich bis zu ihrem perversen Höhepunkt entwickeln, aber nicht mehr auf die Täter zurückfallen ließ" [Brauchen wir einen Sündenbock? Gewalt und Erlösung in den biblischen Schriften, Kösel-Verlag, München 1978, 219]), bilden Leid und Kreuzestod Jesu gleichwohl auch in diesem Fall die Voraussetzung, um des göttlichen Heils teilhaftig zu werden.

Als Beispiele für die bis heute andauernde Wirkmächtigkeit dieses „Mythos der erlösenden Gewalt"[83] sei aus einigen Liedern des Evangelischen Gesangbuchs (EG) zitiert[84].

> Die Strophen des ersten und damit des Themenlieds des Gesangbuchteils zur Passion lauten: „Ehre sei dir, Christe, der du littest Not, / an dem Stamm des Kreuzes für uns bittern Tod, / herrschest mit dem Vater in der Ewigkeit: / hilf uns armen Sündern zu der Seligkeit. // Wäre nicht gekommen Christus in die Welt / und hätt angenommen unser arm Gestalt / und für unsre Sünde gestorben williglich, / so hätten wir müssen verdammt sein ewiglich. // Darum wolln wir loben, danken allezeit / dem Vater und Sohne und dem Heilgen Geist; / bitten, dass sie wollen behüten uns hinfort, / und dass wir stets bleiben bei seinem heilgen Wort. // Refr.: Kyrie eleison, / Christe eleison, / Kyrie eleison." (EG 75)
>
> „Wir danken dir, Herr Jesu Christ, / dass du für uns gestorben bist / und hast uns durch dein teures Blut / gemacht vor Gott gerecht und gut." (EG 79,1)
>
> „Was ist doch wohl die Ursach solcher Plagen? / Ach, meine Sünden haben dich geschlagen; / ich, mein Herr Jesu, habe dies verschuldet, / was du erduldet. // Wie wunderbarlich ist doch diese Strafe! / Der gute Hirte leidet für die Schafe, / die Schuld bezahlt der Herre, der Gerechte, / für seine Knechte." (EG 81,3+4)
>
> „Das Lämmlein ist der große Freund / und Heiland meiner Seelen; / den, den hat Gott zum Sündenfeind / und Sühner wollen wählen. / ›Geh hin, mein Kind, und nimm dich an / der Kinder, die ich ausgetan / zur Straf und Zornesruten; / die Straf ist schwer, der Zorn ist groß, / du kannst und sollst sie machen los / durch Sterben und durch Bluten.‹" (EG 83,2)
>
> Wer hat dich so geschlagen, / mein Heil, und dich mit Plagen / so übel zugericht'? / Du bist ja nicht ein Sünder, / wie wir und unsre Kinder, / von Übeltaten weißt du nicht. // Ich, ich und meine Sünden, / die sich wie Körnlein finden / des

---

[83] Diesen Terminus hat der methodistische amerikanische Theologe Walter Wink (1935-2012) geprägt („the myth of redemptive violence"). Für ihn ist er „der tragende Mythos der modernen Welt. Weder Judentum noch Christentum noch Islam, sondern allein die Gewalt ist die herrschende Religion unserer heutigen Gesellschaft" (Walter Wink, Verwandlung der Mächte. Eine Theologie der Gewaltfreiheit. Herausgegeben von Thomas Nauerth und Georg Steins und übersetzt unter Mitwirkung von Anka Schneider und Anja Mehrmann, Verlag Friedrich Pustet, Regensburg 2014, 49), der Glaube also, „dass Gewalt rettet, dass Krieg Frieden bringt, dass Macht Recht schafft. Dies ist eine der ältesten und ständig wiederholten Geschichten der Welt" (ebd. 48). Dass dieser Mythos auch im Neuen Testament seine Spuren hinterlassen hat, gesteht Wink durchaus zu; Jesus aber habe diesen Mythos überwunden, indem er Gewalt weder hingenommen noch durch Gegengewalt beantwortet, sondern ihr durch die Praxis der Gewaltfreiheit den Boden entzogen hat.

[84] Ich beziehe mich auf den Stammteil des Evangelischen Gesangbuchs. Ausgabe für die Evangelisch-Lutherischen Kirchen in Bayern und Thüringen, Verlag Evangelischer Presseverband für Bayern e.V., München 1994. – Vgl. auch das oben schon zitierte Lied „Nun freut euch, lieben Christen g'mein" (EG 341) von Martin Luther (siehe oben S. 17).

Sandes an dem Meer, / die haben dir erreget / das Elend, das dich schläget, / und deiner schweren Martern Heer. // Ich bin's, ich sollte büßen / an Händen und an Füßen / gebunden in der Höll; / die Geißeln und die Bande / und was du ausgestanden, / das hat verdienet meine Seel. // Du nimmst auf deinen Rücken / die Lasten, die mich drücken / viel schwerer als ein Stein; / du wirst ein Fluch, dagegen / verehrst du mir den Segen; / dein Schmerzen muss mein Labsal sein. // Du setzest dich zum Bürgen, / ja lässest dich gar würgen / für mich und meine Schuld; / mir lässest du dich krönen / mit Dornen, die dich höhnen, / und leidest alles mit Geduld." (EG 84,2-6)

„Nun, was du, Herr, erduldet, / ist alles meine Last; / ich hab es selbst verschuldet, / was du getragen hast. / Schau her, hier steh ich Armer, / der Zorn verdienet hat. / Gib mir, o mein Erbarmer, / den Anblick deiner Gnad. // Es dient zu meinen Freuden / und tut mir herzlich wohl, / wenn ich in deinem Leiden, / mein Heil, mich finden soll. / Ach möcht ich, o mein Leben, / an deinem Kreuze hier / mein Leben von mir geben, / wie wohl geschähe mir!" (EG 85,4+7)

„Gott ist gerecht, ein Rächer alles Bösen; / Gott ist die Lieb und lässt die Welt erlösen. / Dies kann mein Geist mit Schrecken und Entzücken / am Kreuz erblicken." (EG 91,4)

„Lass die Nacht auch meiner Sünden / jetzt mit dieser Nacht vergehn; / o Herr Jesu, lass mich finden / deine Wunden offen stehn, / da alleine Hilf und Rat / ist für meine Missetat." (EG 445,3)

Stets aufs Neue vergegenwärtigt wird die Sühnopfertheologie aber vor allem in der Feier des Abendmahls. Die (vermutlich paulinischen[85]) Einsetzungsworte geben sogleich das Thema vor: „Unser Herr Jesus Christus, in der Nacht, da er verraten ward, nahm er das Brot, dankte und brach's und gab's seinen Jüngern und sprach: Nehmet hin und esset: Das ist † mein Leib, der für euch gegeben wird. Solches tut zu meinem Gedächtnis. Desgleichen nahm er auch den Kelch nach dem Abendmahl, dankte und gab ihnen den und sprach: Nehmet hin und trinket alle daraus: Das ist † mein Blut des neuen Testamentes, das für euch vergossen wird zur Vergebung der Sünden. Solches tut, so oft ihr's trinket, zu meinem Gedächtnis." Unmittelbar danach spricht der Liturg: „So oft ihr von diesem Brot esst und von diesem Kelch trinkt, verkündet ihr den Tod des Herrn, bis er kommt", worauf die Gemeinde antwortet: „Deinen Tod, o Herr, verkünden wir und deine Auferstehung preisen wir, bis du kommst in Herrlichkeit", wobei sich die Heilsbedeutung des als frohe Botschaft verkündeten Todes Jesu aus dem Zusammenhang von selbst ergibt: es ist die durch eben diesen Tod geschehene Vergebung der Sünden. Zu Beginn der Austeilung singt die Gemeinde das Lied „Christe, du

---

[85] Siehe oben S. 33.

Lamm Gottes, / der du trägst die Sünd der Welt, / erbarm dich unser *bzw.* gib uns deinen Frieden. Amen."

Der Rat der Evangelischen Kirche in Deutschland hat im Jahr 2003 unter dem Titel „Das Abendmahl" eine „Orientierungshilfe zu Verständnis und Praxis des Abendmahls in der evangelischen Kirche" veröffentlicht[86]. Darin legt er in geradezu apodiktischer Weise fest, „dass die entsprechenden Worte des Evangeliums, also die Einsetzungsworte, in unverfälschter Weise zitiert werden müssen. Paraphrasen und andere Erläuterungen dürfen nicht an ihre Stelle treten" (48f.), denn die „stiftungsgemäße" Feier des Abendmahls ist „der Heimathafen jeden Glaubens", „hier ist die Mitte des Erlösungsglaubens gleichsam mit Händen zu greifen", so der damalige Präses Manfred Kock in seinem Vorwort. Im Hintergrund steht unverkennbar die Sorge, dass sich Diskussionen wie auf dem Frank-furter Kirchentag 2001 wiederholen könnten[87]. Damals war eine Liturgie des Feierabendmahls entwickelt und vorgeschlagen worden, für die auch die Einsetzungsworte selbst keine sakrosankte, unantastbare Größe mehr darstellten (wie bislang seit dem ersten Feierabendmahl auf dem Nürnberger Kirchentag 1979). Die Worte sollten vom Hingabe- statt vom Opfergedanken geprägt sein, das Mahl wieder als Fest der Befreiung gefeiert werden, und es wurde explizit betont: „Wir lassen die Vorstellung, Fleisch zu essen und Blut zu trinken, endgültig hinter uns."[88] Als „Einsetzungsworte Brot" wurde formuliert: „In der Nacht vor seinem Tod nahm Jesus das Brot und sprach den Segen, teilte das Brot und sagte: ‚Mein Leben für euch! Denkt an mich, wenn ihr das Brot unter euch teilt'", und als „Einsetzungsworte Becher": „Nach dem Mahl, das er mit ihnen genoss, nahm Jesus den Becher und sprach den Segen, ließ den Becher kreisen und sagte: ‚Schmeckt und seht, was stärkt und zum Leben befreit. Denkt an mich, wenn ihr aus dem Becher trinkt.'"[89] Der Kirchentag hat sich, auch nachdem der katholische Bischof Franz Kamphaus heftig interveniert hatte, umgehend von dieser Empfehlung des Projektausschusses distanziert und ist der Bitte des Präsidenten der Evangelischen Kirche in Hessen und Nassau, Peter Steinacker, gefolgt, die üblichen Einsetzungsworte zu verwenden[90].

---

[86] Gütersloher Verlagshaus GmbH, Gütersloh 2003.
[87] Die Orientierungshilfe kommt zweimal expressis verbis darauf zu sprechen (10.24).
[88] *Du stellst meine Füße auf weiten Raum.* 29. Deutscher Evangelischer Kirchentag Frankfurt/Main 2001, Info 5, Feierabendmahl, 18.
[89] Ebd. 18.20.
[90] Vgl. epd-Dokumentation 22/01. Bei einer spontan einberufenen Podiumsdiskussion sprach sich sogar Fulbert Steffensky für die Beibehaltung der Bilder des Fleischessens und Bluttrinkens aus

Tatsächlich entspricht die alternative Kirchentagsliturgie nicht der von den sogenannten Einsetzungsworten im 1. Brief des Paulus an die Korinther und in den Passionsberichten der synoptischen Evangelien[91] repräsentierten neutestamentlichen Abendmahlstradition. Die Orientierungshilfe interpretiert diese grundsätzlich sachgemäß, wenn sie, auf diese Tradition bezogen, betont, im Abendmahl werde „der Tod Jesu so verkündigt, dass die, die am Mahl teilnehmen, darin die große Befreiung und zugleich den Grund der Versöhnung mit Gott ebenso wie untereinander erfahren". „Durch ein Essen und Trinken, das dieser neuen Gemeinschaft entspricht, wird zugleich der Tod Jesu als ein heilschaffender Tod verkündigt" (17). Es gelte, „Christi Leib und Blut gegenwärtig werden zu lassen" (50). „Jesus Christus hat die Gemeinschaft wiederhergestellt, indem er die Sünden der Welt auf sich genommen hat." (35) In dem mit „Opfertod und Sühne – Lebenshingabe und Lebensgewinn" überschriebenen Abschnitt heißt es in klärender, wenn auch gedanklich kaum nachvollziehbarer Absicht: „Hier versöhnt nicht ein *Mensch* durch sein Opfer einen zornigen Gott, sondern in Jesus Christus opfert Gott sich selbst durch seinen Tod am Kreuz für die Sünde der Menschen." (40; Hervorhebung im Original)[92] Zu dekonstruieren und zu überwinden wäre die Sühnopfertheologie im Rahmen der Geschichte des Christentums und der Kirchen allein dann, wenn gezeigt werden könnte, dass die biblischen Traditionen selber einen Ansatz bewahrt haben, der von einem solchen Gewicht und einer solchen Überzeugungskraft wäre, dass er jener Vorstellung den Boden entzöge. In diesem Fall müsste auch die Feier des Abendmahls von Grund auf verändert werden.

Gleiches gilt für die in den Sonntagsgottesdiensten rezitierten altkirchlichen Bekenntnisse. Auch in ihnen spielt das (sühnende) Leiden und Sterben Jesu eine zentrale Rolle. „Er wurde für uns gekreuzigt unter Pontius Pilatus"[93], heißt es im Nicänisch-Konstantinopolitanischen Glaubensbekenntnis. Dass die Bedeutung des Lebens Jesu in dem ihm zugefügten und von ihm erduldeten Leid, in der von

---

mit dem Argument: „Wenn man aus der Religion alles entfernt, was fremd und anstößig ist, dann ist sie entbehrlich geworden." (chrismon plus 3/2001, 43).

[91] Die des ‚Matthäus', des ‚Markus' und des ‚Lukas'; siehe dazu unten S. 69 mit Anm. 135.

[92] In einer im Jahr 2005 von der Evangelisch-Lutherischen Kirche in Bayern herausgegebenen, von Hanns Kerner, seinerzeit Leiter des Gottesdienst-Instituts der Evangelisch-Lutherischen Kirche in Bayern, verfassten Handreichung („Das Heilige Abendmahl. Bedeutungen und Praxis", Freimund Druckerei, Neuendettelsau) heißt es ähnlich: „Durch das Ansprechen des gebrochenen Leibes und des vergossenen Blutes wird noch einmal verdeutlicht, welch großes Opfer Jesus für uns gebracht hat. Damit verbindet sich das dankbare Annehmen der Vergebung durch seinen Sühnetod."

[93] *„Crucifixus etiam pro nobis sub Pontio Pilato".*

ihm erlittenen Gewalt besteht und den Kern des christlichen Glaubens ausmacht, geht aber auch aus dem sogenannten Apostolischen Glaubensbekenntnis hervor. Die Aussagen über die irdische Existenz Jesu beschränken sich nämlich nicht, wie oft angenommen wird, auf seine wunderbare Geburt einerseits und seinen Tod am Kreuz andererseits. Die entsprechenden Worte sind anders aufzuteilen, als sie gewöhnlich gesprochen werden, und in folgender Weise zu lesen und zu verstehen: „Geboren von der Jungfrau Maria. Gelitten. Unter Pontius Pilatus gekreuzigt, gestorben und begraben."[94] Das Wort „Gelitten" ist nicht mit dem folgenden „unter Pontius Pilatus" zu verbinden, sondern steht für sich allein. Es ist von ganz besonderem Gewicht, kennzeichnet es doch die Bedeutung Jesu für den christlichen Glauben: Einzig relevant an seinem Leben zwischen Geburt und Tod ist allein die Tatsache, dass er „gelitten" hat, also seine Passion. Im Heidelberger Katechismus, der zentralen Bekenntnisschrift der evangelisch-reformierten Kirche aus dem Jahr 1563, lautet denn auch die Antwort auf Frage 37 („Was verstehst du unter dem Wörtchen ,gelitten'?"): „Dass er an Leib und Seele die ganze Zeit seines Lebens auf Erden, sonderlich aber am Ende desselben, den Zorn Gottes wider die Sünde des ganzen menschlichen Geschlechts getragen hat, auf dass er mit seinem Leiden, als mit dem einigen Sühnopfer, unsern Leib und unsere Seele von der ewigen Verdammnis erlöste und uns Gottes Gnade, Gerechtigkeit und ewiges Leben erwürbe."

In dem am 25. Juni 1992 von Papst Johannes Paul II. approbierten Katechismus der Katholischen Kirche heißt es unter Nr. 571 ganz ähnlich: „Das Pascha-Mysterium des Kreuzes und der Auferstehung Christi ist das Herz der Frohbotschaft, welche die Apostel und in ihrer Nachfolge die Kirche der Welt verkünden sollen. Im Erlösungstod seines Sohnes Jesus Christus ging der Heilsplan Gottes ›ein für alle Mal‹ in Erfüllung (Hebr 9,26)." [95]

„Jesus ist für meine Sünde am Kreuz gestorben und hat mich dadurch erlöst." In diesen Worten besteht, ganz einfach gesagt, für viele Menschen das Zentrum des christlichen Glaubens[96]. Und das soll offensichtlich auch so bleiben. Die reformatorische Rechtfertigungslehre sei „Herzstück evangelischer Theologie und

---

[94] „natus ex Maria Virgine / passus / sub Pontio Pilato crucifixus mortuus et sepultus".
[95] „Mysterium Paschale crucis et resurrectionis Christi in centro est Boni Nuntii quem Apostoli et post illos Ecclesia mundo annuntiare debent. Consilium Dei salvificum per mortem redemptricem Eius Filii Iesu Christi «semel» (Heb 9,26) impletum est."
[96] Dafür nur zwei willkürlich ausgewählte Beispiele: Bernd Buchner schreibt in seinem zur Veröffentlichung in Gemeindebriefen bestimmtem Beitrag „Halleluja und Hasenfest: Wie Ostern wurde,

Frömmigkeit", heißt es in dem 2014 publizierten Grundlagentext „Rechtfertigung und Freiheit. 500 Jahre Reformation 2017" des Rates der Evangelischen Kirche in Deutschland (EKD)[97], ja „das Kriterium der christlichen Glaubenslehre überhaupt", wie die unter dem Titel „Die Rechtfertigung des Menschen vor Gott" veröffentliche Erklärung der Bischofskonferenz der VELKD vom 2. Juni 2008 betont[98]. Dass in dem „Für uns gestorben" – so der Titel eines weiteren Grundlagentextes des Rates der Evangelischen Kirche in Deutschland aus dem Jahr 2015[99] – der Kern des christlichen Glaubens besteht, wird in jener Verlautbarung noch einmal intensiv herausgearbeitet. Nachdrücklich wird die paulinische Interpretation des Kreuzes als ein, ja das Heilsereignis schlechthin geradezu dogmatisiert: „Grundlegend für den Glauben ist also, dass das Kreuz Christi als *heilsnotwendig* erkannt wird"[100]. Ja, es ist die Quintessenz des Christentums selbst, wie der Ratsvorsitzende der EKD, Landesbischof Heinrich Bedford-Strohm, gleich in den ersten beiden Sätzen seines Geleitworts zum Grundlagentext hervorhebt: „Das Kreuz steht für das Christentum. Es ist Symbol für alles, was christlicher Glaube und christliche Kirche bedeuten."[101] Die Kreuze in den christlichen Kirchen – für viele Menschen ja tatsächlich das Symbol des Christentums schlechthin – bilden dieses Verständnis ab: Zwar ist das Kreuz Zeichen und Ausdruck furchtbarster Gewalt, aber gerade deshalb, neu betrachtet mit den Augen des Glaubens, Erinnerung an die eben durch dieses grauenvolle Sterben des unschuldigen Gottessohns und nur dadurch ermöglichte Rechtfertigung und Erlösung[102].

---

was es ist" auf „evangelisch.de", einem Produkt des Gemeinschaftswerks der Evangelischen Publizistik (GEP) gGmbH, „Jesus verstand sich als das neue Pessachlamm Gottes, das die Sünden der Menschen auf sich nahm und geopfert wurde." (https:// www.evangelisch.de/inhalte/ 80587/04-04-2015/halleluja-und-hasenfest-wie-ostern-wurde-was-es-ist; abgerufen am 16.4. 2016) „Vielleicht erscheint das Christentum vielen deshalb sperrig, ja unangenehm, weil in seinem Mittelpunkt das Opfer steht. Einer stirbt, damit die anderen besser, innerlich befreit weiterleben." So Sabine Rückert in ihrem Artikel: „Wichtiger als ich" zum Dossier „Wer heute ein Opfer bringt…", in: Die Zeit vom 16.4.2014.
[97] 14; erschienen im Gütersloher Verlagshaus.
[98] Vgl. http://www.ekd.de/presse/pm145_2008_velkd_rechtfertigung.html (abgerufen am 16.4. 2016).
[99] Ebenfalls im Gütersloher Verlagshaus erschienen.
[100] Ebd. 54, Hervorhebung im Original.
[101] Ebd. 13.
[102] Rechtfertigung meint also durchaus kein „bedingungsloses Angenommensein", nicht „ein an keine Bedingung geknüpftes Geschenk Gottes", wie es in der Erklärung der Bischofskonferenz der VELKD vom 2. Juni 2008 (vgl. oben Anm. 98) heißt und wie es in ähnlicher Weise auch der

Wegen Christus, aufgrund seines Todes am Kreuz, dürfen wir uns, so Martin Luther und das reformatorische Bekenntnis, der unumstößlichen Liebe Gottes gewiss sein, wir, die wir dies glauben, wir, die wir glauben (sollen), dass sich in dieser Gewalt nichts anderes als die Liebe in ihrer reinsten und umfassendsten Form offenbart hat. Das Kreuz auf den Altären ist keine Anklage der Gewalt, kein Zeichen des Widerspruchs und des Protestes gegen sie, sondern Ausdruck ihrer Rechtfertigung: Sünde muss bestraft, muss und kann nur durch den Kreuzestod des Gottessohnes gesühnt werden – durch seinen besonderen Schrecken und wegen der völligen Unschuld des Gekreuzigten stellvertretend für all die, die an diese sich im Kreuz offenbarende Liebe Gottes zu glauben vermögen: Sie sind dadurch von der Strafe erlöst – aber allein dieser stellvertretenden Sühneleistung wegen und nicht etwa, weil der Vorstellungszusammenhang von Schuld und Sühne an sein Ende gekommen und der Gewalt jegliche Rechtfertigung entzogen worden wäre. Durch die immer wieder geradezu bekenntnishaft vorgetragene Behauptung, die Heilsbedeutung des Jesus von Nazaret am Kreuz zugefügten entsetzlichen Leides stelle den Kern, das alles entscheidende Datum des christlichen Glaubens selber dar, wird der „Mythos der erlösenden Gewalt" nicht etwa überwunden, sondern in kaum mehr überbietbarer Weise religiös aufgeladen, ja sanktioniert: Es ist ja die Erlösung selbst in ihrer umfassendsten Dimension, die die Gewalttat der Kreuzigung verbürgt. Das Kruzifix, die gemalte oder plastische Darstellung des ans Kreuz genagelten Jesus, könnte man geradezu die Ikone dieses Mythos nennen.

Grundlagentext „Rechtfertigung und Freiheit. 500 Jahre Reformation 2017" (vgl. oben S. 52 mit Anm. 99) immer wieder formuliert. Gewiss ist es für Martin Luther „nicht die menschliche Leistung (…), die vor Gott einen Anspruch auf Heil erwirtschaftet. Vielmehr wendet sich Gott den Menschen aus Gnade zu" (27), und gewiss besteht für ihn die entscheidende Erkenntnis darin, „dass durch Jesus Christus diese Gnade allen, die an ihn glauben, zugänglich wird" (28). Doch ist das *sola gratia* („allein aus Gnade") für Luther natürlich an das „Werk" Jesu Christi gebunden, könnte die Gnade nicht gewährt werden, wenn nicht ein anderer, nämlich Jesus Christus, durch seinen Tod der Gerechtigkeit Gottes Genüge getan hätte.

Beziehungsverlust und Weltentfremdung

Das in den christlichen Kirchen geradezu omnipräsente Bild des Gekreuzigten zeigt einen Menschen, der für alle, die ihn sehen, nichts anderes ist als ein Mittel, durch das ihnen selbst die Begnadigung durch Gott erwirkt worden ist. Er musste dazu dienen, dafür herhalten, damit andere von seinem Leid profitieren, er, der ausgegrenzte Mensch, der Mensch, der leiden muss und leiden soll, um anderen Leid zu ersparen. Jede Form von Empathie läuft ins Leere, weil es ja so sein sollte, weil er das Leid freiwillig auf sich genommen hat und auf sich nehmen musste; es war seine Bestimmung. Der Gekreuzigte wird auf diese Weise geradezu zu einem Bild für den entfremdeten, benutzten, mit mir selber in keiner Weise verbundenen Menschen[103]. Er steht für den Beziehungsverlust, nicht weniger aber auch für die Entfremdung von der Welt, in der wir leben.

Es geht ja um die Erlösung „vom ewigen Tod". Der Glaube an die Heilsbedeutung des Kreuzes errettet den Sünder im „Jüngsten Gericht", er ist im Grunde allein auf die „jenseitige Welt" gerichtet. Die reale Welt wird zu einer vorübergehenden Bühne, zu einer Kulisse auf Zeit. Das Heil betrifft den Einzelnen und seine Seele. Es wird individualisiert und spiritualisiert. Jeder Weltbezug ist ihm von Grund auf fremd. In diesem Zusammenhang ist es nur konsequent, die Welt in der höchstmöglichen Weise zu degradieren, indem sie als eine ihrem Untergang, ihrem Ende entgegengehende zu glauben gelehrt wird. Sie kann und wird der Gewalt nicht nur nicht entgehen, sondern in ihr versinken. Erwartet wird ein neuer Himmel und eine neue Erde, die mit der „alten" in keiner Beziehung mehr steht.

Die Weltdistanz, die Entfremdung von der Welt ist dem Christentum schon in sehr früher Zeit eingeschrieben worden – als unmittelbare Folge eines individualistischen Erlösungsverständnisses, für das der Mensch Jesus als bloßes „Mittel" fungiert und das eine empathische Beziehung (zu ihm, zum Menschen, zur Welt) von Grund auf torpediert. So schreibt Paulus, der einflussreichste Theologe der Kirche:

---

[103] Und das gilt in gleicher Weise für die Gewalttäter, die Funktionäre der römischen Militärdiktatur, die Jesus kreuzigen ließen und kreuzigten: Ihr Verhalten wird nicht nur in keiner Weise hinterfragt, sondern sie werden, implizit, geradezu in den Rang von Handlangern der Erlösung erhoben, hätten sie doch, wenn der Kreuzestod Jesu und nur er die göttliche Heilstat schlechthin darstellt, das größte und menschheitsgeschichtlich bedeutsamste Werk getan, nämlich der Liebe Gottes zum Ausdruck verholfen!

„Unser Bürgerrecht aber ist im Himmel; woher wir auch erwarten den Heiland, den Herrn Jesus Christus, der unsern nichtigen Leib verwandeln wird, dass er gleich wird seinem verherrlichten Leibe nach der Kraft, mit der er sich alle Dinge untertan machen kann." (Philipper 3,20f.)

Wir „rühmen uns der Hoffnung der zukünftigen Herrlichkeit, die Gott geben wird" (Römer 5,2).

„Denn ich bin überzeugt, dass dieser Zeit Leiden nicht ins Gewicht fallen gegenüber der Herrlichkeit, die an uns offenbart werden soll. Denn das ängstliche Harren der Kreatur wartet darauf, dass die Kinder Gottes offenbar werden. Die Schöpfung ist ja unterworfen der Vergänglichkeit – ohne ihren Willen, sondern durch den, der sie unterworfen hat –, doch auf Hoffnung; denn auch die Schöpfung wird frei werden von der Knechtschaft der Vergänglichkeit zu der herrlichen Freiheit der Kinder Gottes. Denn wir wissen, dass die ganze Schöpfung bis zu diesem Augenblick mit uns seufzt und sich ängstet. Nicht allein aber sie, sondern auch wir selbst, die wir den Geist als Erstlingsgabe haben, seufzen in uns selbst und sehnen uns nach der Kindschaft, der Erlösung unseres Leibes. Denn wir sind zwar gerettet, doch auf Hoffnung. Die Hoffnung aber, die man sieht, ist nicht Hoffnung; denn wie kann man auf das hoffen, was man sieht? Wenn wir aber auf das hoffen, was wir nicht sehen, so warten wir darauf in Geduld." (Römer 8,18-25)

„Das sage ich aber, liebe Brüder, dass Fleisch und Blut das Reich Gottes nicht ererben können; auch wird das Verwesliche nicht erben die Unverweslichkeit. Siehe, ich sage euch ein Geheimnis: Wir werden nicht alle entschlafen, wir werden aber alle verwandelt werden; und das plötzlich, in einem Augenblick, zur Zeit der letzten Posaune. Denn es wird die Posaune erschallen, und die Toten werden auferstehen unverweslich, und wir werden verwandelt werden." (1. Korinther 15,51f.)

„Gnade sei mit euch und Friede von Gott, unserm Vater, und dem Herrn Jesus Christus, der sich selbst für unsre Sünden dahingegeben hat, dass er uns errette von dieser gegenwärtigen, bösen Welt nach dem Willen Gottes, unseres Vaters" (Galater 1,3f.).

„Offenkundig sind aber die Werke des Fleisches, als da sind: Unzucht, Unreinheit, Ausschweifung (…), Neid, Saufen, Fressen und dergleichen. Davon habe ich euch vorausgesagt und sage noch einmal voraus: die solches tun, werden das Reich Gottes nicht erben." (Galater 5,19-21)

Immer wieder neu formuliert wird die Vergänglichkeit und das Elend dieser Welt und die Erwartung eines gänzlich „neuen Himmels und einer neuen Erde" wiederum auch in zahlreichen Liedern des Evangelischen Gesangbuchs. Im Folgenden nur wenige Beispiele:

„Wo bleibst du, Trost der ganzen Welt, / darauf sie all ihr Hoffnung stellt? / O komm, ach komm vom höchsten Saal, / komm, tröst uns hier im Jammertal. //

Hier leiden wir die größte Not, / vor Augen steht der ewig Tod. / Ach komm, führ uns mit starker Hand / vom Elend zu dem Vaterland." (EG 7,4+6 aus: „O Heiland, reiß die Himmel auf")

„Nun bitten wir den Heiligen Geist / um den rechten Glauben allermeist, / dass er uns behüte an unserm Ende, / wenn wir heimfahrn aus diesem Elende. / Kyrieleis." (EG 124,1, Themenlied für die Pfingstzeit)

„‚Mir nach', spricht Christus, unser Held, / ‚mir nach, ihr Christen alle! / Verleugnet euch, verlasst die Welt, / folgt meinem Ruf und Schalle; / nehmt euer Kreuz und Ungemach / auf euch, folgt meinem Wandel nach.'" (EG 385,1)

Ist es verwunderlich, dass sich in dieser Sphäre des Beziehungsverlusts und der Weltentfremdung die Strukturen der Gewalt nicht nur ungehindert entfalten konnten, sondern sogar kontinuierlich genährt worden sind[104]? Hat eine so verstandene Religion der Unterdrückung von Millionen von Menschen, dem Töten im Krieg[105], dem Abschlachten von Milliarden von Tieren, der Ausbeutung und Verwüstung unserer Erde irgendetwas entgegenzusetzen? Eine Kultur des Friedens kann auf diesem Boden nicht gedeihen[106]. Dafür fehlen alle Voraussetzungen. Das Christentum müsste ein völlig neues Gesicht annehmen. Distanzierungen, Relativierungen reichen bei weitem nicht aus. So notwendig all die Abschiede sind[107], wirklich nötig ist ein fundamentaler, ein an die Wurzeln gehender, ein wahrhaft radikaler Neubeginn.

---

[104] Die Gründe für die „gnadenlosen Folgen des Christentums" (Carl Amery) liegen also noch wesentlich tiefer als in der Beauftragung zum *„dominium terrae"* im ersten Kapitel des ersten Buches der Bibel („Macht euch die Erde untertan…", 1. Mose 1,28), vielmehr sind sie dem jahrtausendelang zentralen Bekenntnis des Christentums selbst inhärent.

[105] Vgl. die Friedensdenkschrift des Rates der EKD aus dem Jahr 2007: „In einer nach wie vor friedlosen, unerlösten Welt kann der Dienst am Nächsten (…) auch die Notwendigkeit einschließen, den Schutz von Recht und Leben durch den Gebrauch von Gegengewalt zu gewährleisten (vgl. Röm 13,1-7)." (Aus Gottes Frieden leben – für gerechten Frieden sorgen. Eine Denkschrift des Rates der Evangelischen Kirche in Deutschland, Gütersloher Verlagshaus, Gütersloh 2007, 42) und, demselben theologischen Argumentationsmuster folgend, in ähnlicher Weise von offizieller Seite immer wieder.

[106] Die „Kriminalgeschichte des Christentums" (Karlheinz Deschner) legt ein beredtes Zeugnis davon ab.

[107] Vgl. Klaus-Peter Jörns, Notwendige Abschiede. Auf dem Weg zu einem glaubwürdigen Christentum, Gütersloher Verlagshaus, Gütersloh 2004.

5. Sola scriptura, allein die Schrift

Doch richten wir unsere Aufmerksamkeit jetzt noch einmal auf das, womit die Reformation im 16. Jahrhundert ihren Anfang nahm: Martin Luther war die „Stelle bei Paulus" (Römer 1,17) „zu einer Pforte des Paradieses" geworden[108]. Hier war ihm, so hatte er es zutiefst empfunden, das Evangelium in seiner ursprünglichen, unverfälschten Form begegnet, nicht durch das Studium der Kirchenväter oder mittelalterlicher Evangelienkommentare, sondern im Wort der Schrift selbst. Und diese erschließt sich ihm jetzt ganz neu: Nicht nur der Römerbrief, nicht nur die Briefe des Paulus, so erscheint es ihm nun, sind von der Botschaft der uns nicht mit der Hölle drohenden, sondern aufgrund des Glaubens an die Kraft des für uns erlittenen, unsere Schuld sühnenden Kreuzestodes Christi rechtfertigenden Gerechtigkeit Gottes durchdrungen, sondern die gesamte Heilige Schrift läuft letztlich allein auf dieses Evangelium hinaus[109].

Dies gilt zumindest grundsätzlich. Luther war durchaus bewusst, dass das Gewicht des „Evangeliums von der Rechtfertigung" in der Schrift ungleich verteilt ist. Unter der Überschrift „Wilchs die rechten und Edlisten bucher des newen testaments sind" empfiehlt er in seiner Vorrede zum Neuen Testament vom September 1522 seinen Lesern deshalb die Lektüre vornehmlich derjenigen Schriften, die von dieser Gestalt des Evangeliums, eben des Evangeliums von der Rechtfertigung, geprägt sind: „Summa, Sanct Johannis Euangeli und seyne erste Epistel, Sanct Paulus Epistel, sonderlich die zu den Romern, Galatern, Ephesern, unnd Sanct Peters erste Epistel, das sind die bucher, die dyr Christum zeygen, und alles leren, das dyr zu wissen nott und selig ist, ob du schon kein ander buch noch lere nummer sehest noch horist."[110] Das Johannesevangelium ist für ihn „das eynige zartte recht hewbt Euangelion und den andern dreyen weyt weyt fur zu zihen und hoher zu heben"[111].

---

[108] „ita mihi iste locus Pauli fuit vere porta paradisi" (WA 54, S. 186, Z. 15f. [1545]).
[109] „ Ibi continuo alia mihi facies totius scripturae apparuit. Discurrebam deinde per scripturas, ut habebat memoria, et colligebam etiam in aliis vocabulis analogiam…" [Da zeigte mir sogleich die ganze Schrift ein anderes Gesicht. Darauf durchlief ich die heilige Schrift, wie's das Gedächtnis mit sich brachte, und sammelte auch in anderen Ausdrücken die entsprechende Übereinstimmung…] (WA 54, S. 186, Z. 9-11 [1545]).
[110] WA.DB 6, S. 10, Z. 29-33.
[111] Ebd. Z. 25-27.

Unmittelbar, ohne Vermittlung durch kirchliche Instanzen, waren Luther bei seinem persönlichen Bibelstudium die Augen aufgegangen. Sicher auch aufgrund dieser Erfahrung (natürlich spielte der Humanismus mit seiner Rückbesinnung auf die jetzt endlich verfügbaren „Quellen" mit eine Rolle) hat er nicht nur die Normativität der Tradition verworfen, sondern ebenso die in der Hochscholastik entwickelte Lehre vom sogenannten vierfachen Schriftsinn, wonach die Bibel neben dem Wortsinn (Literal- oder historischer Sinn) auch noch einen allegorischen (einen geistlich-übertragenen), einen tropologischen (ein moralisches Verhalten bezweckenden) und einen anagogischen (endzeitlich-eschatologischen) Textsinn besitzt. Luther ließ allein den ersten, den Wortsinn, gelten. Grundlage seiner auf der Wartburg vorgenommenen Übersetzung des Neuen Testaments war denn auch nicht nur die ihm bestens vertraute lateinische Bibelübersetzung (die Vulgata), sondern auch der griechische Urtext. Dieser lag seit dem 1. März 1516 erstmals im Druck vor, und zwar in Form einer von Erasmus herausgegebenen zweisprachigen griechisch-lateinischen Ausgabe[112].

Allein die Schrift in ihrer ursprünglichen Aussageabsicht, ihrem Skopus, soll Maßstab und Richtschnur des Glaubens sein. Nicht das Bekenntnis legt fest, wie die Schrift zu verstehen sei, sondern umgekehrt: die Schrift normiert das Bekenntnis. Sie ist *norma normans* („normierender, festlegender Maßstab"), jenes *norma normata* („[von der Schrift] genormter, festgelegter Maßstab").

So stellt die auf Deutsch abgefasste Konkordienformel, die aus dem Jahr 1577 stammende und damit jüngste der drei Jahre später im Konkordienbuch zusammengestellten lutherischen Bekenntnistexte, gleich in den Prolegomena im ersten Absatz klar: „Wir gläuben, lehren und bekennen, daß die einige Regel und Richtschnur, nach welcher zugleich alle Lehren und Lehrer gerichtet und geurtheilet werden sollen, seind allein die prophetischen und apostolischen Schriften altes und neues Testament... Andere Schriften aber der alter oder neuen Lehrer, wie sie Namen haben, sollen der heiligen Schrift nicht gleich gehalten (…) werden." Und wenig später, im dritten Absatz, heißt es, dass „allein die heilige Schrift der einige

---

[112] Erasmus betont in seiner Vorrede zur ersten Auflage: „Das sogenannte Neue Testament habe ich mit aller nur möglichen Sorgfalt und aller geziemenden Zuverlässigkeit textlich hergerichtet, und zwar zum ersten Male nach dem griechischen Original." (Erasmus von Rotterdam, Briefe. Verdeutscht und herausgegeben von Walther Köhler. Erweiterte Neuausgabe von Andreas Flitner, Carl Schünemann Verlag, Bremen o.J., 132f.). Luther benutzte die zweite Auflage von 1519, die weitestgehend der ersten entsprach.

Richter, Regel und Richtschnur (bleibt), nach welcher als dem einigen Probierstein sollen und müßen alle Lehren erkannt und geurtheilet werden, ob sie gut oder bös, recht oder unrecht sein".

Genau so ist das reformatorische Schriftprinzip, das „*sola scriptura*, allein die Schrift"[113], gemeint. Natürlich war dabei als eine Selbstverständlichkeit vorausgesetzt, dass dieses Prinzip niemals in einen Widerspruch zum reformatorischen Evangelium von der Rechtfertigung allein aus Gnaden durch den Glauben an die sühnende Kraft des Kreuzestodes geraten, dieses vielmehr allein sichern und vor den Gefährdungen durch anders gelagerte kirchliche Traditionen bewahren werde. Grundsätzlich aber gilt: Sollten sich in der Bibel neue Aspekte auftun, sollten gewichtige Traditionen erkennbar werden, die, aus welchen Gründen auch immer, bislang ein Schattendasein führten, kann und darf dies nicht ohne Folgen für Botschaft und Gestalt der Kirche sein. Mit dem Schriftprinzip hat sich die Kirche der Reformation gewissermaßen selber dem Anspruch unterworfen, *ecclesia semper reformanda*[114] zu sein, eine „Kirche, die immer wieder reformiert werden muss"[115]. Es könnte bedeuten, dass eine grundlegende Erneuerung unausweichlich wird.

Ist dies eventuell tatsächlich der Fall? Gibt es Hinweise, die eine solche Vermutung nahelegen? Lassen sich im Neuen Testament Texte identifizieren, die eine biblische Tradition bezeugen, die von solchem Gewicht ist, dass sie die Identifikation des Christentums mit der Kreuzestheologie nicht nur in Frage stellen würde, sondern beenden müsste? Werfen wir zunächst einen Blick auf einen Zentralbegriff des Neuen Testaments, das Wort „Evangelium".

---

[113] Die Wendung „sola scriptura" geht auf Martin Luther selbst zurück, nämlich auf die in seiner Rechtfertigung *Assertio* („Freiheitserklärung") von 1520 gegen die von Leo X. ausgestellte Bannandrohungsbulle verwendete Formulierung „solam scripturam regnare" (WA 7, S. 98, Z. 40 – S. 99, Z. 1).
[114] Die Formel „ecclesia semper reformanda" begegnet erstmals bei dem niederländischen reformierten Pfarrer und Dichter Jodocus van Lodenstein (1620–1677), nämlich in seinem Werk „Beschouwinge van Zion", Amsterdam, 1674, wird aber immer wieder verwendet, um das bleibende Anliegen der Reformation zum Ausdruck zu bringen.
[115] Dies unterstreicht auch der Grundlagentext „Rechtfertigung und Freiheit" mit Nachdruck: „Entscheidend ist allein, ob eine Aussage den biblischen Texten entspricht. So wird die Schrift zum kritischen Gegenüber der Kirche. An ihr sind kirchliche Lehre und Praxis immer wieder neu zu messen." (a.a.O. [vgl. S. 52 mit Anm. 97] 78f.).

6. „Evangelium" im neutestamentlichen Kanon

Euangélion, Evangelium, dieser Ausdruck beschreibt im Neuen Testament den Charakter der christlichen Glaubensüberzeugung: Sie ist – so die wörtliche Bedeutung des griechischen Terminus – „gute Nachricht", „frohe Botschaft". Worin aber besteht diese Botschaft? Wie wird im Neuen Testament selbst der Begriff Evangelium inhaltlich gefüllt? Lässt sich eventuell bereits hier neben der später von Martin Luther aufgenommenen und weiter ausgezogenen paulinischen Linie noch eine andere Spur ausmachen?

Drei neutestamentliche Texte erklären den Begriff näher, und zwar jeder auf eine ganz spezifische Weise:

Das Evangelium von Kreuz und Auferstehung

Paulus beruft sich für seine Verkündigung auf ein ihm selber überliefertes lehrhaftes Summarium des Evangeliums[116], das er in den Versen 3b-5a im 15. Kapitel des 1. Korintherbriefs zitiert (hier im Kontext der Verse 1-5 weiter eingerückt):

> Ich erinnere euch aber, liebe Brüder, an das *Evangelium*, das ich euch verkündigt habe...
> Denn als erstes habe ich euch weitergegeben, was ich auch empfangen habe:
>> Dass Christus gestorben ist für unsere Sünden nach der Schrift;
>> und dass er begraben worden ist.
>> Und dass er auferstanden ist am dritten Tage nach der Schrift;
>> und dass er gesehen worden ist
> von Kephas, danach von den Zwölfen.

Es ist dies das Evangelium von Kreuz und Auferstehung: Jesus ist gestorben wegen unserer Sünden, um sie zu sühnen, unsere Schuld zu bezahlen durch seinen

---

[116] Darauf weist der kunstvolle, sorgsame Aufbau dieser Verse hin: Zwei jeweils dreigliedrigen Aussagen, zum einen über den Tod, zum anderen über die Auferstehung Christi, die jeweils mit dem Hinweis auf die „Schriften" (das heutige Alte Testament) enden, ist in beiden Fällen ein kürzerer Satz zugeordnet, der das Gesagte bestätigt: die Bestattung den Tod, die Erscheinung die Auferstehung Christi.

Tod am Kreuz, und er ist auferstanden bzw. von Gott auferweckt worden, wodurch eben dies von Gott bestätigt und besiegelt wird. Man könnte es das *soteriologische Evangelium*[117] nennen[118].

Das Evangelium von Jesus als dem Christus und Gottessohn

Eine weitere, anders gefüllte Verwendungsweise des Begriffs Evangelium findet sich im ersten Vers des Markusevangeliums:

> Dies ist der Anfang des *Evangeliums* von Jesus Christus, dem Sohn Gottes[119].

Für den Verfasser ist Jesus selbst der Gegenstand des Evangeliums, allerdings nicht einfach als Mensch, sondern in seiner ganz außerordentlichen, ja einzigartigen Bedeutung als Christus, als von Gott Gesalbter, ja als Gottessohn. Dieses

---

[117] Der Begriff „Soteriologie" bezeichnet die „Lehre von der Heilsbeschaffung, vom Erlösungswerk" (Friedrich Hauck, Theologisches Fremdwörterbuch, Verlag Vandenhoeck & Ruprecht, Göttingen 1950, 154).

[118] Es ist dieses paulinische Verständnis des Evangeliums, das auch Martin Luther vertreten hat, wie zum Beispiel aus seiner „Vorrede zum Neuen Testament" hervorgeht: „So sehen wyr nu, das nicht mehr, denn ein Euangelion ist, gleych wie nur eyn Christus, sintemal Euangelion nichts anders ist noch seyn kan, denn eyn predigt von Christo, Gottis vnd Dauids son, war Gott vnd mensch, der fur vns mit seym sterben vnd aufferstehen, aller menschen sund tod vnd helle vberwunden hat, die an yhn glewben, das also, das Euangelion eyn kurtz vnd lang rede mag seyn, vnd eyner kurtz, der ander lange, beschreyben mag." (WA.DB 6, S. 6, Z. 22-27; vgl. ebd. S. 7, Z. 23-27). Das christologische Evangelium (s.u.) ist hier mit aufgenommen und einbezogen, aber dem soteriologischen Evangelium untergeordnet.

[119] Die nicht in allen alten Handschriften bezeugte Näherbestimmung „dem Sohn Gottes" dürfte gleichwohl ursprünglich sein, da sie „vorweg vortrefflich auf die im Mk wichtige Sohnes-Christologie hinweist" (Peter Dschulnigg, Das Markusevangelium, ThKNT 2, Kohlhammer-Verlag, Stuttgart 2007, 58 Anm. 3); auch z.B. Rudolf Schnackenburg, „Das Evangelium" im Verständnis des ältesten Evangelisten, in: Orientierung an Jesus. Zur Theologie der Synoptiker, Festschrift für Josef Schmid, herausgegeben von Paul Hoffmann, Freiburg, 1973, 309-324, hier: 321f., hält sie für ursprünglich, ebenso Joachim Gnilka, Das Evangelium nach Markus, 1. Teilband: Mk 1-8,26, EKK II/1, Benziger Verlag, Neukirchener Verlag, Zürich/Einsiedeln/Köln/ Neukirchen-Vluyn 1978, 43. Rudolf Pesch, Das Markusevangelium. I. Teil. Einleitung und Kommentar zu Kap. 1,1-8,26, HThK II/1, Herder Verlag, Freiburg im Breisgau 1980³, 74 Anm. a, plädiert für die Kurzform.

christologische Evangelium[120] entfaltet ‚Markus' denn auch im Folgenden in seinem eigenen „Evangelium": „Glaubensgegenstand" ist Jesus selbst, nämlich in seiner Exklusivität als Christus und Gottessohn[121]. In dieser Weise gefüllt, entwickelte sich der Begriff Evangelium zur Bezeichnung einer eigenen literarischen Gattung, nämlich eines biografisch angelegten umfangreicheren Textkomplexes, der Jesus eben als den Christus, den Messias, als den besonders begnadeten, mit übernatürlichen Kräften ausgestatteten Gottessohn darstellt.

Das Evangelium von der Gegenwart des Reiches Gottes

Erstaunlicherweise und kaum wirklich beachtet, stößt man im ersten Kapitel des Markusevangeliums schon nach wenigen Versen erneut auf den Begriff „Evangelium", doch ist dieser noch einmal ganz anders gefüllt. Es ist ein sehr markanter Vers, denn in ihm ergreift Jesus dem Markusevangelium zufolge erstmals selbst das Wort[122]:

> Erfüllt ist die Zeit,
> herbeigekommen ist das Reich Gottes.
> Kehrt um
> und glaubt an das *Evangelium*!

Evangelium, frohe Botschaft heißt hier: Das Reich Gottes ist herbeigekommen, es ist da, es ist Gegenwart[123]. Jesus ist hier nicht Botschaft, sondern Botschafter.

---

[120] „Christologie" ist der theologische Terminus technicus für die „Lehre von der Person Christi".
[121] Zugleich markiert dieses Verständnis des Begriffs Evangelium den Rahmen und die Mitte seines eigenen „Evangeliums": Gleich zu Beginn (1,11), unmittelbar nach Jesu Taufe, adoptiert Gott ihn gleichsam als seinen Sohn: „Du bist mein lieber Sohn, an dir habe ich Wohlgefallen!" In der Mitte des Markusevangeliums (9,7) offenbart eine göttliche Stimme aus der Wolke: „Dies ist mein lieber Sohn, den sollt ihr hören." Und am Ende (15,39), unmittelbar nach Jesu Tod, bekennt der Hauptmann: „Wahrlich, dieser Mensch ist Gottes Sohn gewesen!" Ebenfalls in der Mitte des Markusevangeliums steht das Bekenntnis des Petrus: „Du bist der Christus" (8,29). In all diesen Worten schlägt sich nieder, wie man die Person Jesu nach seinem Tod verstanden hat bzw. verstanden wissen wollte.
[122] Er steht im Zusammenhang eines die Verse 14 und 15 umfassenden vormarkinischen Summariums über das Auftreten Jesu in Galiläa und seine Verkündigung (vgl. z.B. Rudolf Pesch a.a.O. [vgl. Anm. 119], 100).
[123] Die ungewöhnliche Wortstellung im griechischen Text – entgegen der üblichen Syntax sind die Verben jeweils vorangestellt, weil auf ihnen, eben auf dem Erfüllt- und Gekommensein der Zeit

Nicht seine Person selbst bzw. sein Leiden, Sterben und Auferstehen sind in diesem Fall das Evangelium, vielmehr ist Jesus hier der *Verkündiger* des Evangeliums, nämlich der guten Nachricht, dass „die Zeit erfüllt und das Reich Gottes herbeigekommen ist". Man könnte es das *basileiologische Evangelium* nennen, weil in seinem Zentrum eben die *basileia* steht, die *basileia tou theou*, das Reich Gottes.

Bislang hat die Kirche diesem basileiologischen Evangelium so gut wie keine Aufmerksamkeit geschenkt. Der Begriff „Reiches Gottes", zumal in der hier so nachdrücklich hervorgehobenen präsentischen Bedeutung, spielt in ihrer Tradition so gut wie keine Rolle[124]. In den Glaubensbekenntnissen kommt er schlicht nicht vor und ist auch inhaltlich ohne jeden Belang. Doch noch einmal: Die Lehre der Kirche muss sich mit dem Wort der Bibel in seiner authentischen, ursprünglichen Bedeutung legitimieren können. Sie wäre nicht nur dann zu revidieren, wenn sie von den aus der traditionellen Sicht der Kirche maßgeblichen Zeugnissen der Heiligen Schrift (also den das „soteriologische" bzw. „christologische Evangelium" repräsentierenden Texten) abwiche. Ebenso, ja erst recht würde dieser Grundsatz in dem Fall relevant, wenn sich darüber hinaus im Neuen Testament Texte identifizieren lassen sollten, die nicht nur eine klare und sehr bemerkenswerte inhaltliche Ausrichtung erkennen lassen, die nicht nur aus historisch-literarkritischer Sicht das Fundament der neutestamentlichen Überlieferung darstellen, sondern mit hoher Wahrscheinlichkeit auf diejenige Person zurückzuführen sind, auf die sich das Christentum von Anfang an beruft: nämlich auf Jesus von Nazaret selbst. In diesem Fall wäre die Kirche geradezu verpflichtet – zumindest dann, wenn sie

---

bzw. des Reiches Gottes, der Ton liegt – und das hier gewählte Tempus, also die Zeitstufe der verwendeten Verben – beide Male stehen sie nicht im sogenannten Aorist, sondern im Perfekt, das einen Zustand bezeichnet, der sich aus dem Sich-Nähern ergeben hat, also das Gekommensein, das Da-Sein (es ist dieselbe Verbform wie in Markus 14,42: „Siehe, der, der mich verrät, ist da"), und nicht wie jener ein im Gang befindliches, noch nicht abgeschlossenes Geschehen (wie hier meistens fälschlich übersetzt wird) – betonen mit allem Nachdruck die Gegenwart des Reiches Gottes. Deshalb gilt es jetzt wirklich „umzudenken", wie dieses griechische Verb wörtlich zu übersetzen ist. Kehrt um, *metanoëite*, denkt um, schenkt dem Evangelium Glauben. Welchem Evangelium? Welcher frohen Botschaft (das Wort „Evangelium" ist auch im griechischen Urtext das letzte Wort, auf das alles hinausläuft)? Natürlich der Botschaft, dass das Reich Gottes da ist, dass es Gegenwart ist.

[124] Daran hat sich bis in die unmittelbare Gegenwart hinein nicht das Geringste geändert; in dem erwähnten Grundlagentext „Rechtfertigung und Freiheit" der EKD (vgl. oben S. 52 mit Anm. 97) wird das jesuanische Evangelium vom Reich Gottes auch nicht mit einer einzigen Silbe erwähnt; das Gleiche gilt für den Grundlagentext „Für uns gestorben" (vgl. oben S. 52 mit Anm. 99).

die Kraft dazu aufbrächte, von ihren eigenen Maßstäben nicht ohne sehr triftige Gründe abzuweichen –, ihre Botschaft, ja ihr Selbstverständnis radikal zu überdenken. Unter solchen Umständen bliebe sie allein auf diese Weise ihrem Anspruch treu: „Die Reformation geht weiter!"[125] Dann müsste es nicht nur eher allgemein heißen: „*Ecclesia semper reformanda*", sondern zugespitzt als jetzt nicht mehr länger zu umgehende Herausforderung: „*Ecclesia nunc reformanda!*" Die Reform der Kirche duldet keinen Aufschub mehr!

---

[125] Vgl. oben Anm. 3. Der Grundlagentext „Rechtfertigung und Freiheit" (vgl. oben S. 52 mit Anm. 97) konstatiert im Abschnitt „Die Reformation – eine offene Lerngeschichte": „Reformation ist kein abgeschlossenes Geschehen, sondern ein Prozess der Erneuerung, der sich fortsetzt" (34), den sie u.a. mit den Worten beschreibt: „Reformation geht weiter, ist kein abgeschlossenes Ereignis. Sie ist als eine Bewegung, die von Gott ausgeht und durch biblische Texte vermittelt wird, letztlich unverfügbar und unkalkulierbar." (42)

KAPITEL 2
„Kommt, denn es ist schon bereit!"
Das jesuanische Evangelium von der Gegenwart des Reiches Gottes

> *Kein Schade geschieht den heiligen Schriften,*
> *so wenig als jeder anderen Überlieferung,*
> *wenn wir sie mit kritischem Sinne behandeln,*
> *wenn wir aufdecken, worin sie sich widerspricht,*
> *und wie oft das Ursprüngliche, Bessere, durch nachherige Zusätze,*
> *Einschaltungen und Accommodationen verdeckt, ja entstellt worden.*
> *Der innerliche, eigentliche Ur- und Grundwert geht nur*
> *desto lebhafter und reiner hervor...*
>
> – *Johann Wolfgang von Goethe*[126] –

Norm der kirchlichen Lehre ist der „historische Sinn" der biblischen Texte. Diese reformatorische Selbstverpflichtung auf den ursprünglichen Wortlaut des Alten und Neuen Testaments ist es gewesen, die die Entwicklung der historisch-kritischen Bibelexegese angestoßen hat. Mit ungeheurem Aufwand und großer Akribie müht sie sich bis heute um das rechte, ihrer ursprünglichen Intention so nahe wie nur möglich kommende Verständnis der biblischen Texte. Im Lauf der Zeit hat die Bibelwissenschaft, längst auch in ökumenischer Kooperation, tatsächlich zu vielfältigen neuen Einsichten geführt. Die sicherlich wichtigste und folgenreichste ist die Wiederentdeckung der Botschaft des Jesus von Nazaret[127].

---

[126] Johann Wolfgang von Goethe, WA I,7, 181f. (aus dem „West-östlichen Divan", 1819).
[127] Möglich geworden ist sie durch die von der neutestamentlichen Bibelwissenschaft entwickelten literar- und überlieferungskritischen Methoden, ein Handwerkszeug also, das Martin Luther noch nicht zur Verfügung gestanden hat. Doch war es ganz wesentlich das Verdienst der Reformation mit ihrem Insistieren auf dem originären Wortlaut der Heiligen Schrift, die die historisch-kritische Exegese angeregt und auf den Weg gebracht hat. Umso unverständlicher ist es, dass der Grundlagentext „Rechtfertigung und Freiheit" dieses ausgesprochen wertvolle Erbe der Reformation wieder relativiert: wegen des heutigen „Pluralismus der Textauslegungsmethoden" sei der Exeget „nicht mehr an die in der frühen Neuzeit begründete und im neunzehnten Jahrhundert entwickelte

1. Sacra scriptura (Heilige Schrift) und historisch-kritische Exegese

Ein Vers aus der Bibel, der im Römerbrief überlieferte Satz des Paulus von der Rechtfertigung allein aus Glauben, ist für Martin Luther zur „Pforte des Paradieses" geworden. Immer wieder haben Worte der Bibel eine große Dynamik freigesetzt, Menschen mitten in ihrem Leben gepackt, ergriffen, ihr Leben radikal verändert beziehungsweise schlummernde Ansätze freigesetzt, den Knoten platzen lassen, lang gereifte Entschlüsse bestätigt und ihre Umsetzung forciert[128]. Die Bibel überliefert zweifellos Aussagen, die an die Wurzeln der menschlichen Existenz, ja der Welt selber gehen.

Doch worum handelt es sich eigentlich, wenn wir von der Bibel, der Heiligen Schrift, der *sacra scriptura* sprechen, was genau ist darunter zu verstehen? Die Antwort ist alles andere als eindeutig. Es beginnt schon beim Umfang. Der „Kanon", also das Verzeichnis der Bücher, die zur Heiligen Schrift gehören und damit die Richtschnur des Glaubens darstellen, wird in den verschiedenen christlichen Kirchen unterschiedlich definiert. Zum Alten Testament zählen die lateinischen und die orthodoxen Kirchen auch Bücher, die zwar in der griechischen Übersetzung des Alten Testaments, der sogenannten Septuaginta, enthalten waren und auch von der lateinischen Bibelübersetzung, der Vulgata, vorausgesetzt werden,

---

Form der historisch-philologischen Textwissenschaft gebunden" (a.a.O. [vgl. oben S. 52 mit Anm. 97] 37).

[128] Ein weiteres bekanntes Beispiel für die verändernde bzw. bestätigende Kraft biblischer Überlieferungen ist Franz von Assisi: „Es war vermutlich am Morgen des St. Matthias-Tages (24. Februar) 1208, als Franziskus in der Portiuncula-Kirche das Evangelium von der Aussendung der Jünger aus dem 10. Kapitel des Matthäus-Evangeliums hörte. Nach der Messe ließ er sich von dem Priester die Stelle ausführlich erläutern. Wenn wir Thomas von Celano glauben dürfen, hat der Priester auch die Parallelen aus den anderen Evangelien (Mk 6,7-12; Lk 9,1-6; 10,1-16) herangezogen, um zu verdeutlichen, was die Jünger Jesu alles *nicht* besitzen dürfen: kein Gold, Silber, Geld, keine Geldbörse, keinen Reisebeutel, kein Brot, keinen Stab, keine Schuhe und keine zwei Leibröcke; sondern sie sollten nur das Reich Gottes und die Buße predigen. Als Franziskus das hörte, freute er sich und sagte: ‚Das ist es, was ich will, das ist es, was ich suche, das begehre ich von ganzem Herzen zu tun.' Die ‚Drei Gefährten' geben eine einfachere Formulierung des Ausspruches: ‚Das ist es, was ich mit allen Kräften zu erfüllen trachte.' Aus beiden Versionen geht hervor, dass Franziskus in dem Evangelium nicht etwas gänzlich Neues offenbart wurde. Er scheint es viel eher als eine (göttliche) Bestätigung von etwas empfunden zu haben, was er schon längst ersehnte und vorhatte." (Helmut Feld, Franziskus von Assisi und seine Bewegung, Wissenschaftliche Buchgesellschaft, Darmstadt 1994, 141f.; Hervorhebung im Original).

vom Judentum jedoch nicht allgemein anerkannt worden sind (die Bücher Tobit, Judit, 1. und 2. Makkabäer, Baruch, Weisheit und Sirach, ferner zusätzliche Abschnitte in den Büchern Daniel und Esther)[129]. Martin Luther hat diese sogenannten deuterokanonischen Bücher wieder aus dem Kanon ausgeschieden. Was das Neue Testament betrifft, haben sich – obgleich die Kanonizität einiger Schriften in den ersten Jahrhunderten umstritten war, sie aber schließlich doch ins Neue Testament aufgenommen[130], andere wiederum teilweise anerkannt, aber am Ende doch nicht für kanonisch erklärt worden sind[131] – schließlich im 4. Jahrhundert die 27 jetzt im Neuen Testament enthaltenen Bücher bzw. Briefe als kanonisch durchgesetzt[132].

Wenn somit der Umfang der Heiligen Schrift, zumindest was das Neue Testament angeht, festgelegt worden ist und seit langem feststeht, stellt sich die zunächst überraschend erscheinende Frage nach dem Umfang der im Neuen Testament enthaltenen Schriften selbst. Sie liegen ja allesamt nicht im Original, sondern nur in Abschriften vor[133], Abschriften unterschiedlichen Alters und unterschiedlicher Qualität. Keine dieser Handschriften gleicht der anderen. Ihr Wortlaut weicht zum Teil erheblich voneinander ab. Maßgeblich, kanonisch, Grundlage der Exegese, aber auch der kirchlichen Theologie überhaupt kann im Grunde immer nur der Text sein, der der Urfassung so nahe wie möglich kommt und möglicherweise mit ihm identisch ist. Dieser aber muss immer erst rekonstruiert werden, was ausschließlich und zwingend allein mit Hilfe von Methoden möglich ist, die die historisch-kritische Bibelwissenschaft entwickelt hat.

Seit langem ist bekannt, dass größere Abschnitte oder einzelne Verse der als kanonisch erklärten Heiligen Schrift erst in späterer Zeit hinzugefügt worden sind. Drei Beispiele: An den Text des Markusevangeliums sind erst im 2. Jahrhundert

---

[129] In der äthiopischen Kirche ist lange Zeit und von der europäischen Theologie völlig unbemerkt das „Buch des Propheten Henoch" fester Bestandteil des Bibelkanons gewesen (vgl. Christfried Böttrich, Pseudepigraphen des Alten Testamentes. Zugänge zur Theologie des frühen Judentums, in: Korrespondenzblatt. Herausgegeben vom Pfarrer- und Pfarrerinnenverein in der evangelisch-lutherischen Kirche in Bayern Nr. 2, 2014, 23).

[130] Es handelt sich um den Hebräerbrief, den Jakobusbrief, den ersten und zweiten Petrusbrief, den zweiten und dritten Brief des Johannes, den Brief des Jakobus sowie die Offenbarung des Johannes.

[131] Es sind dies der erste und zweite Clemensbrief, die Didache, der Barnabasbrief, der Hirte des Hermas, das Hebräerevangelium und die Offenbarung des Petrus.

[132] Gleichsam festgelegt wurden sie im Jahr 367 durch den 39. Osterfestbrief des Athanasius.

[133] Dasselbe gilt von der Übersetzung des Neuen Testaments etwa in die lateinische Sprache.

n. Chr. die Erzählungen von den Erscheinungen des Auferstandenen sowie seiner Himmelfahrt angehängt worden (Kapitel 16,9-20) – vielleicht, um den ursprünglichen Abschluss des Evangeliums („Und sie sagten niemandem etwas, denn sie fürchteten sich") abzumildern oder um an die anderen Evangelien anzugleichen. Auch die sehr bekannte Erzählung von Jesus und der Ehebrecherin (Johannes 7,53-8,11) ist in den ältesten Handschriften dieses Evangeliums nicht enthalten, ihm vielmehr erst in späterer Zeit eingefügt worden. Gleiches gilt für den Abschluss des Vaterunsers, wie es das Matthäusevangelium (6,9-13) überliefert: Der zweite Teil des 13. Verses („Denn dein ist das Reich und die Kraft und die Herrlichkeit in Ewigkeit. Amen.") fehlt in den ältesten Handschriften, ist also mit hoher Wahrscheinlichkeit erst in späterer Zeit ergänzt worden.

Liegen unterschiedliche Textvarianten in ansonsten in etwa gleich alten und gewichtigen Handschriften vor, gelten für textkritische Entscheidungen die folgenden beiden wichtigsten Regeln: Die kürzere Lesart ist aller Wahrscheinlichkeit nach die ursprünglichere, da in späterer Zeit eher Worte oder Sätze in eine Vorlage eingefügt als weggelassen worden sind *(lectio brevior probabilior)*[134]. Die schwierigere Lesart ist der leichter verständlichen in den meisten Fällen vorzuziehen, da auch hier wieder eher ein schwer verständlicher Text geglättet worden ist als umgekehrt *(lectio difficilior potior)*.

Wenn also der dem ursprünglichen Wortlaut so nahe wie möglich kommende (im Idealfall mit ihm übereinstimmende) Text durch die Anwendung historisch-kritischer Methoden ermittelt worden ist, führen genaue inhaltliche Analysen der Texte der neutestamentlichen Schriften (auf die wir uns jetzt beschränken) zu weiteren Schlussfolgerungen. Einige seien genannt:

Die ältesten sieben und damit die relativ meisten Schriften des Neuen Testaments gehen auf Paulus von Tarsus zurück, nämlich die Briefe an die Römer, die beiden Briefe an die Korinther, der Brief an die Galater, der Brief an die Philipper, der erste Brief an die Thessalonicher sowie der Brief an Philemon. Sie stammen allesamt aus nachjesuanischer Zeit; der vermutlich älteste, der erste Brief an die Thessalonicher, wird auf etwa 50 n. Chr. datiert. Weitere Schriften, und zwar die Briefe an die Epheser, an die Kolosser, ein zweiter Brief an die Thessalonicher, die beiden Briefe an Timotheus sowie der Brief an Titus, geben sich zwar als Pau-

---

[134] Keine Regel ohne Ausnahme: Für die Näherbestimmung in Markus 1,1 gilt sie zum Beispiel höchstwahrscheinlich nicht (siehe oben S. 61 mit Anm. 119).

lusbriefe aus, schmücken sich jedoch aller Wahrscheinlichkeit nach samt und sonders zu Unrecht mit der Autorität des Paulus. Es handelt sich um Pseudepigraphen, das heißt in diesem Fall: fälschlich Paulus zugeschriebene Briefe; sie stammen allesamt erst aus nachpaulinischer Zeit. Ähnliches gilt für die beiden Petrus- und die drei Johannesbriefe sowie den Jakobus- und den Judasbrief (die sogenannten katholischen Briefe des Neuen Testaments). Auch diese sind in Wahrheit anonyme Schriften, weder haben Jünger (Petrus, Johannes) noch Brüder Jesu (Jakobus, Judas; vgl. Markus 6,3) sie verfasst. Auch der Hebräerbrief stammt aus relativ später Zeit, ebenso die Offenbarung des Johannes (auch dieser Johannes ist keinesfalls mit dem Jesusjünger identisch). Gleiches gilt für die vier Evangelien des Neuen Testaments und für die Apostelgeschichte; auch ihre Verfasser sind uns in Wahrheit nicht bekannt[135].

Das vierte und jüngste, später dem Jesusjünger Johannes zugeschriebene Evangelium bezeichnet man wohl am besten als einen hochtheologischen Jesusroman: Kein einziges der Worte, die Jesus hier spricht, bzw. der Reden, die er hält, gehen auf den geschichtlichen Jesus von Nazaret zurück. Sie sind ihm vielmehr allesamt vom Verfasser, seinem eigenen theologischen Konzept entsprechend, nachträglich in den Mund gelegt worden. Dass sich das Johannesevangelium grundlegend von den drei anderen Evangelien unterscheidet, erschließt sich jedem Leser im Grunde sofort.

Früher zwar als das Johannesevangelium, jedoch erst mindestens ein Jahrzehnt nach dem Tod des Paulus (wahrscheinlich im Jahr 60 n. Chr.) sind die ersten drei Evangelien abgefasst worden. Die Überlieferungen, die in sie aufgenommen wurden, stammen allerdings zum Teil aus wesentlich früherer Zeit. Anders nämlich als der Autor des vierten Evangeliums haben ‚Matthäus', ‚Markus' und ‚Lukas' für ihre Werke Materialien verwendet, die ihnen bereits vorlagen und zum Teil wiederum ältere Schichten einer noch weiter zurückreichenden Überlieferungsgeschichte erkennen lassen. In der Wissenschaft werden diese ersten drei Bücher des Neuen Testaments auch „Synoptiker" genannt, weil man sie aufgrund ihrer mehr oder weniger großen Ähnlichkeit, sowohl was ihren Aufbau als auch was ihren Inhalt angeht, „zusammensehen", sie nebeneinander stellen und miteinander vergleichen kann. Dieser Vergleich hat zu folgenden, grundsätzlich nicht mehr umstrittenen Einsichten geführt:

---

[135] Die Namen derjenigen, denen die vier Evangelien später zugeschrieben worden sind, werden daher hier in einfache Anführungszeichen gesetzt.

Das älteste der drei Evangelien ist das kürzeste, nämlich das Evangelium nach ‚Markus'. ‚Matthäus' und ‚Lukas' lag bei der Komposition ihrer Evangelien das Markusevangelium vor, denn sie haben so gut wie sämtliche in ihm zusammengestellten Überlieferungen (auf Ausnahmen wird noch zu sprechen zu kommen sein) in ihre Evangelien aufgenommen, ihren Wortlaut allerdings oftmals mehr oder weniger stark verändert. Darüber hinaus enthalten sowohl das Matthäus- als auch das Lukasevangelium Überlieferungen, die zwar diesen beiden Evangelien gemeinsam sind, im Markusevangelium jedoch fehlen. ‚Matthäus' und ‚Lukas' müssen also neben dem Markusevangelium noch ein weiteres, nicht mehr erhaltenes Evangelium benutzt haben, aus dem sie beide schöpften. Da es sich bei dieser zweiten Quelle (mit Ausnahme der Geschichte vom Hauptmann von Kapernaum) um *Worte* Jesu handelt, nennt man dieses nur noch im Nachhinein zu rekonstruierende Evangelium die Logien- (von griechisch *lógos* = Wort, Ausspruch) oder Spruchquelle[136]. Schließlich enthalten alle synoptischen Evangelien Texte, die nur sie allein überliefern. In diesen Fällen spricht man vom „Sondergut" des jeweiligen Evangelisten.

---

[136] Diese in der zweiten Hälfte des 19. Jahrhunderts entwickelte sogenannte Zwei-Quellen-Theorie hat sich weitgehend durchgesetzt.

2. Ipsissima verba, die Jesusworte: der Urgrund des Christentums

Wie eben dargestellt, verdanken sich Umfang und Textgestalt der Bibel einerseits einem längeren Auswahlverfahren, in dem sich bestimmte Bücher gegenüber anderen schließlich durchsetzen konnten und kanonisiert worden sind, und bilden andererseits das nicht in allen Fällen ganz sichere, vielmehr oftmals nur wahrscheinliche Ergebnis textkritischer, also die verschiedenen Textüberlieferungen prüfender und vergleichender Wissenschaft. Was die Traditionen des Markusevangeliums, der Logien- oder Spruchquelle sowie des jeweiligen Sonderguts angeht, so sind diese aller Wahrscheinlichkeit nach aus Sammlungen bislang überwiegend mündlich tradierter Überlieferungen hervorgegangen, die von den Evangelisten nach bestimmten Prinzipien redigiert und zusammengestellt worden sind. Der exegetischen Wissenschaft ist es in vielen Fällen gelungen, den Überlieferungsprozess, dem wiederum auch viele dieser Einzeltraditionen unterliegen, nachzuzeichnen, das heißt, die Wachstumsprozesse zu entschlüsseln und sichtbar zu machen, die zu dem jetzt vorliegenden Text geführt haben, ja ihm auf diese Weise „auf den Grund zu gehen". Und diese wieder freigelegte älteste Überlieferungsschicht wiederum, der Grund und Boden, der in der Folgezeit „bearbeitet" worden ist, besteht aus Worten, die eine in den meisten Fällen sehr klar zu beschreibende Kontur und Eigenständigkeit erkennen lassen. Vieles spricht dafür, dass dieses Fundament der neutestamentlichen Überlieferung auf Jesus von Nazaret selbst zurückgeht. Man spricht in diesem Fall von den *ipsissima verba*, den „ureigenen" Worten (Jesu).

„Selig seid ihr, wenn ihr einfach lebt"
Die Seligpreisung der Armen (Matthäus 5,3 / Lukas 6,20b)

Das gilt zum Beispiel für die Seligpreisung der Armen:

> Selig sind die Armen;
> ihrer ist das Reich Gottes.

Sowohl im Matthäus- als auch im Lukasevangelium begegnet diese Seligpreisung als erste von acht bzw. drei weiteren Seligpreisungen, mit denen wiederum ein größerer, von den Evangelisten in jeweils unterschiedlicher Weise gestalteter Textkomplex – die sogenannte Bergpredigt bei ‚Matthäus' (Kapitel 5-7), die sogenannte Feldrede bei ‚Lukas' (Kapitel 6,20-49) – eingeleitet wird. Es ist unbestritten und bedarf keines Nachweises mehr, dass der jeweils letzte Abschnitt, die Seligpreisung derer, die um Christi willen verfolgt werden (Matthäus 5,11f. / Lukas 6,22), von späterer Hand in nachjesuanischer Zeit hinzugefügt worden ist. Aber auch die im Matthäusevangelium verbleibenden acht Seligpreisungen gehören mit Sicherheit nicht der ältesten Traditionsstufe an. Dies wird schon daraus ersichtlich, dass sie ein äußerst kunstvolles, von Anfang an in griechischer Sprache komponiertes literarisches Gebilde darstellen. Der Redaktor und teilweise Verfasser ist dabei sehr überlegt vorgegangen: Die acht Seligpreisungen lassen sich in zwei Strophen (Vers 3-6 und 7-10) unterteilen, die jeweils aus genau 36 Wörtern bestehen. In der ersten Strophe beginnt jede Bezeichnung der Seliggepriesenen mit dem griechischen Buchstaben Pi. Sowohl den zuerst Seliggepriesenen als auch den zuletzt Genannten wird das „Reich der Himmel" zugesprochen. Außerdem begegnet in der jeweils letzten Seligpreisung sowohl der ersten als auch der zweiten Strophe der für ‚Matthäus' charakteristische Begriff „Gerechtigkeit". Aller Wahrscheinlichkeit nach geht nicht nur die Gestaltung dieser beiden Strophen, sondern auch die Formulierung einzelner Seligpreisungen selbst auf den Evangelisten zurück, der sie nachträglich Jesus in den Mund gelegt hat. Er griff dabei allerdings auf drei Seligpreisungen zurück, die ihm bereits vorlagen, nämlich die Seligpreisung der Armen, der Weinenden und der Hungernden, die auch das Lukasevangelium enthält, das heißt beiden Evangelisten bereits aus der Logienquelle bekannt waren. Sie bildeten den Grundstock und Ausgangspunkt seiner kunstvollen literarischen Eigenkomposition, wobei er die Reihenfolge der zweiten und dritten Seligpreisung aus kompositorischen Gründen umgekehrt hat.

So geht man denn in der neutestamentlichen Wissenschaft bislang stets davon aus, dass die drei Seligpreisungen der Logienquelle (Matthäus 5,3f. bzw. Lukas 6,20b.21) das älteste Überlieferungsstadium darstellen[137]. In ihrer ursprünglichen Fassung dürften sie folgendermaßen gelautet haben:

---

[137] So z.B. Jürgen Becker, Jesus von Nazaret, Walter de Gruyter & Co. Berlin/New York 1996, 196f.; Gerd Theißen und Annette Merz, Der historische Jesus. Ein Lehrbuch, Göttingen 2001³, 233, und die von Helmut Merklein, Die Gottesherrschaft als Handlungsprinzip. Untersuchung zur Ethik Jesu, Echter Verlag, Würzburg 1981², 50 Anm. 24, genannten Exegeten.

Selig sind[138] *die Armen*[139]*,*
ihrer[140] *ist das Reich Gottes*[141]*.*
Selig sind die Hungernden[142]*,*
denn sie werden satt werden.
Selig sind die Weinenden,
denn sie werden lachen.

Doch betrachten wir diesen Text genauer. Es fällt sofort auf, dass die beiden letzten Seligpreisungen – der Hungernden und der Weinenden – sprachlich und inhaltlich völlig gleichartig aufgebaut sind. Sie stimmen nicht nur – natürlich mit Ausnahme des Subjekts und der Art der Verheißung – wörtlich überein, sondern auch darin, dass zum einen der jeweils erste Halbvers von der Gegenwart, der zweite von der Zukunft spricht, und zum anderen beide Male ein gegenwärtiger und ein zukünftiger Zustand einander polar entgegengesetzt werden: (jetzt) hungern, (dann) satt werden; (jetzt) weinen, (dann) lachen.

Demgegenüber wird in der ersten Seligpreisung im ersten Halbvers statt einer Partizipialform ein Nomen verwendet. Außerdem steht der zweite Halbvers ausdrücklich in der Gegenwart. Wörtlich heißt es: „Ihrer ist das Reich Gottes". Dieses Wörtchen „ist", das eine Zuordnung bezeichnet, entfällt im Griechischen normalerweise. Die Tatsache, dass es hier ausnahmsweise im Text erscheint (*estín*),

---

[138] Die direkte Anrede „ihr Armen" resultiert wahrscheinlich aus einer erst nachträglich vorgenommenen Umformung (vgl. Rudolf Bultmann, Die Geschichte der synoptischen Tradition, Verlag Vandenhoeck & Ruprecht, Göttingen 1964⁶, 114; Helmut Merklein a.a.O. [vgl. Anm. 137] 49 mit Anm. 13).
[139] Die spiritualisierende Hinzufügung „im Geist" geht auf das Konto des ‚Matthäus'.
[140] Eventuell müsste man sogar ein „allein" hinzufügen, denn wahrscheinlich hat das vorangestellte *autōn* exklusiven Sinn, vgl. Joachim Jeremias, Neutestamentliche Theologie. Erster Teil: Die Verkündigung Jesu, Gütersloher Verlagshaus Gerd Mohn, Gütersloh 1971, 118: „Das Semitische lässt das einschränkende ‚nur' häufig auch da fort, wo es für unser Sprachgefühl nicht entbehrt werden kann, es muss deshalb öfter bei der Übersetzung ergänzt werden. So auch hier…".
[141] ‚Matthäus' hat, dem synagogalen Sprachgebrauch seiner Gemeinde entsprechend, in den meisten Fällen das ursprünglichere „Reich Gottes" durch „Reich der Himmel" ersetzt (vgl. Ulrich Luz, Das Evangelium nach Matthäus. 1. Teilband: Mt 1-7, EKK I/1, Benziger Verlag, Neukirchener Verlag, Zürich/Einsiedeln/Köln/Neukirchen-Vluyn 1985, 144f.).
[142] ‚Lukas' verstärkt den Gegensatz zwischen dem jetzigen Zustand des Hungerns bzw. Weinens gegenüber der Zusage seiner späteren Umkehrung durch die jeweilige Hinzufügung des Wörtchens „jetzt".

zeigt, dass gerade der zeitliche Aspekt hier mit ganz besonderem Nachdruck hervorgehoben werden soll: Die Armen haben tatsächlich – jetzt schon! – teil am Reich Gottes.

Aus all dem ergibt sich zwingend, dass die erste Seligpreisung eine eigenständige Einheit darstellt und unter allen Umständen unabhängig von den beiden folgenden Seligpreisungen, die wiederum ein eigenständiges Zwillingspaar bilden, interpretiert werden muss. Nicht die Textgestalt der Logienquelle also repräsentiert bereits die älteste Überlieferung. Diese liegt vielmehr allein in der ersten Seligpreisung, eben der Seligpreisung der Armen als Teilhaber des Reiches Gottes vor.

Die Eigenständigkeit der ersten Seligpreisung ist vor allem deshalb so nachdrücklich zu betonen, weil gerade die Verklammerung der ersten mit den beiden folgenden Seligpreisungen[143] immer wieder zu gravierenden, den Wortlaut in sträflicher Weise außer Acht lassenden, von den beiden folgenden Seligpreisungen beeinflussten Fehldeutungen der Seligpreisung der Armen geführt hat und führt, und zwar in zweifacher Hinsicht:

Erstens: Aufgrund der futurisch formulierten zweiten Halbverse der zweiten und dritten Seligpreisung wird stets angenommen, dass den Armen das Reich Gottes *für die Zukunft* verheißen wird[144]. Tatsächlich aber wird den Armen das Reich Gottes *jetzt schon* zugesprochen. Ganz ausdrücklich und ungewöhnlich deutlich und durch das *estín* ganz besonders stark hervorgehoben heißt es: „ihnen gehört (wörtlich: ihrer *ist*) das Reich Gottes". Die Armen sind *schon jetzt* des Reiches Gottes teilhaftig.

Zweitens: Ganz offensichtlich haben die Armen deshalb am Reich Gottes teil, *weil sie arm sind*. Das aber kann nur bedeuten, dass der Begriff Armut hier nicht

---

[143] Vgl. z.B. Ulrich Luz a.a.O. (vgl. Anm. 141) 204: „...die zweite und dritte Seligpreisung sind beispielhafte Konkretisierungen der ersten".

[144] In allen drei Seligpreisungen interessieren „ausschließlich die Zukunft, welche die Gegenwart überwindet", meint Helmut Merklein a.a.O. (vgl. Anm. 137) 50. „Auch in der ersten Seligpreisung Lk 6,20 par ist die Basileia eine zukünftige Größe, wie die Futura in V. 21 bestätigen" (ebd. 116). „Die Herrschaft Gottes wird als zukünftig erwartet"; Begründung: „die Hungernden *werden* gesättigt werden" (Hervorhebung im Original), heißt es bei Luise Schottroff und Wolfgang Stegemann (Jesus von Nazareth – Hoffnung der Armen, Verlag W. Kohlhammer GmbH, Stuttgart 1981², 31). „Die Apodosis des ersten Makarismus führte im Aramäischen wohl kein Verb. Also ist gemäß der zweiten und dritten Seligpreisung eine futurische Aussage zu ergänzen", spekuliert Jürgen Becker (a.a.O. [vgl. Anm. 137] 197) und übersetzt: „*denn eurer (wird) die Gottesherrschaft (sein)*" (ebd. 196).

als negative Größe im Sinn eines Mangelzustands, sondern positiv, nämlich im Sinn eines Ideals, verstanden werden muss. Dass die Seliggepriesenen angeblich unter einem negativen Zustand leiden, haben wieder die beiden folgenden Seligpreisungen suggeriert und damit den Sinn der ersten Seligpreisung ins glatte Gegenteil verkehrt. In ihnen geht es ja tatsächlich darum, dass ein negativer Zustand durch den entgegengesetzten positiven Zustand später einmal aufgehoben werden wird. Aber so ist es in der ersten Seligpreisung gerade nicht gemeint[145].

Keineswegs wird den Armen das Reich Gottes für die Zukunft verheißen, und keineswegs bedeutet das Reich Gottes künftigen Reichtum. Im Gegenteil: Am Reich Gottes haben – und zwar jetzt schon! – nur die Anteil, die arm sind. Die Armut, von der hier die Rede ist, kann also nicht, dem allgemeinen Sprachgebrauch entsprechend, als ein Äquivalent des Begriffs „Elend" gemeint sein, ist vielmehr strikt von einem solchen Verständnis zu trennen und zu unterscheiden. Mit den „Armen" müssen hier Menschen gemeint sein, die nicht mehr besitzen, als sie wirklich brauchen[146].

---

[145] Wieder einige Beispiele für dieses gravierende Missverständnis: Joachim Jeremias interpretiert: „Die Armen" (er denkt dabei an „Bettler und Sünder", a.a.O. [vgl. Anm. 140] 118) „stehen Gott nahe. Denn die eschatologische Umkehr der Verhältnisse beginnt sich zu realisieren: die Armen werden reich." (Ebd. 213) Nach Helmut Merklein haben alle drei Seligpreisungen „eine Aufhebung des im ersten Glied genannten Zustandes zum Inhalt" (a.a.O. [vgl. Anm. 137] 50). Genauso Luise Schottroff und Wolfgang Stegemann: „Dieses elende Leben kommt nicht aus der Hand Gottes. Gott macht demnächst Schluss mit dieser Unordnung. Er wird herrschen, dann sind der Hunger und das Leiden an der Armut vorbei." (A.a.O. [vgl. Anm. 144] 32) Jürgen Becker bemerkt zu Lukas 6,20f.: „alle sonstigen Mangelsituationen (werden) ein Ende haben (…): Armut, Nahrungsmangel und alle Lebenserfahrung, auf die der Mensch mit Weinen zu reagieren pflegt, werden von der Gottesherrschaft überwunden und ins Gegenteil gekehrt" (a.a.O.[vgl. Anm. 137] 173); ähnlich Gerd Theißen und Annette Merz a.a.O. (vgl. Anm. 137) 233: „Armut, Hunger und Leid sind keine positiven Qualitäten. Vielmehr greift Gott (…) zugunsten der Armen und Schwachen ein, so dass sich ihr Geschick bald zum Guten wenden wird."

[146] Im Elend leben Menschen, die weniger haben, als sie zum Leben benötigen, die hungern, die verzweifelt sind. Von ihnen spricht die Logienquelle in der Fortsetzung. Nur werden hier die Hungernden und die Weinenden schlicht auf die Zukunft (oder auf das Jenseits) vertröstet. – Im Übrigen sei noch darauf hingewiesen, dass die zum Gottesdienst versammelte Gemeinde die ursprüngliche Aussage der ersten Seligpreisung, so wie sie in der lukanischen Überlieferung grundsätzlich vorliegt, nie zu hören bekommt. Als Evangelienlesung dient ausschließlich die ‚matthäische' Variante der Seligpreisungen, steht der erste Vers also immer in Verbindung mit allen im Lauf der Zeit hinzugefügten Makarismen, was das Missverständnis nahelegt, dass auch in der ersten Seligpreisung ein positiver zukünftiger Zustand der bedrückenden oder vorläufigen Gegenwart entgegensetzt wird. Außerdem begegnet der Gemeinde, gemäß der ‚matthäischen' Tradition, die Armut

Dem widerspricht auch nicht die Verwendung des Adjektivs *ptōchós* („arm"). Zwar bezeichnet es im klassischen Griechisch einen Menschen als völlig mittellos, so dass er gezwungen ist, fremde Hilfe anzunehmen („bettelarm"), während mit *pénäs* („arm") derjenige charakterisiert wird, der gerade das Lebensnotwendigste besitzt („bedürftig"). Doch in der frühjüdischen Übersetzungsliteratur werden beide Begriffe meistens synonym verwendet[147]. Bereits die Septuaginta kennt keine spezifische Differenzierung mehr[148].

„Selig" werden somit diejenigen genannt, die nicht mehr haben, als sie brauchen. Den Grund ihres großen, größten Glücks benennt der zweite Teil der Zusage: Die armen, die einfach lebenden Menschen haben teil am Reich Gottes. „Ihrer ist das Reich Gottes" – diese Worte scheinen auszudrücken, worin die Bestimmung des Menschen letztlich und wesentlich besteht: dem „Reich Gottes" zuzugehören. Das wäre Seligkeit schlechthin. Wer in Verbindung, im Zusammenhang mit dem „Reich Gottes" lebt, ist der wahren Existenzweise (wieder) teilhaftig geworden.

Ausdruck verschafft sich diese „Existenz in Verbundenheit" in einer Lebensweise, für die kaum etwas kennzeichnender wäre als eben die Armut im Sinn der Einfachheit, des Nicht-mehr-Besitzens, als man tatsächlich braucht. Allein sie ist dem „Reich-Gottes"-Zusammenhang des Lebens gemäß. Ihren Ausdruck findet diese Verbundenheit einerseits in dem Vertrauen, immer all das zu erhalten, was eben jetzt nötig ist, andererseits in der Sorge dafür, dass dies auch für alle anderen Menschen gilt.

Das Vertrauen in die Verbundenheit, ja die Verbundenheit selber aber wäre in dem Moment zerstört, der „Reich-Gottes"-Zusammenhang sofort zerrissen, wenn ein Mensch mehr hat oder haben will, als nötig ist, wenn er auf ein Mehr-als-Genug aus ist. Aber es gilt eben auch das Umgekehrte: Wer über ein Mehr-als-Genug, wer über zu viel verfügt, verfügen will, macht damit implizit deutlich, dass er abgeschnitten ist von der Welt, dass er getrennt von ihr existiert, dass er ohne Rücksicht auf die Welt sein Leben sichern will, ein Leben, das tragischerweise, aber unvermeidlich gerade dadurch seiner wahren Qualität, eben seiner Seligkeit, verlustig geht.

---

nie in dem Sinn, wie der Begriff ursprünglich hier eindeutig gemeint ist, nämlich konkret auf die Besitzverhältnisse bezogen, sondern immer spiritualisierend überhöht (die „Armen im Geiste").
[147] Vgl. Ernst Bammel, Art. πτωχός, πτωχεία, πτωχεύω B-E, in: Theologisches Wörterbuch zum Neuen Testament (ThWNT) VI, W. Kohlhammer GmbH, Stuttgart 1965, 888-894 (894).
[148] Vgl. Friedrich Hauck, Art. πένης, ebd. 37-40 (39).

Reichtum und „Reich Gottes" schließen einander aus
Kamel und Nadelöhr (Markus 10,25)

Die Seligpreisung der Armen, der Zuspruch des „Reiches Gottes" an die, die einfach leben, hat sich als die älteste Schicht der Seligpreisungen im Matthäus- und Lukasevangelium erwiesen. Die historisch-kritische Exegese hat es möglich gemacht, bis zum Grund dieser Überlieferung vorzudringen und ihn freizulegen. Ebenfalls einer in seinem Gesamtkontext sehr alten Überlieferungsstufe zuzuordnen ist das markante Bildwort vom Kamel und dem Nadelöhr. Es klingt wie ein Korrelat bzw. wie die Kehrseite der Seligpreisung der Armen:

> Eher geht ein Kamel durch ein Nadelöhr,
> als dass ein Reicher ins Reich Gottes gelangt.

An Eindeutigkeit ist diese Aussage kaum mehr zu überbieten, sie ist absolut unmissverständlich: So wie es schlicht undenkbar ist, dass sich das größte seinerzeit im Vorderen Orient bekannte Tier durch die kleinstmögliche Öffnung, wie sie ein Nadelöhr darstellt, zwängen könnte, so ist es ganz und gar ausgeschlossen, dass ein Reicher am „Reich Gottes" teilhat. Aber damit noch nicht genug. Die Schärfe wird auf die äußerste Spitze getrieben: „unmöglicher als unmöglich" müsste man geradezu formulieren. Leichter noch ist es für ein Kamel, durch ein Nadelöhr zu kommen, als dass ein Reicher ins „Reich Gottes" gelangt. Für einen Reichen gibt es schlechthin keinen Zugang zum „Reich Gottes" – eindeutig und kompromisslos. Kein anderes Wort in der synoptischen Tradition stellt die Unvereinbarkeit von Reichtum und der Teilhabe am „Reich Gottes" so bildhaft scharf und unerbittlich klar heraus.

Warum diese kompromisslose Eindeutigkeit? Es sind kaum Versuche bekannt, ihr auf den Grund zu gehen, ihren Wahrheitskern freizulegen. Immer wieder hingegen – beginnend bereits im Neuen Testament selbst – wurde und wird versucht, dieses Diktum abzuschwächen, einzuschränken, Ausnahmen zuzulassen, ja es bis zur Bedeutungslosigkeit zu relativieren.

So wird Jesus bereits im selben Kapitel des Markusevangeliums der vielzitierte Satz in den Mund gelegt: „Bei den Menschen ist es unmöglich, nicht aber bei Gott, denn alles ist möglich bei Gott." (Vers 27) Der Darstellung zufolge reagiert Jesus damit auf eine Anfrage, die das „Eingehen ins Reich Gottes" als einen erst zukünftig-jenseitigen Vorgang missversteht: „Wer kann dann gerettet werden?" (Vers

26b) Die endzeitliche Rettung wäre demnach auch für einen Reichen nicht völlig ausgeschlossen[149].

Bis in die Gegenwart beruft man sich auch gerne auf weitere Hypothesen, die diesem Wort seine Schärfe und Eindeutigkeit wieder nehmen. So wurde in wenigen und unbedeutenden Handschriften das Wort *kámälos* („Kamel") durch die Veränderung eines Buchstabens in *kámilos* („Seil") gefälscht und damit das Paradoxon aufgelöst. Bisweilen wird auch die haltlose, durch nichts begründete These vertreten, *trümaliá rafídos* („Nadelöhr") sei der Name eines besonders engen Stadttors in Jerusalem gewesen. Die Tendenz all dieser Versuche liegt klar auf der Hand: Durch Abschwächung sollte die Unerbittlichkeit, die dieses Wort kennzeichnet, aufgeweicht, den Reichen eben doch ein Schlupfloch offen gelassen werden.

Natürlich geht es um die Gegenwart, nicht um die Zukunft: Offensichtlich käme alles darauf an, dass der Mensch „in das Reich Gottes hineingelangt", und zwar jetzt. Das scheint hier (ähnlich wie schon in der Seligpreisung der Armen) die Bestimmung des Menschen überhaupt zu sein. Nicht ins „Reich Gottes" zu gelangen, nicht an ihm teilzuhaben hieße dann: sein Leben zu verfehlen, das, was es ausmacht, seine „göttliche" Qualität, nie zu verspüren. Die eigentliche Quelle des Lebens wäre sein „Reich-Gottes"-Bezug. „Reich Gottes" müsste dann eine „Welt" sein, ein „Empfinden von Welt", das nicht einfach gleichzusetzen wäre mit der Art und Weise, in der wir „normalerweise" der Welt gegenübertreten. Normalerweise empfindet denn auch kaum ein Mensch den Reichtum als gravierendes oder gar als ein spirituelles Problem.

Vielleicht ergibt sich also aus der Antwort auf die Frage, weshalb der Reichtum eine Teilhabe am „Reich Gottes" als dem dem Menschen eigentlich gemäßen „Lebensraum" in keiner Weise zulässt, einen ersten Hinweis darauf, was dieses zunächst einmal ungewöhnliche und ganz andere „Empfinden von Welt" denn eigentlich ausmacht. Der Grund müsste in dem entscheidenden Merkmal zu suchen sein, das den Reichtum als Reichtum kennzeichnet. Wir bezeichnen einen Menschen dann als „reich", wenn er mehr hat als genug, mehr als eigentlich für sein Auskommen ausreichen würde, wenn er „zu viel" besitzt, mehr als er braucht.

---

[149] Keineswegs ist mit dem „Reich Gottes" der Himmel oder das Paradies gemeint, wie immer wieder unterstellt wird, so zum Beispiel in dem Artikel „Das Gleichnis vom Nadelöhr" im Internet-Lexikon Wikipedia: „Dass es einem Reichen unmöglich (bzw. fast unmöglich) sei, ins Paradies zu gelangen, hatte eine Flut von Interpretationen zur Folge." (https://de.wikipedia.org/wiki/Gleichnis_vom_Nadel%C3%B6hr; abgerufen am 5.3.2015)

In Bezug auf die Welt also beansprucht er durch dieses Zuviel einen „Raum", der größer ist, als ihn „das Ganze der Welt" für ihn bereithält und bereitstellt. Gesetzt, es wäre dem Menschen einzig gemäß, sich in der Welt so zu bewegen, als gehörte sie zu ihm, ja als wäre er ein integraler Teil ihrer selbst, dürfte, ja könnte er in ihr nur genau den Platz einnehmen, der ihm allerdings qua eigener Existenz auch zustünde, an dem ihm alles zukäme, was er braucht, nicht weniger, aber selbstverständlich auch nicht mehr. Er braucht genau das, was er hat, und er hat immer nur je so viel, wie er braucht. Nur auf diese Weise bliebe sein Ort in Bezug auf die Welt, deren Teil er ist, die ihn aber gleichzeitig auch umgibt, austariert und stabil. Jedes Mehr, aber natürlich auch jedes Zuwenig, verursachte ein Ungleichgewicht in diesem für eine erfüllte Existenz jedoch unabdingbaren Weltbezug und ließe ihn zerbrechen.

„Reich Gottes" wäre dann ein Ausdruck für genau diesen Weltbezug. „Selig" kann man nur *im* „Reich Gottes" sein. Die religiöse Begrifflichkeit („Reich *Gottes*") hätte somit die Funktion, den „unüberbietbar heilvollen" Charakter einer solchen weltverbundenen Existenzweise zu artikulieren: „Reich Gottes" bezeichnete ihre „Heiligkeit", ihren heilenden, heilschaffenden Charakter. Wer reich ist, hätte selbstredend keinen Anteil daran.

„Kommt, denn es ist schon bereit!"
Das Gleichnis von der Einladung zum großen Gastmahl
(Lukas 14,16-21a)

Das „Reich Gottes", von dem im Bildwort vom Kamel und dem Nadelöhr wiederum in einer sehr alten Überlieferungsstufe die Rede war, ist den Reichen wegen ihres Reichtums unzugänglich. Ihr Reichtum hindert sie daran, in das „Reich Gottes" hineinzugelangen. Er schließt sie aus. Von dieser geradezu existenziellen Tragik erzählt eine Geschichte im Lukasevangelium, das Gleichnis von der Einladung zum großen Gastmahl:

> Ein Mensch veranstaltete ein großes Gastmahl, lud viele dazu ein
> und schickte, als es soweit war, seinen Diener aus, der den Eingeladenen sagen sollte:
> „Kommt, denn es ist schon bereit!"
> Da fingen alle ohne Ausnahme an sich zu entschuldigen.

Der erste sagte zu ihm:
„Ich habe einen Acker gekauft
und muss ihn unbedingt besichtigen gehen;
ich bitte dich: Betrachte mich als entschuldigt."
Der nächste sagte:
„Ich habe fünf Ochsengespanne gekauft
und bin gerade auf dem Weg, um sie mir genauer anzusehen;
ich bitte dich: Betrachte mich als entschuldigt."
Der dritte sagte:
„Ich habe geheiratet
und kann deshalb nicht kommen."
Der Diener kehrte zurück und berichtete seinem Herrn davon.
Da wurde der Hausherr zornig und sagte zu seinem Diener:
„Geh schnell hinaus auf die Plätze und Straßen der Stadt
und bring die Armen hierher."

Anschließend (Vers 21b) werden zusätzlich zu den Armen noch „die Krüppel, Blinden und Lahmen" genannt. Aus inhaltlichen Gründen liegt es jedoch nahe, dass ursprünglich nur von den Armen die Rede war. Die Reichen haben sich gleichsam selber ausgeladen; jetzt werden die hereingeholt, die nicht über Äcker und Ochsengespanne verfügen, also die Armen. Die sekundäre Reihung dürfte sich am 13. Vers im selben Kapitel orientiert haben.

Das Gleichnis ist später noch mehrfach erweitert worden. Die Verse 22f. („Da sagte der Diener: ‚Herr, es ist geschehen, was du befohlen hast, aber es ist noch Platz vorhanden.' Da sagte der Herr zu seinem Diener: ‚Geh auf die Straßen und an die Zäune und fordere sie nachdrücklich auf hereinzukommen, damit mein Haus voll wird.'") spielen auf die frühchristliche Missionsgeschichte an. – Die Gerichtsansage in V. 24 („Ich sage euch: Niemand von jenen Männern, die eingeladen waren, werden mein Gastmahl genießen.") repräsentiert ein nochmals späteres Stadium der Überlieferungsgeschichte.

‚Matthäus' hat das Gleichnis zu einer allegorischen Erzählung umgeformt und als ein von einem König für seinen Sohn veranstaltetes Hochzeitsmahl stilisiert (Kapitel 22,2-10) sowie um die Episode vom vergessenen Hochzeitskleid erweitert (Vers 11-13) und mit dem Satz „Denn viele sind berufen, wenige aber auserwählt" eine mahnende Quintessenz gezogen (Vers 14).

Die Exposition erzählt, dass ein Mann ein großes Gastmahl veranstaltet und viele dazu eingeladen hat (nach jüdischer Sitte folgt auf die Einladung noch eine besondere Aufforderung zum Kommen). Als es beginnen soll, schickt er seinen Diener aus mit dem Auftrag, den Eingeladenen zu sagen: „Kommt, denn es ist schon bereit!"

Es ist frappierend, dass in praktisch allen Übersetzungen dieses entscheidende, in allen alten Handschriften einheitlich bezeugte Wörtchen „schon" (*äda*, nicht etwa *pánta,* „alles") geflissentlich übergangen und durch andere Begriffe ersetzt worden ist, angefangen bei Martin Luther mit dem bekannten, in die Abendmahlsliturgie eingegangenen „Kommt, denn es ist alles bereit" über die „Gute Nachricht" („Kommt, alles ist angerichtet"; wahrscheinlich hat hier Matthäus 22,4 abgefärbt) und andere Übersetzungen (etwa mit „nun"[150] oder „jetzt"[151], die ebenfalls nicht den genauen Textsinn[152] treffen) bis hin zur „Bibel in gerechter Sprache" („Kommt, denn jetzt ist es bereit!"[153]).

Gerade das Schon, das unerwartete Jetzt des Gastmahls aber war es ja, das die Teilnahme am Gastmahl verhindert hat. Die zuerst Eingeladenen sind in keiner Weise darauf vorbereitet, dass es jetzt schon bereitsteht[154]. Damit haben sie absolut nicht gerechnet. Obwohl die Einladung grundsätzlich ja bereits ausgesprochen war, trifft sie sie ganz unerwartet. Sie hatten nicht einkalkuliert, dass sie bei ihren übrigen Verpflichtungen mit ihr in Konflikt geraten könnten. Das Gastmahl kommt ihnen zu früh, sie haben aus ihrer Sicht noch wichtigere Dinge zu erledigen oder sind durch private Angelegenheiten gebunden, so dass sie sich gezwungen sehen, die Einladung auszuschlagen. Das Gastmahl ist bereit, sie sind es nicht.

Da auch hier alles auf die Teilnahme, auf das Dabei-Sein ankommt, liegt die Annahme nahe, dass das „Gastmahl" nichts anderes bedeutet als das, was in den beiden vorangegangenen Texten mit dem Terminus „Reich Gottes" bezeichnet worden ist. Die Einladung macht unmissverständlich klar: Das „Reich Gottes" ist da, es ist Gegenwart. Der Tisch ist gedeckt, es gilt Platz zu nehmen, teilzuhaben. Aber die Eingeladenen sind offensichtlich von ganz anderen Voraussetzungen

---

[150] So die Jerusalemer und die Zürcher Bibel.

[151] So z.B. Joachim Jeremias, Die Gleichnisse Jesu, Verlag Vandenhoeck & Ruprecht, Göttingen 1970[8], 176; Eta Linnemann, Gleichnisse Jesu. Einführung und Auslegung, Verlag Vandenhoeck & Ruprecht, Göttingen 1961[7], 94.

[152] Jürgen Becker verbindet das richtige „schon" mit dem traditionellen, aber falschen „alles": „Kommt, denn es ist schon alles bereit." (A.a.O. [vgl. Anm. 137] 205)

[153] http://www.bibel-in-gerechter-sprache.de/.

[154] „Es geht um ein festliches Mahl und vor allem darum, daß das Mahl jetzt schon bereit ist und die Gäste Platz nehmen dürfen." (Ferdinand Hahn, Das Gleichnis von der Einladung zum Festmahl, in: Verborum veritas, Festschrift für Gustav Stählin zum 70. Geburtstag, herausgegeben von Otto Böcher und Klaus Haacker, Rolf Brockhaus Verlag, Wuppertal 1970, 51-82.69).

ausgegangen. Für sie war das „Reich Gottes" fraglos und selbstverständlich eine futurische Größe, die sie in ihrem Alltag nicht wirklich berührte. Doch die Zeit des Gastmahls ist da. Nichts Wichtigeres stünde an, als der Einladung auf der Stelle zu folgen.

Jeglicher Eschatologie, jeglicher Erwartung einer ganz anderen, mit der Gegenwart nicht kompatiblen Zukunft wird mit der überraschenden Einladung: „Kommt, denn es ist schon bereit!" der Boden entzogen[155]. Die Zeit des wahren, des wahrhaftigen Lebens, des Lebens „an der Tafel des Gastmahls", der Existenz im „Reich Gottes" kommt nicht erst, liegt nicht in der Zukunft; diese Zeit ist vielmehr da. Es ist „Jetzt-Zeit". Immer ist „Jetzt-Zeit". Das Festmahl steht bereit, immer schon und eben auch in diesem Augenblick.

Aber nun beginnen die Eingeladenen samt und sonders – die Wörter „alle" und „ohne Ausnahme" betonen dies mit Nachdruck – sich zu entschuldigen. Sie bringen drei Gründe vor, die stellvertretend auch für die Entschuldigungen aller sonst noch Eingeladenen stehen, wobei sich die beiden ersten ähneln. Ihre inhaltliche Übereinstimmung wird durch Textstruktur und Wortwahl noch unterstrichen: Der erste Satz berichtet von einem Kauf und der zweite, durch „und" unmittelbar mit ihm verbundene nennt die sich daraus ergebende dringende Verpflichtung (beide Male werden Verben der Bewegung verwendet, beide Male geht es darum, das Gekaufte in Augenschein zu nehmen); die Formulierung der Entschuldigung ist identisch. Beide Male ist es der Erwerb von Eigentum (Ackerland bzw. Vieh, Grundbesitz bzw. Produktionsmittel), der sie daran hindert, die Einladung anzunehmen. Einen ganz anderen Grund nennt der Dritte: Er kann nicht kommen, weil er geheiratet hat.

Benannt, ja geradezu auf den Punkt gebracht werden somit bestimmte Lebenszusammenhänge, die eben als solche der Teilnahme am Festmahl wie eine unüberbrückbare Barriere im Wege stehen: Besitzerwerb, worauf das Schwergewicht liegt – dafür sprechen sowohl der Umfang als auch die Doppelung –, und Eheschließung. Sie halten die zum Festmahl eingeladenen Menschen derart fest und

---

[155] Völlig aus der Luft gegriffen bzw. von einem übermächtigen Vorverständnis diktiert ist die Aussageabsicht, die Paul-Gerhard Müller Jesus unterstellt: „Jesus antwortet (den Pharisäern und Schriftgelehrten; C.P.) mit dem Festmahlsgleichnis, das den Anwesenden deutlich macht, dass sie durch ihre Haltung gerade dabei sind, die Einladung zum himmlischen Mahl im Gottesreich bei der Totenauferweckung auszuschlagen." (Lukas-Evangelium, SKK-NT 3, Verlag Katholisches Bibelwerk GmbH, Stuttgart 2001[7], 133)

gefangen, dass sie sich nicht in der Lage sehen, der Einladung zu folgen. Sie können sich nicht überwinden, am Festmahl teilzunehmen, es bleibt ihnen verschlossen, obwohl der Tisch für sie gedeckt ist. Es klingt wie ein tragisches Verhängnis, als ob Menschen geradezu die Bestimmung ihres Lebens verfehlen. Aber es werden Gründe genannt: Sie haben sich durch ihren Besitz, durch die Macht ihres Privatlebens von der Welt separiert. Die Offenheit ihr gegenüber ist ihnen verlorengegangen ist. Sie sind aus dem „Reich-Gottes"-Zusammenhang herausgefallen und finden nicht wieder in ihn hinein.

Andere Menschen treten jetzt an ihre Stelle: die Armen. Nach der Rückkehr und dem Bericht des Dieners wird der Hausherr zornig. Selbstverständlich hatte er erwartet, dass die Eingeladenen keinen Moment zögern würden zu kommen. Aber nach den Absagen fasst er einen neuen Entschluss: Da das Mahl bereit steht, jedoch keiner der zuerst Eingeladenen erschienen ist, soll der Diener schnell auf die Plätze und Straßen der Stadt hinausgehen und die Armen mitbringen. Sie, allein die Armen, die damit nicht im Traum gerechnet hatten, werden jetzt zum Fest eingeladen – und nehmen die Einladung selbstredend an, es muss gar nicht mehr eigens gesagt werden[156]. Der Grund liegt offensichtlich in der Affinität ihrer Lebensweise mit dem, wofür das große Gastmahl steht: dem Fest der Verbundenheit mit der Welt als dem „Reich Gottes". Jederzeit vollzieht sich ihre Existenz im „Reich Gottes", die der Reichen nie.

Die Kinder – unsere Lehrmeister im „Reich Gottes"
Der Zuspruch des Reiches Gottes an die Kinder (Markus 10,14b-15)

Neben den Armen, die wie selbstverständlich, davon ist auszugehen, an dem ursprünglich gar nicht für sie gedeckten Tisch des Festmahls Platz nehmen, wird in den synoptischen Evangelien noch einer zweiten Gruppe von Menschen das „Reich Gottes" unmittelbar zugesprochen, nämlich den Kindern.

---

[156] Treffend formuliert Papst Franziskus im Apostolischem Schreiben „Evangelii Gaudium" vom 24. November 2013 (einmal unterstellt, auch er verstehe unter dem „Armen" den einfach, also richtig lebenden Menschen): „Der Arme wird, wenn er geliebt wird, »hochgeschätzt«, und das unterscheidet die authentische Option für die Armen von jeder Ideologie, von jeglicher Absicht, die Armen zugunsten persönlicher oder politischer Interessen zu gebrauchen. Nur das macht es möglich, »dass sich die Armen in jeder christlichen Gemeinde wie ‚zu Hause' fühlen. Wäre dieser Stil nicht die großartigste und wirkungsvollste Vorstellung der Frohen Botschaft vom Reich Gottes?«." (Nr. 199)

...solcher (der Kinder) ist das Reich Gottes.
Amen, ich sage euch:
Wer das Reich Gottes nicht annimmt wie ein Kind,
der kommt nicht hinein.

Bei dem erzählenden Kontext dürfte es sich um eine nachträgliche Rahmung handeln.

Kinder haben teil am „Reich Gottes" – hier und jetzt[157] –, und zwar wegen ihres Kindseins, weil sie Kinder sind und in der Weise, wie sie es sind. Noch ganz unverfälscht haben sie teil am Leben und der Welt. Sie sind der Welt als dem „Reich Gottes" noch nicht entfremdet und damit die Lehrmeister der Erwachsenen[158]. Es gälte, dass diese so selbstverständlich wie die Kinder ihre Verbundenheit mit der Welt einfach lebten und als Glück zu genießen vermöchten.

Es ist äußerst beachtenswert, dass den angesprochenen Erwachsenen ausgerechnet das Kind als Beispiel und geradezu als Vorbild vor Augen geführt wird[159]. Um wieder (die Erwachsenen sind ja auch einmal Kinder gewesen) in Kontakt mit dem „Reich Gottes" zu kommen, ist es hilfreich, ja geradezu unerlässlich, das Lebens- und Weltgefühl eines Kindes wieder in sich wachzurufen. Dann aber, wenn man die Welt wieder so empfindet wie ein Kind, nämlich wie den selbstverständlichen Lebensraum, in dem man sich bewegt, öffnet sich die Welt, in der man lebt, zum „Reich Gottes".

---

[157] Joachim Gnilka erkennt zwar den außergewöhnlichen Charakter dieses Jesusworts, kann sich aber von der futurischen Vorstellung der Basileia nicht wirklich lösen: „Die einzigartige Formulierung vom Annehmen des Reiches Gottes legt es nahe, dieses Reich hier als eine präsentische Größe anzusehen. Man geht zwar in das zukünftige Reich ein, aber seine Annahme geht dem offenbar voraus. Die Basileia ist auch schon Gegenwart. Markus hat diesen Gegenwartsbezug christologisch verstanden..." (Das Evangelium nach Markus. 2. Teilband. Mk 8,27-16,20, EKK II/2, Benziger Verlag, Neukirchener Verlag, Zürich/Einsiedeln/Köln/Neukirchen-Vluyn 1979, 81).
[158] Hermann Häring beklagt in seinem Aufsatz „Vom Mühlstein um den Hals", erschienen in der Zeitschrift Querblick Nr. 22 vom Mai 2010, dass die Kinder in der katholischen Kirche „immer noch nicht zu normsetzenden Subjekten des gegenwärtigen Gottesreichs geworden" sind.
[159] Auf Kinder sah man in der damaligen Zeit eher herab: „Taubstumme, Schwachsinnige, Minderjährige" wurden häufig in einem Atemzug genannt, wobei oft auch noch weitere ähnlich geringgeschätzte Personengruppen in die Aufzählung einbezogen wurden (vgl. Joachim Jeremias a.a.O. [vgl. Anm. 140] 218f.).

Einzig den Armen (denen, die einfach leben) und den Kindern wird das „Reich Gottes" unmittelbar zugesprochen. Sie haben, eben als solche, daran teil[160]. Wie dies in Bezug auf die Kinder gemeint und zu verstehen sein könnte, soll aus philosophischer und entwicklungs- bzw. kinderpsychologischer Sicht hier noch etwas näher beleuchtet werden.

Zu einem tieferen Verständnis könnten vielleicht folgende Sätze des Philosophen Maurice Merleau-Ponty (1908-1961) verhelfen. Das Kind, so Merleau-Ponty, lebt noch ganz in einer dem Bewusstsein vorgelagerten, unmittelbar mit seiner eigenen Existenz verbundenen, nicht-objektivierten, nicht-konstituierten Welt. „Das Kind lebt in einer Welt, die es in eins allen es Umgebenden zugänglich glaubt, es hat weder von sich noch von den Anderen ein Bewusstsein als privaten Subjektivitäten". Und dann: „Das Kind muss in gewisser Weise gegen die Erwachsenen (...) Recht behalten", „das barbarische Denken des frühen Kindesalters (muss), soll es für den Erwachsenen auch eine einzige intersubjektive Welt geben, als unentbehrlicher Erwerb auch dem des Erwachsenen zugrundeliegen bleiben". Nie könnten wir unsere Subjektivität überwinden, ein Bewusstsein könnte „die fremde Gegenwart nicht einmal ahnen (...), wäre nicht ein gemeinsamer Boden je schon da und erinnerte sich nicht jedes Bewusstsein der friedlichen Koexistenz in der Welt des Kindes"[161]. Zugang zu der uns allen gemeinsamen Welt, zum Anderen nicht als dem Fremden und Konkurrenten, sondern als dem „Bruder", der „Schwester" gewährte uns Erwachsenen allein die Erinnerung und Reaktivierung einer Wahrnehmung der Welt, die uns allesamt als Kinder noch eigen war. „Wer das Reich Gottes nicht annimmt wie ein Kind, der kommt nicht hinein."

Wie stellt sich die Existenzweise des Kindes im „Reich Gottes" dar und wie kann es geschehen, dass sie einem Menschen abhandenkommt? „Hinlänglich bekannt ist ein Experiment mit Kleinkindern, welche ihrem Gegenüber ganz selbstverständlich beim Aufheben eines heruntergefallenen Gegenstands behilflich sind (...). Erhalten die Kinder aber nach jeder Hilfeleistung eine Spielzeugbelohnung, helfen sie schon bald nur noch, wenn die Belohnung in Aussicht steht."[162]
Im „Reich Gottes" bewegen sich und agieren Kinder „ganz selbstverständlich" in jener gemeinsamen Welt, auf jenem gemeinsamen Boden einer friedlichen

---

[160] Hätte die Gewalt gegen Kinder solche Dimensionen annehmen können, wäre sie nicht vielmehr eingedämmt oder gar von Grund auf delegitimiert worden, wenn dieses Wort mit seiner religiös-basileiologischen Begründung in der christlichen Tradition den hohen Rang eingenommen hätte, der ihm gebührt?

[161] Maurice Merleau-Ponty, Phänomenologie der Wahrnehmung. Aus dem Französischen übersetzt und eingeführt durch eine Vorrede von Rudolf Boehm, Verlag Walter de Gruyter, Berlin 1966[6], 406f.

[162] Klaus Simon, Zwickmühle Kapitalismus. Auswüchse und Auswege, Tectum Verlag, Marburg 2014, 223, unter Berufung auf Friederike Habermann, Wir werden nicht als Egoisten geboren, in: Silke Helfrichs und Heinrich-Böll-Stiftung (Hrsg.), Commons, transcript Verlag, Bielefeld 2012, 39.

Koexistenz, auf die Merleau-Ponty verweist. Sie spüren intuitiv, aus ihrer noch ungebrochenen Weltverbundenheit heraus, was diesem „Medium Welt", in dem sie „schwimmen wie ein Fisch im Wasser", in jedem Augenblick entspricht und gemäß ist und führen es aus – unmittelbar und absichtslos. Die Angemessenheit, ja die Schönheit ihres Verhaltens deckt auf, weshalb man dieses „Medium Welt" als etwas Heiliges, ja Göttliches empfinden kann („Reich *Gottes*").

Sobald aber ihr Verhalten bewertet, objektiviert, als ein Geschehen betrachtet wird, das sich auch nicht ereignen oder auch ganz anders aussehen könnte (etwa, dass der heruntergefallene Gegenstand nicht zurückgereicht, sondern absichtlich noch weiter von seinem „Besitzer" entfernt oder ihm gar weggenommen wird), eventuell auch aus der Sorge heraus, dass das bislang selbstverständliche Verhalten des Kleinkindes irgendwann abbrechen könnte und deshalb durch die Belohnung „rechtzeitig" verstetigt werden soll, zerbricht die Weltverbundenheit, beginnt eine entfremdete und entfremdende Existenz: Sie ist jetzt nicht mehr auf die Welt, auf das „Reich Gottes" gerichtet, sondern wurde auf den eigenen Vorteil konditioniert. Lob und Tadel, Belohnung und Bestrafung lösten demnach den Menschen (das Kind) aus seinem „Reich-Gottes"-Kontext bzw. hielten, sofern dies schon längst geschehen ist, jene entfremdete Existenzweise weiterhin aufrecht.

Schließlich noch eine zunächst erstaunliche, im Horizont des „Reich-Gottes"-Gedankens aber sogleich ganz und gar einleuchtende Beobachtung: Die Philosophin und Journalistin Hilal Sezgin hat darauf aufmerksam gemacht, dass in Kinderbüchern völlig wirklichkeitsfremd von Tieren und deren Kindheit erzählt wird[163]. „An Ostern dürfen die kleinen Lämmchen dann zum ersten Mal mit Mama und der Herde nach draußen auf die Weide", heißt es da (in Wirklichkeit wird das „Osterlamm" schon wenige Monate nach seiner Geburt geschlachtet). „Sobald seine Federn getrocknet sind, läuft das Küken eifrig seiner Mama hinterher und will die Welt erkunden." (In Wirklichkeit entstammen fast all unsere Hühner Hochleistungsbrütereien mit Kunstlicht; eine Mama, der sie hinterherlaufen können, haben sie nicht.) Auch das Kälbchen tollt keineswegs „übermütig mit andern Kälbchen auf der Weide herum und kommt immer seltener zum Trinken an Mamas Euter" (tatsächlich gehört Mamas Euter heute der Melkmaschine, und die Kälbchen werden gleich nach der Geburt von ihren Müttern getrennt).

Man könnte natürlich sogleich heftige Kritik an diesen beschönigenden Kinderbüchern üben: Sie vermitteln doch eine reine Scheinwelt. Könnte der Grund einer solchen „wirklichkeitsfremden" Schilderung aber nicht darin bestehen, dass es Kinderbücher über Schlachthöfe und Legebatterien einfach deswegen nicht geben kann, weil diese der Welt der Kinder, eben der „Reich-Gottes"-Welt, in der sie existieren, einfach nicht vermittelbar wären, dass so etwas einfach nicht „kindertauglich" ist? Die selbstverständliche Freude an der Beobachtung der

---

[163] Ich beziehe mich auf ihren in der Reihe „Unter Tieren" in der Frankfurter Rundschau vom 5. April 2011 erschienenen Artikel „Milchlämmchens Traum".

Tiere in ihren natürlichen Lebensräumen, die selbstverständliche Wahrnehmung des den Tieren gemäßen und gleichwohl den Menschen berührenden Verhaltens würde die Heiligkeit, ja das wahrhaft Göttliche einer solchen, zumindest den Kindern ursprünglich einzig möglichen, aber natürlich auch allen Erwachsenen zutiefst entsprechenden Existenzweise ja gerade ausmachen.

„Und in seiner Freude ging er hin..."
Das Gleichnis vom Schatz im Acker (Matthäus 13,44)

Ein Kind gehört dem „Reich Gottes" an, einfach weil es und wie es ein Kind ist. Ähnliches gilt für die, die nicht mehr besitzen, als sie brauchen. Sie haben, wegen ihrer Einfachheit, weil sie es sich mit dem Genug genug sein lassen und lassen wollen, am „Reich Gottes" teil. Man gelangt offenbar in das „Reich Gottes" hinein beziehungsweise findet sich in ihm wieder, wenn der eigene Lebensstil mit der Welt, in der man lebt, abgestimmt ist, mit ihr zusammenklingt. Und wer, sozusagen noch als ein Fremdling, auf die „Reich-Gottes"-Welt stößt wie auf seine eigentliche Heimat, in der er sich ganz und gar zu Hause fühlen würde, der setzt natürlich alles daran, in sie hineinzugelangen und in ihr zu bleiben. Davon erzählt das Gleichnis vom Schatz im Acker:

> Mit dem Reich Gottes ist es wie mit einem Schatz, der in einem Acker verborgen war. Ein Mensch fand ihn und verbarg ihn wieder. Und in seiner Freude geht er hin, verkauft alles, was er besitzt, und kauft jenen Acker.

Ein gewisses moralisches Problem sei gleich zu Beginn angesprochen und möglichst ausgeräumt: Der, der den Schatz gefunden hat, erwirbt den Acker, ohne den Besitzer über den Schatz zu informieren – noch dazu, weil der Schatz ja der eigentliche Grund für den Erwerb des Ackers ist. Entweder wird diese Schwierigkeit bewusst in Kauf genommen, damit die eigentliche Aussage des Gleichnisses nicht durch lange Erklärungen oder eine komplizierte Handlung an Klarheit verliert, oder der Hörer hatte hier kein Problem, weil nach damaligem Recht und Brauch derjenige, der einen Schatz gefunden hatte, berechtigt war, ihn an sich zu nehmen und zu behalten. –

Die Welt als heilig, als göttlich, als „Reich Gottes" wahrzunehmen, damit gewissermaßen ans Ziel all seiner Wünsche gekommen zu sein, endlich „Heimatboden" unter den Füßen zu spüren, das ist so, als ob man einen in einem Acker verborgenen Schatz entdeckt: Plötzlich liegt er einem zu Füßen. Voller Freude gibt man dafür die nun als überholt erkannte bisherige Sicht- und Existenzweise auf und taucht voll und ganz in dieses völlig Neue und dennoch sofort als ungemein wertvoll Erlebte ein. Es gilt, wirklich alles loszulassen. Nur so, ohne Rückhalt, kann das Neue erfahrbar werden. Das aber geschieht ganz selbstverständlich und „in Freude". Es ist nicht nur Ausdruck des großen Glücks, die Welt als „Reich Gottes" ent-deckt zu haben, sondern zeigt gleichzeitig auf, dass man dieses Schatzes immer nur im Zuge einer auf ihn bezogenen Lebensweise „teilhaftig" werden kann.

Bemerkenswert ist noch der Wechsel der Erzählzeit: Der letzte Teil steht nicht mehr in der Vergangenheit, sondern in der Gegenwart. Dadurch erhält gerade der Schluss des Gleichnisses eine große Dynamik: Als ob das, was erzählt wird, immer noch und immer wieder geschieht.

Das auf das Gleichnis vom Schatz im Acker folgende Gleichnis von der Perle (Matthäus 13,45f.) spielt in einem ganz anderen, „gehobenen" Milieu. Es setzt nicht mit dem Schatz ein, sondern mit dem „Kaufmann, der schöne Perlen suchte". Die Entdeckung der „einen überaus wertvollen Perle" ist deshalb hier auch keine wirkliche Überraschung, die etwas völlig Neues eröffnet, sondern der Erfolg emsigen Suchens (dies ist wohl auch der Grund dafür, dass die „Freude" über die Entdeckung keine Erwähnung mehr findet). Viel spricht für die Annahme, dass es sich um eine nachträgliche, die ursprüngliche Aussageabsicht schon nicht mehr wirklich bewahrende „Verdoppelung" des ursprünglichen Gleichnisses vom Schatz im Acker handelt.

„...dann hat euch doch das Reich Gottes erreicht"
Vom Austreiben der Dämonen (Matthäus 12,28 / Lukas 11,20)

Den Armen und den Kindern wird das „Reich Gottes" unmittelbar zugesprochen. Wer reich ist oder durch familiäre Beziehungen gefesselt, findet nicht hinein. Die Einladung jedoch ist ausgesprochen, das „Festmahl" steht bereit, es wartet auf die Gäste, alles kommt darauf an teilzunehmen, dabei zu sein. Es könnte gelingen, wenn man die Weltverbundenheit der Kinder bzw. der eigenen Kindheit wiedergewinnt. Manchmal trifft man auf das „Reich Gottes" auch wie auf einen überraschend entdeckten und vom ersten Moment an als ungemein wertvoll erkannten Schatz. Es kann aber auch geschehen, dass der Schatz des „Reiches Gottes" mit einem Mal offen zutage tritt. Es ereignen sich Dinge, die eigentlich unübersehbar sind, man erfährt sie vielleicht sogar am eigenen Leibe: Als ob Mauern einstürzen, als ob Barrieren zerbrechen, als ob sich Entfremdungen lösen, das Blickfeld plötzlich frei ist. Kann man sich in solchen Momenten dem „Reich-Gottes"-Charakter der Welt überhaupt noch entziehen? Davon handelt folgendes, ebenfalls einer sehr alten Überlieferungsschicht zuzurechnendes Wort:

> Wenn ich mit dem Finger Gottes die Dämonen austreibe,
> dann hat euch doch das Reich Gottes erreicht.

Die ‚lukanische' Wendung „mit dem Finger Gottes" macht gegenüber dem ‚matthäischen' „im Geist Gottes" den ursprünglicheren Eindruck.

Alles kommt auch hier darauf an, dass die Menschen es zu realisieren vermögen: Das „Reich Gottes" hat sie tatsächlich erreicht[164]. Es kommt nicht erst noch, sondern es ist wirklich da. Das, was sie beobachten oder selber erfahren, ist doch ein überaus starkes Indiz. Der, der vor ihnen steht und zu ihnen spricht, treibt mit dem

---

[164] „Das hier mit ‚erreichen' übersetzte Verb heißt klassisch ‚zuvorkommen', ‚vorraussein', im neutestamentlichen Griechisch und in der Septuaginta auch ‚ankommen', ‚erreichen', ‚hingelangen zu', ‚sich erstrecken bis'. Sein Proprium ist, dass das Ziel erreicht ist, also nicht: nur beinahe erreicht ist. Wenn das Subjekt ein Raumbegriff ist, der sich nicht bewegen kann, könnte man es auch mit ‚sich erstrecken bis' wiedergeben." (Ulrich Luz, Das Evangelium nach Matthäus. 2. Teilband: Mt 8-17, EKK I/2, Benziger Verlag, Neukirchener Verlag, Zürich/Einsiedeln/Köln/ Neukirchen-Vluyn 1990, 260 Anm. 64)

Finger Gottes[165] die Dämonen aus. Die Kraft, durch die sie vertrieben werden, ist eine „göttliche" Energie. Mit den „Dämonen" können hier nur Mächte gemeint sein, die die Annahme der Präsenz des „Reiches Gottes" nicht nur in Frage, sondern in Abrede stellen. Die Angesprochenen aber erfahren – überraschend vielleicht, unerwartet, aber unübersehbar –, dass sie ihre Macht verlieren. Also: Das „Reich Gottes" ist da!

Wer verbirgt sich hinter dem Sprecher, hinter dem „Ich"? Hier ist die Frage des Subjekts der Rede zum ersten Mal tatsächlich von Belang. Der Wahrheitsgehalt und die Überzeugungskraft seiner Aussage hängen hier ja direkt von dem konkreten Handeln dieses Menschen ab. Die „Dämonen" müssen vor dem Charisma dessen weichen, der in der Kraft des „Reiches Gottes" auftritt und damit geradezu exorzistische Wirkungen erzielt. Es muss ein bestimmter Mensch sein, dem aufgrund seiner Existenz in der „Gotteswelt" („Reich Gottes") eine „göttliche" Kraft zuwächst („...mit dem Finger Gottes"). Dem Kontext zufolge ist es Jesus von Nazaret, der darauf verweist, dass er es ist, der „mit dem Finger Gottes" jene der Erfahrung der Gegenwart des „Reiches Gottes" entgegenstehenden, ja sie in Abrede stellenden „Dämonen" vertreibt. Das aber hieße, dass seine gesamte Lebensintention darin bestanden haben muss, den Menschen die Erfahrung ihrer Teilhabe am „Reich Gottes" zu ermöglichen. Auf ihn gingen dann auch diejenigen Worte zurück, die wir bisher schon gleichsam auf dem Urgrund des Neuen Testaments freigelegt haben. Sie wären ihm nicht erst später, wie so viele andere, in den Mund gelegt worden.

In geradezu göttlicher Vollmacht treibt Jesus die Dämonen aus. Dass dergleichen nur und ausschließlich durch Jesus selbst geschehen kann, lässt sich aus diesem Vers allerdings nicht herauslesen[166]. Im Gegenteil: Nichts steht der Annahme entgegen, dass ähnliche Wirkungen von jedem Menschen ausgehen könnten, der, wie Jesus, in der „Reich-Gottes"-Welt zu Hause ist.

„Dämonen", sich machtvoll gebärdende, jedoch zutiefst entfremdende Zusammenhänge haben keine Chance mehr. Wer solches erlebt, ist damit unmittelbar in

---

[165] Vielleicht eine Anspielung auf 2. Mose 8,15, wo erzählt wird, dass die ägyptischen Zauberer die Überlegenheit des Mose mit den Worten anerkennen: „Das ist der Finger Gottes."

[166] Das gilt selbst dann, wenn, was sonst im Griechischen nicht üblich ist, das in Lukas 11,20 eigens genannte Personalpronomen „ich" ursprünglich sein sollte. Allerdings wird es nicht von allen alten und wichtigen Textzeugen überliefert, könnte also womöglich doch erst später eingefügt worden sein, um, der Tendenz in nachjesuanischer Zeit entsprechend, die Bedeutung der Person Jesu selbst stärker hervorzuheben.

den „Reich-Gottes"-Zusammenhang hineingelangt. Im Grunde kann er sich ihm nicht mehr entziehen.

„Ich sah den Satan wie einen Blitz vom Himmel fallen"
Vom Satanssturz (Lukas 10,18)

Jesus selbst muss zu der tiefen Überzeugung gelangt sein, dass prinzipiell keine Macht der Welt den Zugang zum „Reich Gottes" verstellen oder verhindern kann. Entweder schildert er ein eigenes visionäres Erlebnis oder er bedient sich lediglich visionärer bzw. mythologischer Metaphorik, wenn er verkündet:

Ich sah den Satan wie einen Blitz vom Himmel fallen.

Jedenfalls ist er sich absolut sicher, dass der „Reich-Gottes"-Charakter der Welt durch keine ihm entgegengesetzte Kraft konterkariert werden kann. Die Feststellung, dass der Satan bereits aus dem Himmel gestürzt sei, ist singulär. Sowohl im zeitgenössischen Judentum als auch später in der frühen Kirche war der Sieg über ihn bzw. seine Unterwerfung ein Ereignis, das man erst in der Zukunft erwartete (so Paulus in Römer 16,20; vgl. auch Apokalypse 12,7-9)[167].

---

[167] „Für die Authentizität dieses Logions spricht seine Querständigkeit zur urchristlichen Überzeugung, wonach der Sieg über den Satan erst durch Kreuz und Auferweckung Jesu erfolgt sei (Joh 12,31; 16,11; Offb 12,5). In ihm kommt jedoch gerade die Gewissheit Jesu zum Ausdruck, die entscheidende Wende, nämlich den Satanssturz aus den Himmeln, bereits im Rücken zu haben." (Jürgen Roloff, Jesus, Verlag C.H.Beck, München 2007[4], 73) Doch Roloff kehrt sehr schnell zur alten theologischen Tagesordnung zurück. Er verstellt die „Querständigkeit" des Logions gleich wieder, wenn er zwar zugesteht, dass es die Gottesherrschaft „in ein anderes Licht" rückt (ebd.), dann aber doch wieder auf ihrem grundsätzlich zukünftigen Charakter insistiert. So heißt es praktisch im unmittelbaren Anschluss an obige Exegese: „Sie [die Gegenwart; C.P.] ist (…) offen für die Herrschaft Gottes und bietet ihr Raum für ihr Wachstum und ihre Entfaltung *auf Zukunft hin*". „Jesus sah seinen Auftrag darin, den Menschen die Möglichkeit zu geben, jetzt schon die *andringende* heilvolle *Nähe* der Gottesherrschaft zu erfahren und sich durch sie verändern zu lassen." „In seiner Person griff die Gottesherrschaft, *Zukunft vorwegnehmend*, bereits in die Gegenwart ein." (74; Hervorhebungen von mir, C.P.)

„Siehe, das Reich Gottes ist mitten unter euch"
Von der Präsenz des Reiches Gottes (Lukas 17,20b-21)

Nicht der Satan, nicht das Böse beherrscht die Welt, im Gegenteil: die „Dämonen" weichen, wenn das „Reich Gottes" wirksam wird. Das „Reich Gottes" ist das Fluidum, in dem Menschen sich bewegen sollen wie ein Vogel in der Luft, wie ein Fisch im Wasser. Menschen gehören in das „Reich Gottes" hinein, „beleben" es gleichsam wie die Vögel die Lüfte, wie die Fische die Meere, es ist „ihr Element". Man kann es deshalb nicht von außen beobachten oder sein Dasein objektivierend konstatieren. Dafür möchten die folgenden Worte Menschen sensibilisieren, die bisher von anderen Voraussetzungen ausgegangen sind:

> Das Reich Gottes kommt nicht so, dass man es beobachten
> könnte;
> man wird auch nicht sagen: siehe, hier! oder: dort!
> Denn siehe, das Reich Gottes ist mitten unter euch.

Das hohe Alter dieser Überlieferung[168] macht allein schon die Beobachtung wahrscheinlich, dass die Eindeutigkeit ihrer entscheidenden Aussage, nämlich dass das „Reich Gottes" da, dass es Gegenwart ist, bereits im Neuen Testament selbst beinahe wie ein Fremdkörper wirkt. Weithin bleibt es dort bei dem Vorverständnis, obgleich dieses hier gerade korrigiert wird, dass das „Reich Gottes" prinzipiell eine zukünftige Größe sei.

---

[168] Für Rudolf Bultmann erfüllt diese Perikope in geradezu klassischer Weise die beiden wichtigsten Kriterien, die ihre Echtheit, also ihren jesuanischen Ursprung, zumindest sehr wahrscheinlich machen. „Die erste grundlegende Beobachtung ist die, dass *jüdisches Gut von der christlichen Tradition übernommen und Jesus in den Mund gelegt ist.*" (A.a.O. [vgl. Anm. 138], 132, Hervorhebung im Original) Das ist in Lukas 17,21 und anderen Jesusworten jedoch nicht der Fall: „mit ihrer Ablehnung der apokalyptischen Berechnung heben sie sich von den typischen Endweissagungen und Mahnungen ab, so dass jüdischer Ursprung für sie wenig wahrscheinlich ist." (Ebd. 133) Ein zweites Echtheitskriterium sei der fehlende Bezug auf die Person Jesu und die frühe christliche Gemeinde: Die „Frage nach der Möglichkeit christlichen Ursprungs (…) wird umsomehr zu verneinen sein, je weniger die Beziehung auf die Person Jesu und auf die Geschicke und Interessen der Gemeinde wahrzunehmen sind" (ebd. 135). Auch dieses Echtheitskriterium wird für Bultmann u.a. in Lukas 17,21 erfüllt (ebd.). Er hält Lukas 17,20f. mit Ausnahme der sekundären Einkleidung denn auch für ein echtes Jesuswort (ebd. 24.128).

Und viele Exegeten schließen sich diesen, die neutestamentliche Tradition beherrschenden Stimmen an – selbst gegen den hier wieder ganz eindeutigen Wortlaut. So betont Joachim Jeremias zwar zu Recht, dass die Bedeutung „inwendig in euch", wie Martin Luther übersetzt[169] und damit bis heute dem weitverbreiteten fatalen Missverständnis Vorschub geleistet hat, dass das „Reich Gottes" lediglich eine spirituelle Größe sei, „mit Sicherheit ausgeschieden werden (kann). Nirgendwo im antiken Judentum noch sonst im Neuen Testament finden wir die Vorstellung, dass die Königsherrschaft Gottes inwendig im Menschen, etwas im Herzen Befindliches sei; ein solches spiritualistisches Verständnis ist sowohl für Jesus als auch für die urchristliche Überlieferung ausgeschlossen."[170] Doch versucht Jeremias auf geradezu abenteuerliche Weise die hier ja gerade entscheidende, ganz zentrale Aussage von der Präsenz des „Reiches Gottes" gegen den wiederum klaren Textsinn abzuwehren. Das beginnt schon damit, dass er mit der durch nichts begründeten These ansetzt, die „Aussage, dass ‚die Königsherrschaft in eurer Mitte' ist", könne gegenwärtig „oder aber zukünftig" gedacht sein. Aus den folgenden Versen 23f., die von den Versen 20f. jedoch klar abgesetzt sind, folgert er sodann, dass „das ἐστίν [„es ist"; C.P.] in V. 21b in die gleiche zeitliche Sphäre (gehört) wie das ἔσται [„es wird sein"; C.P.] in V. 24. (...) V. 21b muss mithin wie V. 24 eschatologisch verstanden und übersetzt werden: »...wird (plötzlich) in eurer Mitte sein. «"[171]

Schon Rudolf Bultmann verkannte den eindeutig präsentischen Charakter der Aussage Jesu vollkommen und erweist sich darin ebenfalls als befangen in jahrhundertealter, von der nachjesuanisch-paulinischen Eschatologie bestimmter Tradition, die das Zentrum der Botschaft Jesu, die Präsenz des „Reiches Gottes", nie in den Blick bekommen hat. Er fasst die Aussageintention mit den Worten zusammen: „wenn das Reich Gottes kommt, wird man nicht mehr fragen und suchen, sondern mit einem Schlage ist es inmitten der Toren da, die noch sein Kommen berechnen wollten"[172]. Nicht wie für Jesus liegt für ihn der Ton auf der Präsenz des „Reiches Gottes", vielmehr vermutet er ihn in der Plötzlichkeit, dem Überraschungseffekt, mit dem das „Reich Gottes" unberechenbar und unerwartet Realität

---

[169] „Das Reich Gottes kommt nicht mit äußerlichen Gebärden (...) Denn sehet, das Reich Gottes ist inwendig in euch". Erst mit der Revision der Lutherbibel von 1956 wurde dieses Missverständnis korrigiert.
[170] Joachim Jeremias a.a.O. (vgl. Anm. 140) 104.
[171] Ebd. 104.
[172] A.a.O. (vgl. Anm. 138) 128.

werden wird, wovon allerdings in Lukas 17,21 gar nicht die Rede ist. Dort wird eben gerade nicht futurisch, sondern ganz im Gegenteil und mit Bultmanns Exegese unvereinbar präsentisch formuliert[173].

Der in der Tat zunächst, vor allem vor dem Hintergrund des neutestamentlichen „Mainstreams", befremdlich erscheinenden, höchst überraschenden Intention Jesu wesentlich näher kommt die Interpretation des irisch-amerikanischen Neutestamentlers John Dominic Crossan: „Die apokalyptische Eschatologie erwartet das Reich Gottes als Folge eines kommenden kataklysmischen [die ganze Welt überschwemmenden; C.P.] Ereignisses, mit dem Gott die in Sünden gealterte Welt reinigen und Gerechtigkeit, Frieden und Heiligkeit wiederherstellen wird. Gott wird zu einer bestimmten Zeit handeln (bald) und an einem bestimmten Ort (hier). Jesu Vision und Programm dagegen machen deutlich, dass das Reich Gottes überall zugänglich ist für jeden, der bereit ist, sich auf den von ihm gelehrten radikalen Egalitarismus [die vollkommene Gleichheit in der menschlichen Gesellschaft; C.P.] einzulassen. Jesus verkündet also das Reich Gottes nicht als bevorstehendes Ereignis, sondern als jederzeit gegebene Möglichkeit." [174]

Doch das „Reich Gottes" ist für Jesus ganz offensichtlich nicht nur eine Möglichkeit, sondern eine „Realität". Es ist – längst – Gegenwart. Das „Reich Gottes" kommt nicht erst (die zweite Vaterunser-Bitte – „Dein Reich komme" – wäre damit unvereinbar), es ist auch nicht erst zu errichten (es ginge nicht um eine mögliche andere Welt, sondern um diese Welt, in der wir leben). Eindeutig und uneingeschränkt lautet der entscheidende Satz: „Siehe, das Reich Gottes ist mitten unter euch!" Wie also ist das *entòs hymōn*, das „Mitten unter euch" zu verstehen?

Den entscheidenden Hinweis gibt Jesus im ersten Teil seiner Rede: „Das Reich Gottes kommt nicht so, dass man es beobachten könnte; man wird auch nicht sagen: siehe, hier! oder: dort." Das „Reich Gottes" ist keine objektiv wahrnehmbare, „vorzeigbare" Größe, auf die man gleichsam mit dem Finger deuten könnte. „Reich Gottes" ist kein Qualitätsbegriff. Es meint nicht so etwas wie eine optimale, vollkommene Welt. Niemals hätten Jesus noch irgendjemand sonst den da-

---

[173] Auch die Ineinssetzung des „Reiches Gottes" mit der Person Jesu ist völlig spekulativ, die Interpretation also, dass das „Reich Gottes" mit der Gestalt Jesu und nur in ihr seinerzeit inmitten der Menschen präsent gewesen sei. Seit Origenes ist unser Text immer wieder im Sinn einer solchen „Autobasileia" Jesu missverstanden worden.
[174] John Dominic Crossan, Was Jesus wirklich lehrte. Die authentischen Worte des historischen Jesus. Aus dem Englischen von Peter Hahlbrock, Verlag C. H. Beck, München 1997, 170.

maligen gesellschaftlichen Verhältnissen das Prädikat „Reich Gottes" zugesprochen. Das aber heißt, dass die Erfahrung der Präsenz des „Reiches Gottes" nicht vom Zustand der Welt abhängig sein kann.

Jesus definiert das „Reich Gottes" mit seiner durch ein „siehe" eingeleiteten und damit einerseits besonders hervorgehobenen, andererseits aber auch die zitierten gängigen Vorstellungen unterlaufenden Aussage auch nicht. Er gibt gerade keine objektive Auskunft, sondern spricht vom „Reich Gottes" als einer Größe, die in enger, unauflöslicher Beziehung zu den Menschen steht, an die er sich wendet. Das aber heißt: Das mit „Reich Gottes" Gemeinte enthüllt sich nur, wenn Menschen sich ihm öffnen, wenn sie das „Mitten unter euch" verspüren, wenn ihnen aufgeht: Immer schon befinden und bewegen wir uns mitten im „Reich Gottes"; in ihm, aber eben im „Reich Gottes", „leben, weben und sind wir" (vgl. Apostelgeschichte 17,28).

Nicht um den Glauben an die Gegenwart des „Reiches Gottes" geht es Jesus[175], sondern um die existenzielle Erfahrung, nicht nur von ihm umfangen zu sein, sondern ihm selber zuzugehören. Nur dann wären wir mit der Welt wirklich vertraut, würden, gleichsam von innen heraus, um sie wissen, wenn sie sich als unser Lebens-Raum, als unsere Heimat schlechthin öffnet beziehungsweise – es ist ein und dasselbe – wenn wir uns öffnen für sie. „Mitten unter uns" ist das „Reich Gottes", wenn wir entdecken, dass wir mit der Welt verbunden, gleichsam durch tausend Fäden auf innigste, vielfältigste Weise verknüpft sind. Diesen Welt-Zusammenhang als geradezu lebenskonstitutiv zu empfinden, ihn in seiner ganzen Tiefe zu erfühlen und zugleich, was sich geradezu zwangsläufig daraus ergäbe und gar nicht mehr anders vorstellbar wäre, als zutiefst beglückend, ja beseligend, als heilig, als etwas Göttliches wahrzunehmen, dies und im Grunde nur dies muss Jesus mit dem *entòs hymōn* der Basileia gemeint haben. Das Göttliche läge nicht außerhalb der Welt, es beschriebe aber auch nicht die Qualität der Welt als eine uns Menschen gegenüberstehende, von außen zu beurteilende, zu beeinflussende oder gar herstellbare Größe. Vielmehr meinte es eben jene Verbundenheit unserer individuellen Existenz mit dem großen Zusammenhang, in den sie eingebettet ist, in dem und mit dem sie sich entfaltet. „Für einen außenstehenden Zuschauer ist das Reich Gottes nicht sichtbar. Nur dem Beteiligten ist es erfahrbar. Wer mitten in ihm lebt, nimmt es wahr." (Hans Bischlager[176])

---

[175] Vgl. Markus 1,15 (oben S. 62f.), das sich bereits dadurch als nachjesuanisch erweist.
[176] Siehe unten S. 147 mit Anm. 234.

Das Neue ist mit dem Alten unvereinbar
Neuer Stoff, neuer Wein (Markus 2,21-22a)

Die Welt, in der wir jetzt leben, als „Reich Gottes" zu empfinden, war eine ganz neue, für viele (noch) kaum zugängliche Erfahrung. Genau sie aber zu ermöglichen, muss – dies geht aus den wenigen bislang behandelten Worten gleichwohl überdeutlich hervor – das eigentliche und große „Lebens-Anliegen" Jesu gewesen sein. Doch bereits in frühester Zeit, worauf schon mehrfach hingewiesen worden ist, ist dieses Neue wieder unter die Räder gekommen. Traditionelle, mit dem Neuen unvereinbare Traditionen haben es im Laufe der Überlieferungsgeschichte überlagert und verschüttet. Es scheint unendlich schwer, sich auf die Botschaft einzulassen, dass es um das Hier und Heute geht, um diese Welt, dass allein aus der Teilhabe an ihr das Leben quillt, dass Weltverbundenheit „Seligkeit" bedeutet, tiefen Frieden, dass sie es ist, die uns die *Welt* als heilig, als göttlich oder eben als „Reich Gottes" entdecken lässt.

Jesus aber lässt sich nicht nur nicht beirren, er betont vielmehr mit allem Nachdruck, dass sich das Neue mit den alten Gewändern und Gefäßen tatsächlich niemals fassen und verbinden lässt:

> Niemand näht einen Flicken aus neuem Stoff auf ein altes Gewand.
> Sonst reißt das Füllstück von ihm ab,
> und der Riss wird schlimmer.
> Und niemand füllt neuen Wein in alte Schläuche.
> Sonst zerreißt der Wein die Schläuche,
> und der Wein geht verloren mitsamt den Schläuchen.

Bei den Worten „das neue vom alten" in V.21 und dem abschließenden V.22b („sondern neuen Wein [füllt man] in neue Schläuche"), der den Parallelismus des Doppelspruchs durchbricht, dürfte es sich um spätere Ergänzungen handeln[177].

Jesus greift mit diesen beiden Bildworten zwei aus dem altorientalischen Schneider- bzw. Küferhandwerk stammende Regeln auf: Mit einem neuen Stoffstück bessert man kein altes Kleid aus. Man füllt nicht neuen Wein in alte Schläuche.

---

[177] So z.B. auch Joachim Gnilka a.a.O. (vgl. Anm. 119) 111.112f., Jürgen Becker a.a.O. (vgl. Anm. 137) 143.

Im Vordergrund und an erster Stelle steht das Neue. Es geht um die Frage: Wie verhält sich das Neue zum Überkommenen? Kann das Alte das Neue aufnehmen? Lässt sich das Neue mit dem Alten verbinden? Die Antwort ist eindeutig: Das ist völlig unmöglich. Der neue Wein sprengt die alten Schläuche. Der neue Stoff ist gänzlich ungeeignet, um mit ihm ein altes Gewand zu flicken. Das Neue ist mit dem Alten schlechthin nicht kompatibel, es handelt sich um etwas völlig anderes, um eine Größe *sui generis*.

Jesus erklärt hier auch sein Verhältnis zur überkommenen Religion. Vielleicht antwortet er auf die Forderung, sein Leben und seine Lehre mehr mit der Überlieferung in Einklang zu bringen, oder auf den Vorwurf, sein Leben und seine Lehre passten nicht zur Tradition. Diesen Eindruck bestätigt er ausdrücklich. „Hier geht es in der ursprünglichen Gestalt (...) eindeutig um eine ganz bestimmte Stoßrichtung, nämlich diejenige vom Neuen wider das Alte."[178] Es „geht um das Neue, das in seiner Neuheit und Macht erkannt und das allein ergriffen und festgehalten werden soll".[179] Mit dem Neuen kann natürlich nur die Botschaft Jesu vom „Reich Gottes" selbst gemeint sein. Sie sprengt in der Tat alle überkommenen Vorstellungen. Sie ist mit den gängigen und vertrauten Sichtweisen gänzlich unvereinbar. Jesus wehrt sich gegen jeden Versuch, es in irgendeiner Weise mit den alten Kategorien zu vermitteln, tritt der schon zu seinen Lebzeiten virulenten und dann bereits in der neutestamentlichen Überlieferung unverkennbaren Tendenz entgegen, seine Botschaft wieder an die alten Gewänder anpassen bzw. mit den alten Gefäßen fassen zu wollen.

Das Leben feiern
Jesu Ablehnung des Fastens (Markus 2,19a)

Dies zeigt sich zum Beispiel ganz praktisch bei der Frage des Fastens, eines bei den Frommen wohl aller Zeiten üblichen, ja als notwendig erachteten Brauchs.

> Können denn Hochzeitsgäste fasten?

---

[178] Ferdinand Hahn, Die Bildworte vom neuen Flicken und vom jungen Wein (Mk 2,21 f parr), Evangelische Theologie 31 (1971) 357-375 (367).
[179] Ebd. 375.

> *Eine erste Erweiterung des Jesusworts in Vers 19a („während der Bräutigam bei ihnen ist") setzt den Bräutigam mit Jesus gleich. Die später hinzugefügten und ebenfalls Jesus in den Mund gelegten Verse 19b und 20 („Solange sie den Bräutigam bei sich haben, können sie nicht fasten. Es werden aber Tage kommen, wo der Bräutigam von ihnen genommen sein wird; dann werden sie fasten an jenem Tag") begründen, warum in der frühen Kirche das Fasten – im Gegensatz zur Praxis Jesu und seiner Gemeinschaft – wieder aufgenommen worden ist. Gerade dieser Widerspruch zwischen dem ganz ungewöhnlichen und offenbar als anstößig empfundenen Verhalten Jesu und dem Brauch der christlichen Gemeinde spricht entschieden für die Authentizität dieses Textes.*

Hintergrund der rhetorischen Frage ist offensichtlich der Vorwurf, dass Jesus und seine Leute nicht fasten, also nicht aus religiösen Gründen an bestimmten Tagen auf Nahrung verzichten. Jesus antwortet mit dem Bild einer Hochzeit. „‚Die Söhne des Brautgemachs' sind die Freunde des Bräutigams, die den engsten Kreis der Hochzeitsgäste darstellen und den Ehevollzug zu bestätigen haben. Sie können als Teilhaber an der hochzeitlichen Hochstimmung nicht fasten, denn Hochzeit ist Freudenzeit (...). Vor diesem Hintergrund erschließt sich der Sinn der rhetorischen Frage, deren erwartete Antwort wie selbstverständlich lautet: ‚Natürlich können sie nicht fasten!'"[180].

Es ist – jetzt und immer – „Reich-Gottes"-Zeit, Hoch-Zeit, Zeit des Festes. Es ist die Zeit der Freude; Selbstkasteiung und Askese wären völlig fehl am Platz. Wer fastet, wer asketisch lebt, verweigert dem Leben seine uneingeschränkte Zustimmung, zu der es uns doch ruft. Die Metapher der Hochzeit ist hier gleichzeitig wohl auch ein Bild für die sich von dem früheren „alten" Verständnis kategorial unterscheidende Wahrnehmung der Gegenwart. Es ist Jetzt-Zeit. Nichts muss mehr aufgeschoben, durch Vorbereitung oder Selbstkasteiung erst errungen oder gesichert werden. Nichts „Welt-Fremdes" ist jetzt noch zu beachten. Es sind keine Gebote mehr zu erfüllen. Alles ergibt sich aus der Weltverbundenheit wie von selbst: Ins „Reich Gottes" einzutauchen und es zu leben, wie es dieser Verbundenheit gemäß ist, das ist ein und dasselbe. Jesus (mit seiner Gruppe) stellt sich darauf ein, indem er zum Beispiel das Ritual des Fastens als nicht mehr zeit-gemäß verwirft und sich – mit seinem ganzen Leben – der „Hochzeitsfreude" überlässt. Gerade das Bild von der Hochzeit, dem Lebensfest schlechthin, schließt im Übrigen die Annahme aus, Jesus hätte darüber hinaus noch mit einem größeren oder gar

---

[180] Jürgen Becker a.a.O. (vgl. Anm. 137) 149.

dem eigentlichen Fest gerechnet, das erst in einer näheren oder ferneren Zukunft stattfinden würde. Nein, es ereignet sich hier und jetzt.

Nicht mehr zurückschauen
„Wer seine Hand an den Pflug gelegt hat..." (Lukas 9,62)

Wer den Schatz entdeckt und gewonnen hat, wem das völlig Neue und im selben Moment die absolute Unvereinbarkeit dieses Neuen mit dem Alten aufgegangen ist, der ist gleichwohl nicht davor gefeit, dass sich das Alte doch wieder zurückmeldet. Die alte Existenzweise ist nicht in jedem Fall ein für alle Mal abgeschaltet. Es könnten Situationen eintreten, die es verlockend erscheinen lassen, in die alten Verhaltensmuster zurückzufallen. Es ist auch nicht auszuschließen, ganz unbeabsichtigt und unbemerkt der Macht der alten Gewohnheit doch wieder zu erliegen. Das aber hieße unwillkürlich, aus der Spur zu kommen, das „Reich Gottes" wieder zu verlieren:

> Keiner, der die Hand an den Pflug gelegt hat und nochmals zurückblickt, ist geschickt für das Reich Gottes.

Das Pflügen zur Zeit Jesu erforderte äußerste Konzentration. Alles kam darauf an, dass der Ochse, der den Pflug zieht, nicht aus dem Tritt kommt und aus der Spur gerät. Jede Ablenkung ist gefährlich. Der schlimmste Fehler wäre es, bewusst oder unbewusst zurückzuschauen, etwa auf das vollendete Werk.

Es geht ausschließlich um das Jetzt, um die Gegenwart. Das Pflügen vollzieht sich im Augenblick. Natürlich: Das „Reich Gottes" geschieht. Jeder ist unwillkürlich daran beteiligt, der sich ihm geöffnet, der mit ihm in Verbindung getreten ist. Aber es „gibt nicht viel zu tun" im Sinn eines selbstgesetzten Projekts. Vielmehr: Es „er-gibt" sich, was zu tun ist, und zwar wie von selbst aus dem „Reich-Gottes"-Zusammenhang heraus, in dem man jetzt existiert. Dem „Jetzt" gilt es sich mit ungeteilter Aufmerksamkeit, in voller Konzentration zu widmen.

„Automátä"
Das Gleichnis von der von selbst Frucht bringenden Erde
(Markus 4,26-28)

Letztlich ist also nicht der Handelnde selbst und allein das Subjekt des Geschehens. Das Werk geschieht wie „von selbst" und wächst sich manchmal zu einer ganz unerwarteten Größe, zu einer völlig unvorhersehbaren Bedeutung aus – wenn es genau zu der Zeit und genau auf die Weise in Gang gekommen ist, wie es sich aus der Weltverbundenheit des Handelnden ergeben hat.

> Mit dem Reich Gottes verhält es sich so,
> wie wenn ein Mensch Samen auf die Erde gestreut hat,
> und er schläft ein und er erwacht, Nacht und Tag,
> und der Same sprosst und wird groß –
> er weiß selbst nicht wie.
> Von selbst bringt die Erde Frucht:
> zuerst den Halm,
> dann die Ähre,
> schließlich das voll ausgereifte Korn in der Ähre.

Damit findet die Geschichte ihren organischen Abschluss. Der folgende Vers: „Wenn es die Frucht zulässt, schickt er sogleich die Sichel, denn die Ernte ist da", ist wohl ein Zusatz des Evangelisten (auch hier begegnet wieder das von ‚Markus' besonders gern verwendete „sogleich"). „Sichel" und „Ernte" sind geläufige Metaphern für das apokalyptische Weltgericht – ein mit den vorangehenden Versen in keinerlei Verbindung stehender Gedanke. „Durch den Bauer guckt der Weltrichter hervor, der hier nichts zu tun hat."[181]

Das entscheidende, als prädikatives Adjektiv betont vorangestellte „von selbst" (griechisch *automátä*, „automatisch") erschließt die Botschaft dieses Gleichnisses. Im „Reich Gottes" hat ein Mensch, von einem größeren Zusammenhang umfangen, in dem er existiert, offensichtlich genau zur richtigen Zeit getan, was eben jetzt zu tun war: Er hat den Samen ausgestreut. Und nun geschieht etwas ganz und gar Wunderbares – dieser Teil ist sprachlich besonders sorgsam gestaltet: Zu-

---

[181] Das Evangelium Marci, übersetzt und erklärt von J. Wellhausen, Druck und Verlag von Georg Reimer, Berlin 1903, 36.

nächst wird das Wachsen des Samens der Untätigkeit, ja der völligen Einflusslosigkeit des Menschen gegenübergestellt, wobei das Schlafen noch stärker betont wird als sein Wachsein: „Einschlafen" und „Aufwachen" umgrenzen die Zeit der Nachtruhe, nicht des Arbeitstages; die Nacht wird vor dem Tag genannt („Nacht und Tag" statt des auch damals geläufigen „Tag und Nacht"). Der Schlussteil als Abschluss und Höhepunkt des Gleichnisses malt dann nur noch das Wachsen und Gedeihen selber aus.

Die Erde selbst ist es, die die Frucht hervorbringt[182], und dieser ganze Prozess wird in einem Dreischritt ausführlich und höchst anschaulich beschrieben: „zuerst den Halm, dann die Ähre, schließlich das vollausgereifte Korn in der Ähre". Mit dem Verstand ist das alles nicht zu begreifen („er weiß selbst nicht wie"). Es ist wie ein einzigartiges, in seiner Dynamik ganz überwältigendes Wunder, was da wächst, reift und Frucht bringt im „Reich Gottes" – weil da jemand getan hat, was – jetzt – zu tun war und einfach getan werden musste. Vor seinen Augen entfaltet sich in wunderbarer Weise das Leben in seiner ganzen Fülle („das voll ausgereifte Korn in der Ähre"). Unterstrichen wird all dies dadurch, dass üblicherweise nach der Aussaat noch erforderliche Tätigkeiten des Bauern wie das in Palästina erst zu diesem Zeitpunkt erfolgende Pflügen, das Eggen und das Jäten gewiss mit Absicht vollkommen verschwiegen werden.

Ohne Erfolgskontrolle und Nachjustierung, „wie von selbst" entfaltet die im „Reich-Gottes"-Zusammenhang selbstverständliche Tat, das Re-agieren auf das, was eben jetzt von eben diesem bestimmten Menschen getan werden musste, eine ganz außerordentliche Wirkung. Nicht das „Reich Gottes" *selbst* ist es also, das wächst und sich entfaltet, wie dieses und die folgenden Gleichnisse meist interpretiert werden. Das „Reich Gottes" ist ja da – „mitten unter uns". *Im* „Reich Gottes" vielmehr entwickelt sich etwas und treibt Frucht – wenn Menschen, die im „Reich Gottes", die das „Reich Gottes" leben, spüren, was gerade jetzt und gerade durch sie „geschehen will" – und es geschehen lassen[183].

---

[182] Anstelle des Adverbs *automátos* wird hier ein prädikatives Adjektiv *(automátä)* verwendet, das sich eindeutig auf die Erde *(hä gä)* bezieht. „Nicht die Saat, ‚die Erde bringt von selbst Frucht', oder genauer: Als ‚selbstwirksame' bringt sie Frucht hervor." (Gerd Theißen, Der Bauer und die von selbst Frucht bringende Erde. Naiver Synergismus in Mk 4,26-29?, Zeitschrift für die Neutestamentliche Wissenschaft 85, 1994, 167-182.167)
[183] Bemerkenswert ist die Tatsache, dass weder ‚Matthäus' noch ‚Lukas' dieses Gleichnis in ihre Evangelien aufgenommen haben. Über die Gründe kann man nur spekulieren. Ob es die Betonung der völligen Untätigkeit des Menschen nach der Aussaat war, das „Von-Selbst" ohne Beteiligung

„Alles muss klein beginnen"
Das Gleichnis vom Senfkorn (Markus 4,30-32)

Eine ganz unscheinbare Tat hat Ungeahntes in Gang gesetzt. Das ist so, wie wenn aus einem winzigen Senfkorn eine im Vergleich damit gewaltige Staude entsteht, die viele andere Pflanzen überragt.

Das Gleichnis vom Senfkorn ist in zwei unterschiedlichen Fassungen überliefert. Die eine liegt im Markusevangelium vor, die andere in der Logienquelle. ‚Markus' dürfte die ältere Fassung bewahrt haben:

> Womit könnte man das Reich Gottes vergleichen
> oder in welchem Gleichnis könnte man es darstellen?
> Es ist wie ein Senfkorn,
> das, wenn es auf die Erde gesät wurde,
> kleiner ist als alle Samenkörner auf Erden,
> und, wenn es gesät wurde, aufgeht
> und größer wird als alle Gartengewächse
> und große Zweige bildet,
> so dass unter seinem Schatten die Vögel des Himmels nisten können.

Auch dieses Gleichnis[184] erzählt vom „Reich Gottes". Auch hier steht am Anfang die Aussaat, also eine Handlung, die genau zur richtigen Zeit in genau der richtigen Weise ausgeführt wird. In diesem Fall wird ein Senfkorn ausgesät, das kleinste

---

des Menschen, das ihnen zumindest missverständlich erschienen ist? Wird in ihren Augen das aktive Handeln des Menschen hier zu sehr relativiert? Erkannten sie nicht das entlastende und befreiende Moment? Ist ihnen nicht aufgegangen, dass dem richtigen Handeln zur richtigen Zeit ja eben doch allergrößte Bedeutung zukommt? [184] Zum Vergleich die Fassung der Logienquelle (Matthäus 13,31f. / Lukas 13,18f.), die Lukas in der ursprünglicheren Form überliefert haben dürfte: „Wem gleicht das Reich Gottes, und womit soll ich es vergleichen? Es gleicht einem Senfkorn, das ein Mensch nahm und in seinen Garten warf. Und es wuchs und wurde zu einem Baum, und die Vögel des Himmels nisteten in seinen Zweigen."

[184] Zum Vergleich die Fassung der Logienquelle (Matthäus 13,31f. / Lukas 13,18f.), die Lukas in der ursprünglicheren Form überliefert haben dürfte: „Wem gleicht das Reich Gottes, und womit soll ich es vergleichen? Es gleicht einem Senfkorn, das ein Mensch nahm und in seinen Garten warf. Und es wuchs und wurde zu einem Baum, und die Vögel des Himmels nisteten in seinen Zweigen."

aller Samenkörner überhaupt[185] – es ist nur einen Millimeter groß und wiegt nur ein Milligramm. Aber was jetzt geschieht, ist schier unglaublich: Aus dem winzig kleinen Senfkorn entwickelt sich eine Pflanze, die alle anderen Gartengewächse an Größe übertrifft, ja ihre Zweige nehmen geradezu Kontakt mit dem Himmel auf: Die Vögel nisten unter ihrem Schatten (am See Genezaret erreicht die Senfstaude eine Höhe von zweieinhalb bis drei Metern). Der Wachstumsprozess wird denn auch genau und anschaulich geschildert: Das Senfkorn geht auf, die Pflanze wächst, sie wird größer und immer größer und bildet große Zweige, „so dass unter seinem Schatten [nämlich sozusagen des Senfkorns, auf das sich das Attribut zurückbezieht] die Vögel des Himmels nisten können". Es ist diese nie für möglich gehaltene Entwicklung, dieses „Wachstumswunder", auf das die Geschichte hinauswill.

So ist es im „Reich Gottes", so etwas Unerwartetes und Ungewöhnliches kann sich ereignen – wenn zur rechten Zeit genau das Richtige geschehen ist, und gerade dieses Unerwartete und Ungewöhnliche ist es, das den Reich-*Gottes*-Charakter der Welt aufleuchten lässt.

Kleine Ursache, große Wirkung
Das Gleichnis vom Sauerteig (Matthäus 13,33 / Lukas 13,21)

Auch wenn im Gleichnis von der von selbst Frucht bringenden Erde vom „Menschen" die Rede war, der den Samen ausgestreut hat, so bezieht sich dieses und auch das Gleichnis vom Senfkorn doch auf die typische Tätigkeit des Mannes. Von der seinerzeit eher im Bereich des Hauses wirkenden Frau erzählt das Gleichnis vom Sauerteig, der, wenn er mit dem Weizenmehl in Verbindung tritt (wörtlich: in das Mehl hinein „verborgen", „verhüllt", „versteckt" wird) – ähnlich wie der Same, der in die Erde gesät wird –, eine ganz erstaunliche Dynamik entfaltet:

> Mit dem Reich Gottes ist es wie mit einem Sauerteig, den eine Frau nahm und in drei Sat (= ca. 40 Kilogramm) Weizenmehl verbarg, bis er das Ganze durchsäuert hatte.

---

[185] „Die geringfügigste Quantität pflegte man mit der Größe eines Senfkornes zu bezeichnen" (Hermann Leberecht Strack, Paul Billerbeck, Kommentar zum Neuen Testament aus Talmud und Midrasch I, Verlag C. H. Beck, München 1922, 669 mit Belegen).

„Das Ganze" steht im griechischen Text betont am Schluss: Die im Verhältnis zu der gewaltigen Menge Mehl[186] sehr geringe Masse an Sauerteig[187] durchsäuert das gesamte Weizenmehl – ähnlich wie aus dem kleinen Saatkorn wie von selber Halm, Ähre und Frucht entstehen oder sich das winzige Senfkorn zu einer gewaltigen Staude auswächst. Sicher kommt es auch hier auf den richtigen Zeitpunkt an, in dem nämlich der Sauerteig genau die nötige Reife erlangt hat, um mit dem Weizenmehl in Verbindung treten und es durchsäuern zu können. Von grundlegender Bedeutung ist es allerdings, dass die Frau überhaupt den Weizen im Blick hat und ihr Handeln gewissermaßen an ihm orientiert. Die gewaltige Menge Weizenmehl signalisiert vermutlich, dass es hier um mehr geht als um das Backen eines Laibes Brot, nämlich um die „Welt": Wer sich für die Welt öffnet (wie die Frau „für das Weizenmehl"), „vollzieht" in seinem Handeln, das sich eben auf die Welt bezieht, diese Weltverbundenheit und erfährt gleichzeitig deren „göttliche" Qualität: Er bzw. sie erlebt das Wunder, dass dieser Akt der Weltverbundenheit eine ganz ungeahnte Dynamik und Kraft aus sich selbst heraus freisetzt. Der „Reich-Gottes"-Charakter der Welt tritt damit aufs Neue in Erscheinung, hervorgerufen, gleichsam geweckt durch das sich aus ihrer Weltverbundenheit unmittelbar ergebende Handeln dieser Frau[188]. Dies geschieht wie von selbst, aus einer dem Mehl innewohnenden und jetzt durch die Zugabe des Sauerteigs[189] freigesetzten Kraft – so wie die Erde nach dem Ausstreuen des Samens „von selbst", „automatisch" Frucht bringt (Markus 4,28).

---

[186] Nach Flavius Josephus (ca. 34-100 n. Chr.) „enthielt ein Saton ein und einen halben römischen Modius" (= 8,733 Liter), das sind 13,131 Liter (Antiquitates Judaicae IX, 4, 5), woraus sich in dem Gleichnis die gewaltige Menge von knapp 40 Litern = 40 Kilogramm ergibt.
[187] Plinius der Ältere rechnet zwei Pfund Sauerteig auf zweieinhalb Modii (= ca. 22 Liter) (Plinius der Ältere, Naturalis historia 18,103, zitiert nach Ulrich Luz, Das Evangelium nach Matthäus. 2. Teilband: Mt 8-17, EKK I/2, Benziger Verlag, Neukirchener Verlag, Zürich/Einsiedeln/Köln/ Neukirchen-Vluyn 1990, 334 Anm. 62), woraus sich hier knapp zwei Kilogramm Sauerteig ergeben.
[188] Auch mit diesem Gleichnis beschreibt Jesus keineswegs gleichsam objektiv, beobachtbar und schon fast vorzeigbar, wie das Reich Gottes nach und nach die ganze Welt durchdringt. In diesem Sinn ist diese Geschichte bislang immer gedeutet worden (vgl. etwa Jürgen Becker a.a.O. [vgl. Anm. 137] 152: „Mit Jesus ist der Anfang gemacht, nun kann man sich auf die Durchsetzungskraft der Gottesherrschaft verlassen."). Es geht aber nicht darum, etwas zu beobachten, einem Geschehen aus der Distanz heraus zuzusehen, sondern darum, wie Menschen durch ihren Weltbezug „Reich Gottes" erfahren, wie man des „Mitten-im-‚Reich-Gottes'-Seins" gewahr werden kann, wie sich „Reich Gottes" vollzieht, das ja voll und ganz präsent ist (vgl. Lukas 17,20bf.).
[189] Die Frau verändert nicht das Mehl, deshalb wohl heißt es hier ausdrücklich, dass sie den Sauerteig im Mehl „verbarg" (*ékrypsen* bzw. *enékrypsen*).

„Alles Übrige aber fällt auf guten Boden"
Das Gleichnis von der Aussaat (Markus 4,3-8)

Doch so manche ausgestreuten Samen tragen keine Frucht. Durchaus nicht alles, was Menschen im „Reich Gottes", das heißt aus ihrer Weltverbundenheit heraus zur rechten Zeit tun, wächst und gedeiht. Diese Erfahrung thematisiert das folgende Gleichnis:

> Siehe, ein Sämann ging aus, um zu säen.
> Beim Säen geschah folgendes:
> Einiges fiel auf den Weg;
> und es kamen die Vögel
> und fraßen es auf.
> Anderes fiel auf Steine;
> und als die Sonne aufging,
> wurde es versengt.
> Wieder anderes fiel unter Dornpflanzen;
> und die Dornpflanzen wuchsen auf
> und erstickten es.
> Alles Übrige aber fällt auf guten Boden;
> und es gibt Frucht,
> nachdem es aufgegangen und gewachsen ist,
> und trägt dreißigfach.

Das „Hört!" ganz zu Beginn der Jesusrede (Vers 3) korrespondiert mit der am Schluss noch folgenden, durch die Worte „Und er sprach" abgesetzten und noch einmal neu einsetzenden Aufforderung: „Wer Ohren hat zu hören, der höre!" (Vers 9). In beiden Fällen dürfte es sich um nachträgliche Zusätze des Evangelisten handeln, die bereits auf die nichtjesuanische Gleichnisdeutung (s.u.) abzielen, kommt es für ihn doch jetzt darauf an, den „besonderen Sinn" des Gleichnisses zu erfassen. – In Vers 5 (nach „Anderes fiel auf Steine") wurde nachträglich der erklärende Zusatz eingeschoben: „wo es nicht viel Erde gab; und sogleich ging es auf, weil die Erde nicht tief genug war" („sogleich" ist, wie schon mehrfach erwähnt, ein Lieblingswort des ‚Markus'). – In Vers 6 (nach „wurde es versengt") wurden auch hier die die Beschreibung des Vorgangs noch einmal wiederholenden und eigentlich nicht nötigen Worte „und weil es keine Wurzel hatte, verdorrte es" angefügt. – In Vers 7 (nach „und erstickten es") dürften die Worte „und es gab keine Frucht" ebenfalls später, vielleicht im Blick auf den folgenden Satz, ergänzt worden sein. – Der Schluss ist wahrscheinlich nachträglich gesteigert worden: „und sechzigfach und hundertfach". – Die Verse 13 bis 20 legen Jesus eine allegorisierende Deutung in den Mund, die jede Aussage des Gleichnisses Zug um Zug spiritualisiert und auf die Missionssituation der frühen christlichen Gemeinden bezieht.

Das Gleichnis erzählt von einem in Palästina ganz normalen Vorgang. Ein Sämann geht über ein wohl noch ungepflügtes Feld, um zu säen. Dass dabei einiges von dem ausgestreuten Samen nicht zur Reife kommt, ist eine unvermeidliche Begleiterscheinung des Säens. Das auf den Weg Gestreute holen sich die Vögel, das auf die Steine Gefallene versengt die Sonne, das unter die Dornen Geratene wird erstickt, da die Samen der eingepflügten Dornpflanzen am Leben bleiben konnten und zusammen mit dem Getreide aufgegangen sind. Doch der größte Teil des Samens kommt zur Reife und bringt Frucht. Jede Ähre trägt 30 Körner, was dem Durchschnitt entspricht. Nichts im Gleichnis ist außergewöhnlich. Jesus erzählt etwas völlig Selbstverständliches und will seine Hörer gerade dadurch überzeugen. Doch wovon?

Betrachten wir das Gleichnis deshalb etwas genauer. Es besteht aus einer Exposition, einem Eröffnungssatz und einem viergliedrigen Hauptteil. Dieser ist völlig gleichmäßig aufgebaut: In einem ersten Versglied wird zunächst erzählt, wohin der Same fällt. Das doppelteilige zweite Versglied erwähnt sodann jeweils zuerst das Erscheinen des „Feindes" des Samens und dann dessen vernichtende Wirkung. Auch der letzte Vers stimmt mit diesem durch die vorangegangenen Passagen vorgegebenen Schema grundsätzlich überein (Doppelgliedrigkeit insgesamt, Doppelgliedrigkeit des zweiten Versteils), weist jedoch bereits sprachlich einige Besonderheiten auf: Statt mit *kai állo* („und anderes") wird er mit *kai álla* eingeleitet (dem versucht die Übersetzung durch die Formulierung „alles Übrige aber" zu entsprechen), und nur hier stehen die beiden Verben im zweiten Versteil nicht im Aorist (griechische Vergangenheitsform), sondern im Imperfekt (zur Unterscheidung werden sie deshalb hier präsentisch wiedergegeben).

Im Mittelteil der Geschichte ist eine gewisse Steigerung zu beobachten: Während der Same im ersten Fall sofort von den Vögeln aufgepickt wird, ruht er im zweiten Fall wohl etwas länger auf dem blanken Stein, bis die Sonne ihn verbrennt; im dritten Fall wächst die Pflanze zwar auf, wird aber von den Dornen erstickt, die zusammen mit ihr aufgegangen waren. Alle drei Schilderungen enden mit der Vernichtung des Samens bzw. der aufgegangenen Pflanze. Die vierte Szene fügt dem allen nun nicht einfach eine weitere Möglichkeit hinzu, bedeutet auch nicht eine bloße Steigerung des vorher Erzählten. Sie steht vielmehr in deutlichem Kontrast zu den vorangehenden Versen: Im Gegensatz dazu fällt der Same jetzt auf guten Boden; er wird nicht mehr durch „Feinde" vernichtet, sondern trägt vielfältige Frucht. Der Schwerpunkt der Geschichte liegt damit sowohl aus formalen als auch aus inhaltlichen Gründen eindeutig auf dem letzten Satz. Die Zerstörung liegt zurück. Nicht auf den Misserfolg soll sich das Augenmerk richten. In den Blick zu nehmen ist vielmehr das Wachsen und Reifen, das gerade jetzt und immer noch im Gange ist.

Das Gleichnis setzt damit ein, dass ein Sämann die Saat ausbringt – ganz offensichtlich zur rechten Zeit und in der richtigen Art und Weise. Es ist ein ganz normaler, wahrscheinlich gerade deshalb äußerst knapp erzählter Vorgang. Umso ausführlicher wird sodann die Vergeblichkeit seines Handelns geschildert: die dreifache Schilderung des Misserfolgs nimmt den größten Raum in der Erzählung ein. Doch auch dies ist letztlich ganz „normal". So wie beim Säen „natürlich" nicht jeder ausgestreute Same Frucht bringt, so verhält es sich auch im „Reich Gottes". Nicht alles, was Menschen aus ihrer Weltverbundenheit heraus unternehmen, gelingt, reift, trägt Frucht. „Reich Gottes" meint hier also keinesfalls – so ein weit verbreitetes Missverständnis – eine perfekte, heile, vollkommene Welt, eine Welt, in der alles stimmt, funktioniert, selbstverständlich seinen Zweck erfüllt wie bei einer absolut fehlerfrei eingestellten Maschine.

Entscheidend ist vielmehr der Lebens- und Weltzusammenhang, aus dem heraus Menschen tun, was aus ihrer Wahrnehmung dieses Zusammenhangs heraus jetzt getan werden muss. Dass nicht alles wächst „wie von selbst", aus winzigen „senfkornartigen" Anfängen prächtig gedeiht, dass nicht jeder ausgestreute Same gedeiht und Früchte trägt, desavouiert nicht etwa jene „erfolglosen" Vorhaben. Ganz im Gegenteil: Auch solche Erfahrungen sind Ausdruck der unverfügbaren Lebendigkeit jenes großen Zusammenhangs, den Jesus „Reich Gottes" nennt, eines Zusammenhangs, den es nicht erst herzustellen, sondern in dem es zu leben gilt. Das allermeiste aber geht auf, gedeiht und bringt Frucht. Und eben auch dies ist ganz „normal". Darauf ist fester Verlass – im „Reich Gottes" kann es gar nicht anders sein!

Füreinander, nicht gegeneinander
Vom Groß-sein-Wollen und vom Dienen (Markus 10,43b-44)

Aus der Weltverbundenheit heraus, als Frucht der kontinuierlichen Kommunikation mit der als heilig, ja göttlich empfundenen Mitwelt heraus das tun, was getan werden muss – so „geschieht ‚Reich Gottes'", oftmals wie von selbst, mitunter in ungeahnter Dynamik und Kraft, nicht selten mit weitreichenden Konsequenzen, wenn sich genau das ereignet, was jetzt die Welt durchsäuern kann und durchsäuern will, ähnlich dem Phänomen, dass standortgerechte Pflanzen, auch wenn nur wenige gesät oder gesetzt worden sind, sich wie von selbst verbreiten.

Aber natürlich halten uns unsere nicht „Reich-Gottes"-gemäßen Konditionierungen manchmal wie gefangen. Es geht uns dann um uns, um unsere Eigeninteressen, abgesehen, ja getrennt vom großen Zusammenhang, in den wir gleichwohl eingebunden sind und in dem sich unsere Existenz vollziehen will. Der andere, die andere ist jetzt nicht mehr Bruder, Schwester, sondern Konkurrent, den wir übertrumpfen wollen – ein zutiefst entfremdetes und entfremdendes Bestreben. Gerade für den, der spürt, dass das Alte wieder nach ihm greift, obgleich er doch die Welt als „Reich Gottes" erfahren hat und diese Verbundenheit nicht wieder preisgeben möchte, gilt deshalb ohne Wenn und Aber:

> Wer unter euch groß sein will, soll euer Diener sein,
> und wer unter euch Erster sein will, soll der Knecht aller sein.

Der folgende Vers („Denn auch der Menschensohn ist nicht gekommen, um sich dienen zu lassen, sondern um zu dienen und sein Leben als ein Lösegeld zugunsten vieler zu geben.") ist ein anerkanntermaßen sekundärer Zusatz, der die Deutung des Todes Jesu als ein anderen zugutekommendes Lösegeld, das heißt als ein Sühnopfer, fälschlicherweise auf Jesus selbst zurückführt.

Welchen Platz nimmt ein Mensch im „Reich Gottes" ein? Der Ausgangspunkt dieses Jesusworts ist ein Bestreben, das vielen Menschen vertraut und selbstverständlich ist: nach oben zu kommen, Karriere zu machen, Macht über andere zu erlangen. Jesus weist hier nicht nur zurück, was vielfach als „normal" angesehen wird, sondern verweist mit der Forderung eines jenem Bestreben genau entgegengesetzten Verhaltens auf die ganz anderen „Spielregeln" des „Reiches Gottes".

Das gleichförmig formulierte Doppelwort stellt klar und unterstreicht durch die Wiederholung noch einmal: Wem sich die Welt als „Reich Gottes" geöffnet hat, und das heißt ja auch: wem die Geschwisterlichkeit und damit Gleichwertigkeit aller Menschen aufgegangen ist, der kann und wird sich niemals mehr über andere Menschen stellen, dem wird es fremd, für den wäre es geradezu absurd, sich über andere erheben und Macht über sie erringen zu wollen. Vielmehr kann sich sein Menschsein jetzt nur darin erfüllen, in dieser großen Menschenfamilie für das Wohlergehen *aller* Brüder, *aller* Schwestern Sorge zu tragen. Es ist jetzt nicht mehr möglich, sich für etwas Besseres zu halten und auch nur auf einen Menschen von oben herabzusehen.

Jesus delegitimiert damit eine auch schon vor 2000 Jahren tief in der Gesellschaft verankerte Maxime, nämlich auf der Stufenleiter des Erfolgs möglichst weit nach oben zu gelangen. Die „Reich-Gottes"-Botschaft unterläuft ein hierarchisches und damit eo ipso gewaltförmiges Gesellschaftskonzept, das Sieger und Besiegte, Erste und Letzte hervorbringt, in dem ein Oben und ein Unten ganz selbstverständlich sind. Wer bestrebt ist, sich über andere zu erheben, wendet sich von der Menschengemeinschaft ab, kehrt ihr bei der Jagd nach dem ersten Platz den Rücken, isoliert sich von der Welt. Er führt ein weltentfremdetes Leben. Unser Menschsein erfüllt sich vielmehr immer dann, wir fühlen uns dem „Reich Gottes" zugehörig bzw. „wie im Himmel", wenn wir füreinander da sind, uns im Prinzip ohne Ausnahme „allen" Menschen in dem Bestreben zuwenden, ihre Bedürfnisse, soweit es an uns liegt, zu erfüllen („…soll der Knecht aller sein"). „Sorge für andere zu tragen, ist ein zentraler und sinnstiftender Aspekt des Lebens."[190] Diese jetzt ganz selbstverständliche Daseinshaltung könnte man geradezu als die Virulenz des „Reiches Gottes" selber bezeichnen. Jetzt erst sind wir „selig". Wenn wir unsere Weltverbundenheit realisieren, wenn wir uns gleichsam an *einem* Tisch mit allen anderen Menschen dieser Erde sehen, ist die Aussage Jesu sonnenklar.

Es sei noch einmal an das Beispiel von den Kleinkindern erinnert[191]: Ganz selbstverständlich, ohne zu überlegen, heben sie für ein anderes Kind einen Gegenstand auf, der ihm heruntergefallen ist. Beim Spielen kooperieren Kinder natürlicherweise und konkurrieren nicht. Karrieredenken, Leistungsbewertung, etwa durch Noten, Statussymbole sind in einer solchen Daseinsweise völlig fehl am Platze, ja geradezu absurd. Große Autos, glänzender Schmuck, Weltreisen usw., in der Welt als dem „Reich Gottes" sind sie niemals mehr begehrenswert, sind

---

[190] Thomas Klie, Autor des Buches „Wen kümmern die Alten? Auf dem Weg in eine sorgende Gesellschaft" (Pattloch Verlag, München 2014) in einem Gespräch mit Mira Gajevic, Frankfurter Rundschau vom 29.1.2014.
[191] Vgl. oben S. 85f.

vielmehr Ausdruck von Weltverlassenheit, von tiefer Entfremdung, von verfehltem Leben.

Teufelskreise überwinden
Vom Hinhalten der anderen Wange (Matthäus 5,39b / Lukas 6,29a)

Wem aufgegangen ist, dass er in die Welt, die ihn umgibt, hineinverwoben ist, dass das eigene Wohlbefinden unmittelbar mit dem Zustand der Welt verknüpft ist, der wird sich niemals über andere stellen wollen. Erste und Letzte kann es im „Reich Gottes" nicht geben. Ebenso wäre es ihm nicht möglich, Gewalt, die sich gegen ihn oder gegen andere richtet, hinzunehmen, geschweige denn sie mit Gegengewalt zu beantworten. Weltverbundenheit und Gewalt schließen einander aus. Im „Reich Gottes" muss der Teufelskreis von Gewalt und Gegengewalt vielmehr durchbrochen und gestoppt werden. Wie das geschehen könnte? Zum Beispiel auf diese Weise:

> Dem, der dich auf die Wange schlägt,
> halte auch die andere hin!

‚Matthäus' ergänzt: „...auf die rechte Wange...". Die kürzere ‚lukanische' Textfassung dürfte ursprünglicher sein.

Dieses Wort ist keineswegs als Aufforderung zur passiven Duldung eines gewaltsamen Angriffs zu verstehen – eine solche Fehlinterpretation wird durch den wohl von ‚Matthäus' selber Jesus in den Mund gelegten Vers 39a suggeriert: „Ich aber sage euch: Leistet dem Bösen keinen Widerstand." Ganz im Gegenteil geht es darum, den Kreislauf der Gewalt mutig zu stoppen und zu durchbrechen. Erreicht werden soll, dass der andere jetzt nicht und überhaupt nie mehr zuschlägt. Das aber setzt voraus, dass er selbst zur Einsicht kommt, dass er sein Verhalten sozusagen aus der Perspektive des Geschlagenen betrachten kann. Dazu muss er die Chance bekommen, zumindest kurz innezuhalten.

Jesus schlägt deshalb dem Angegriffenen vor, völlig anders zu reagieren, als es der Angreifer erwartet, nämlich nicht etwa zurückzuschlagen oder auszuweichen, sondern ihm „die andere Wange hinzuhalten". Dieses phantasievolle, mutige, aber natürlich auch höchst riskante Verhalten könnte den Angreifer derart verwirren, dass er eben gerade nicht ein zweites Mal zuschlägt, sondern zur Besinnung kommt. So würde die Spirale von Gewalt und Gegengewalt durchbrochen, der „Dämon" der Gewalt ausgetrieben und die „Reich-Gottes"-Dimension der Welt unmittelbar „hereinbrechen" (vgl. oben zu Matthäus 12,28 / Lukas 11,20).

„Gleichheit ist Glück"
**Die Beispielerzählung von den Arbeitern im Weinberg
(Matthäus 20,1-14)**

Wenn in der „Reich-Gottes"-Welt – im Bilde gesprochen – am Tisch einer weltweiten Geschwisterlichkeit Platz ist für jeden Menschen, kann es kein Oben und Unten mehr geben und keine gegen einen anderen oder gegen ganze Menschengruppen gerichtete Gewalt. Jede und jeder ist für den anderen, für die andere da, kann nicht untätig bleiben, wo sein, wo ihr Handeln gefragt, ja gefordert ist. Und auch dies ist jetzt im Grunde selbstverständlich: Jede und jeder muss jederzeit genug zum Leben haben – völlig unabhängig vom Maß seiner Leistung. Auch das ist für viele, wahrscheinlich für die meisten Menschen völlig neu, ungewohnt, zunächst sehr schwer zu ertragen, wird wie ein Erdbeben empfunden, das ein in unserer entfremdeten Welt und Gesellschaft beinahe sakrosanktes Gesetz – „Jeder bekommt, was er verdient" – zertrümmert. Es ist jedoch in dem Moment absolut unausweichlich, in dem sich die Welt zum „Reich Gottes" hin geöffnet und wie verwandelt hat.

Mit dem Reich Gottes verhält es sich so:
Ein Gutsbesitzer ging gleich am frühen Morgen hinaus, um Arbeiter für seinen Weinberg anzuwerben. Nachdem er mit den Arbeitern um einen Tageslohn von einem Denar übereingekommen war, schickte er sie in seinen Weinberg. Um die dritte Stunde ging er wieder hinaus und sah andere auf dem Marktplatz stehen, die keine Arbeit hatten. Er sagte zu ihnen: „Geht auch ihr in den Weinberg. Ich werde euch geben, was recht ist." Und sie gingen hin. Um die sechste und um die neunte Stunde ging er nochmals hinaus und tat genauso. Als er um die elfte Stunde hinausging, fand er andere dastehen und sagte zu ihnen: „Was steht ihr hier den ganzen Tag

ohne Arbeit?" Sie antworteten ihm: „Weil uns niemand angeworben hat." Da sagte er zu ihnen: „Geht auch ihr in den Weinberg."

Als es Abend geworden war, sagte der Weinbergbesitzer zu seinem Verwalter: „Rufe die Arbeiter und zahle ihnen ihren Lohn aus. Beginne bei den Letzten bis zu den Ersten." Da kamen die, die um die elfte Stunde eingestellt worden waren, und erhielten jeweils einen Denar. Als dann die Ersten kamen, meinten sie, dass sie mehr erhalten würden. Aber auch sie erhielten jeweils einen Denar. Als sie ihn erhielten, empörten sie sich über den Gutsbesitzer und sagten: „Diese Letzten haben eine einzige Stunde gearbeitet, und du hast sie uns gleichgemacht, die wir die Last des Tages und die Hitze ertragen haben." Er aber antwortete einem von ihnen: „Mein Freund, ich tue dir kein Unrecht. Bist du nicht um einen Denar mit mir übereingekommen? So nimm das Deine und geh. Ich will diesem Letzten das gleiche geben wie dir."

Das Gleichnis ist später in mehreren Schritten erweitert und ergänzt worden. Bereits die beiden auf Matthäus 20,14 folgenden Begründungen sind sekundär, wie weiter unten im Einzelnen dargelegt wird. ‚Matthäus' fügte später dann noch das auf 19,30 rekurrierende ursprünglich eigenständige (vgl. Markus 10,31; Lukas 13,30) Logion an: „So werden die Letzten Erste und die Ersten Letzte sein" (20,16). Er verstand die Geschichte fälschlich eschatologisierend im Sinn einer Umkehrung der Reihenfolge am Jüngsten Tag. Tatsächlich hat die Umkehrung der Reihenfolge im Gleichnis jedoch rein erzähltechnische Gründe (s.u.). Einige Handschriften haben an diesen ‚matthäischen' Zusatz noch die Matthäus 22,14 entstammenden Worte „Denn viele sind berufen, wenige aber auserwählt" angehängt, interpretieren die Geschichte somit endgültig als Gerichtsgleichnis, nämlich als Warnung vor der Zurückweisung derjenigen beim Endgericht, die dem Verhalten des Weinbergbesitzers, und das heißt hier: Gottes, widersprechen. Doch im Gleichnis werden die protestierenden zuerst Eingestellten nicht verurteilt; vielmehr erhalten sie den vereinbarten Lohn.

Die Parabel besteht aus zwei etwa gleich langen Teilen. Der erste Abschnitt schildert die Anwerbung der Arbeiter, der zweite die Auszahlung des Arbeitslohnes und ihre Folgen: den Protest der zuerst Eingestellten sowie die Antwort des Arbeitgebers. Dass die Lohnauszahlung bei den Letzten beginnt, hat rein erzähltechnische Gründe: Nur weil die Auszahlung mit den zuletzt Eingestellten beginnt, können die zuerst Eingestellten das ungewöhnliche Auszahlungsprinzip überhaupt registrieren, dass sie nämlich genau denselben Lohn erhalten haben wie die zuletzt Eingestellten.

Lediglich mit der ersten Gruppe vereinbart der Weinbergbesitzer eine konkrete Lohnsumme: einen Denar, das entspricht dem damals üblichen Tageslohn. Bei der zweiten Gruppe heißt es nur mehr: „Ich werde euch geben, was recht (wörtlich: gerecht) ist"; gleiches gilt für die dritte und vierte Gruppe, während bei der letzten vom Entgelt gar nicht mehr die Rede ist; diese Leute können offenbar froh sein, überhaupt noch eine Beschäftigung gefunden zu haben.

Am Schluss[192] erreicht die Erzählung ihren dramatischen Höhepunkt: Die zuerst Angeworbenen empören sich über den Weinbergbesitzer, weil er ihnen genau den gleichen Lohn auszahlt wie den zuletzt Eingestellten. Sie gehen ganz selbstverständlich davon aus, dass für ein Mehr an Leistung auch ein Mehr an Entlohnung zu erwarten ist: „Du hast sie uns gleichgemacht." Das ist der Kernsatz ihrer Empörung.

Einem von ihnen – und das heißt wohl: jedem Einzelnen von ihnen ganz persönlich – begründet der Weinbergbesitzer sein Verhalten. Seine Antwort bezieht sich unmittelbar auf das angebliche Unrecht, dass dem Ganztagsarbeiter widerfahren ist. Offensichtlich versucht er ihn für sich zu gewinnen, sein „anstößiges" Verhalten verständlich zu machen. Bevor er seine eigentliche Antwort formuliert, redet er den Beschwerdeführer freundlich an: *hétaire*, „Genosse", „Gefährte", „Kamerad", „Freund"[193]. Dann hebt er hervor, dass ihm doch in Wahrheit kein Unrecht geschehen sei: „Bist du nicht um einen Denar mit mir übereingekommen?" Er möge also das Seine nehmen und seiner Wege gehen. Doch jetzt folgt noch die Begründung für sein ungewöhnliches Handeln – und genau darauf will die Erzählung offensichtlich hinaus: „Ich will diesem Letzten genauso viel geben wie dir."

Der Weinbergbesitzer behandelt alle Arbeiter gleich. Er macht keinen Unterschied. Die Höhe des Lohns, den die Arbeiter im Weinberg erhalten, richtet sich nicht nach dem Maß ihrer Leistung, sondern nach seinem Vorsatz, allen Arbeitern in gleicher Weise „gerecht" zu werden. Die Zusicherung an die später Eingestellten, ihnen zu geben, „was recht (wörtlich: „gerecht") ist" (Vers 4), war anders gemeint, als gewiss auch diese sie verstanden hatten: ihnen nämlich genau den

---

[192] Nach 3. Mose 19,13 und 5. Mose 24,14f. muss die Auszahlung des Lohnes noch am Abend desselben Tages erfolgen, waren die Arbeiter zur Ernährung ihrer Familien doch dringend darauf angewiesen. Im Gleichnis wird sie durch einen Verwalter bzw. Aufseher vorgenommen, und zwar im Beisein des Weinbergbesitzers.
[193] Walter Bauer a.a.O. (vgl. Anm. 47) 636.

Lohn auszuzahlen (und nicht etwa weniger!), der dem Maß ihrer Leistung entspricht. Als „gerecht" empfindet es der Weinbergbesitzer jedoch, allen Arbeitern den gleichen Geldbetrag auszuzahlen, und zwar in genau der Höhe, wie er ihn mit den zu Beginn des Arbeitstages eingestellten Arbeitern ausgehandelt hatte: einen Denar. Dies war offensichtlich der Betrag, der benötigt wurde, um die Existenz des Arbeiters und seiner Familie für diesen einen Tag zu sichern.

Der Weinbergbesitzer folgt also keiner abstrakten Norm, keinem Gerechtigkeitsbegriff, der auch Not und Elend mit sich bringen könnte bzw. für den diese Folgen in keiner Weise relevant wären. „Recht", „gerecht" ist sein Handeln vielmehr, als es der Existenz der Arbeiter „gerecht wird", wobei seiner Haltung das Bemühen der Arbeiter, und zwar aller Arbeiter, korrespondiert, tatsächlich und unablässig Arbeit nachgefragt zu haben: Auch die erst später Eingestellten hatten die Absicht, sich den ganzen Tag über „in der Welt zu betätigen", haben gleichsam bis zur letzten sich bietenden Gelegenheit (bis zur letzten Stunde vor dem Ende des Arbeitstages) diesen Wunsch zu erkennen gegeben (V. 6f.)[194].

Vers 15 schließt an diese völlig ausreichende Erklärung für das zunächst überraschende, ja als äußerst provokant empfundene Handeln des Weinbergbesitzers zwei weitere Gründe an, die aber jeweils auf einer völlig anderen Ebene liegen. Zunächst soll die Berufung auf das Eigentumsrecht, auf das allein dem Eigentümer zustehende Verfügungsrecht über seinen Besitz sein Vorgehen erklären – entzieht es aber gleichzeitig auch jeder Nachfrage. „Kann ich mit dem, was mir gehört, nicht tun, was ich will?" (Vers 15a) Nicht mehr die Arbeiter sind es jetzt, die sein Handeln bestimmen – dass sie nämlich alle dasselbe erhalten sollen –, sondern die hier durch nichts in Frage gestellte Tatsache, dass er mit seinem Privatbesitz nach Gutdünken verfahren könne und dabei niemandem Rechenschaft schuldig sei. Ein weiterer, moralisierender Zusatz bringt schließlich die Güte ins Spiel, die den Weinbergbesitzer entsprechend handeln lässt und den Fragenden – nämlich ob seiner Missgunst – beschämt: „Oder sieht dein Auge böse drein, weil ich gütig bin?" (Vers 15b) Beide auf Vers 14 folgende Begründungen sind jeweils rein subjektiver Natur und beziehen sich nicht mehr auf das Verhältnis des Weinbergbesitzers zu den von ihm angestellten Erntehelfern. Aller Wahrscheinlichkeit nach also sind die an die erste Antwort angehängten Erklärungen späteren Rezipienten dieser

---

[194] Entsprechend wäre der Begriff der Leistungsgerechtigkeit umzudefinieren: Er beschriebe nicht mehr die Korrelation von Leistung und Lohn, sondern brächte das unablässige Bemühen zum Ausdruck, jedem Menschen die Möglichkeit zu verschaffen, seinen Fähigkeiten, seinem „Leistungsbedürfnis" entsprechend agieren und sich in die Welt einbringen zu können.

Beispielerzählung zuzuschreiben. Ihnen reichte der „einfache" Wille zur Gleichbehandlung offensichtlich schon nicht mehr aus.

Ohne den 15. Vers aber bliebe es bei dem Skopus, der von Anfang an in der Geschichte angelegt ist, nämlich die Auszahlung eines der Bedürftigkeit aller Arbeiter angemessenen, nicht leistungsabhängigen und deshalb für alle gleichen Geldbetrags. Handlungsleitend sind gerade nicht Recht oder Moral und ebenso wenig Großzügigkeit und Güte, sondern das angemessene Verhältnis zum Mitmenschen, die Realisierung der einfachen Tatsache, dass jeder Mensch mit dem auszustatten ist, was er braucht, unabhängig vom Maß seiner Leistung. Von dieser „Spielregel des Reiches Gottes" möchte der Weinbergbesitzer gewissermaßen jeden Einzelnen derer, die sich empören, überzeugen. Er möchte sie loseisen von einer der Welt nicht angemessenen, einer dem „Reich Gottes" entfremdeten, allerdings bereits aufs äußerste verfestigten, ja bereits zur Selbstverständlichkeit verformten Denk- und Verhaltensweise.

Höchstwahrscheinlich endete die ursprüngliche Erzählung also nicht erst mit dem 15., sondern bereits mit dem 14. Vers. In diesem Fall würde die ursprüngliche Antwort geradezu gerahmt von einer wertschätzenden Haltung dem Fragenden gegenüber. Er wird nicht nur gleich zu Beginn ein „Freund" genannt, sondern auch ganz zum Schluss (mit „wie [auch] dir" endet auch im griechischen Text die Erzählung) ist wieder seine Person im Blick, die genau das erhalten hat, was recht und richtig ist. Doch das impliziert eben auch, dass der Weinbergbesitzer allen anderen ebenfalls dasselbe geben will „wie dir".

So verdeutlicht die Beispielerzählung von den Arbeitern im Weinberg die neue Gerechtigkeit des „Reiches Gottes": Sie ist nicht leistungs-, sondern bedürfnisbezogen. Alle bekommen, was sie zum Leben brauchen, nicht mehr, aber auch nicht weniger, unabhängig vom Maß (und der Art) ihrer Arbeit. Es wird allerdings vorausgesetzt, dass wirklich alle arbeiten wollen, auch die Einstundenarbeiter. Dem Vorwurf des Müßiggangs wird besonders ausführlich dadurch der Wind aus den Segeln genommen, als diese auf eine entsprechende Nachfrage des Weinbergbesitzers glaubhaft versichern, den ganzen Tag auf Arbeit gewartet zu haben. Jeder Mensch (der ja grundsätzlich arbeiten will, durch seine Arbeit der Gesellschaft und dem Leben nutzen möchte), erhält, was er zum Leben braucht. Zwar spielt die Bereitschaft zur Arbeit selbst eine gewisse Rolle, nicht aber ihre Dauer oder ihr Ertrag.

Ganz selbstverständlich geht die Geschichte davon aus, dass die ökonomischen Verhältnisse dem Wesen des „Reiches Gottes" zu entsprechen haben, in der nicht

Leistung und Leistungsfähigkeit, sondern die Bedürfnisse des Menschen alleiniger und alles bestimmender Maßstab sind. Diese aber sind weitgehend gleich. Deshalb bilden Menschen im „Reich Gottes" immer eine egalitäre Gesellschaft.

Institutionen sind für die Menschen da, nicht umgekehrt
Vom Sabbat (Markus 2,27)

Die Bedürfnisse des Menschen und nicht etwa ihnen übergeordnete, diese Bedürfnisse letztlich missachtende Regularien leiten das Leben im „Reich Gottes" aber nicht nur in Bezug auf die Arbeit, sondern auch in Bezug auf ihr Pendant, den Sabbat, den Ruhetag:

> Der Sabbat ist um des Menschen willen gemacht worden,
> und nicht der Mensch um des Sabbats willen.

In diesem Wort erkennt Jesus die Institution des Sabbats zwar an, nicht aber im Sinn einer Einschränkung für den Menschen, als „Auflage", die er zu erfüllen habe, um dem besonderen Charakter dieses Tages zu entsprechen. Ganz im Gegenteil: Er versteht ihn als einen Tag, der dem Menschen dienen und ihm gut tun soll. Man könnte den von Jesus aufgestellten Grundsatz geradezu mit den Worten einleiten: „Im Reich Gottes gilt: ...", und ihn über den Sabbat und andere religiöse Ordnungen hinaus auf die Institutionen insgesamt ausweiten: Ihre Existenzberechtigung beziehen sie allein aus den Bedürfnissen der Menschen. Es verhält sich nicht etwa umgekehrt, dass die Menschen ihnen zu dienen und ihren Anforderungen zu entsprechen hätten. Sie sind keine Machtinstrumente, sondern Hilfsmittel zur Erleichterung des menschlichen Lebens.

Der folgende Vers 28 („So ist der Menschensohn Herr auch über den Sabbat") unterlegt diesem Jesuswort die Autorität des „Herrn" und „Menschensohnes", ja betrachtet ein solches neues Sabbatverständnis geradezu als Beweis seiner gottähnlichen Stellung. Dadurch erweist er sich als sekundärer, bereits von der Christologie der frühen Gemeinde bestimmter Zusatz. Diesen Vers übernehmen auch ‚Matthäus' und ‚Lukas' aus ihrer Markusvorlage (Matthäus 12,8; Lukas 6,5), nicht jedoch – vielleicht wegen seines ganz und gar „weltlichen" Charakters – den vorangehenden Vers 27, was zusätzlich – neben dem Widerspruch zum zeitgenössischen Verständnis des Sabbats, dem Jesus mit diesem Wort den Boden entzieht –

ein sehr starkes Indiz für die Authentizität dieses Jesusworts darstellt, das somit ebenso dem Urgrund der neutestamentlichen Überlieferung zuzurechnen ist.

Geschichtliche Diskontinuität
Von nun an wird das Reich Gottes verkündigt
([Matthäus 11,12f.] / Lukas 16,16)

Ein hohes Alter ist auch für das folgende, allerdings trotz unzähliger Versuche nicht mehr wirklich rekonstruierbare Logion anzunehmen (der Wortlaut weicht in den beiden überlieferten Fassungen stark voneinander ab[195]):

> Das Gesetz und die Propheten: bis Johannes.
> Von da an wird das Reich Gottes verkündigt,
> und jeder drängt sich hinein.

„Es gibt wenige Worte Jesu, über die sich eine solche Flut von Erklärungen in verschiedenen Kombinationen ergossen hat und deren Verständnis doch so unsicher geblieben ist", resümierte bereits Adolf von Harnack vor über hundert Jahren über diesen Vers[196]. Daran hat sich bis heute nichts geändert. Oftmals wird letztlich der lukanischen Version der Vorzug gegeben. „Wie immer das Logion ursprünglich verstanden wurde, unverkennbar ist jedenfalls, dass die Gottesherrschaft als gegenwärtig angesehen wird."[197]

---

[195] Die ‚matthäische' Fassung lautet: „Von den Tagen Johannes des Täufers bis jetzt bricht sich das Reich der Himmel mit Gewalt Bahn (oder: erleidet das Reich der Himmel Gewalt), und Gewalttätige reißen es an sich. Denn alle Propheten und das Gesetz haben bis Johannes geweissagt."
[196] Zwei Worte Jesu, Sitzungsberichte der preußischen Akademie der Wissenschaften – Philosophisch-historische Klasse, 1907, 942-957 (947).
[197] Ferdinand Hahn, Theologie des Neuen Testaments. Band 1, Verlag Mohr Siebeck, Tübingen 2005², 60.

Es gibt ein Leben vor dem Tod
„Lass die Toten ihre Toten begraben." (Matthäus 8,22 / Lukas 9,60)

Die Verkündigung des „Reiches Gottes" ist mit einiger Wahrscheinlichkeit Thema auch dieser alten Überlieferung:

Lass die Toten ihre Toten begraben;
du aber geh hin und verkündige das Reich Gottes!

Die Aufforderung: „Lass die Toten ihre Toten begraben!", wird sowohl von ‚Matthäus' als auch von ‚Lukas' in identischem Wortlaut überliefert. Dass es sich hier um eine ursprünglich isolierte Überlieferung gehandelt hat, ist allerdings eher unwahrscheinlich[198]. Der Satz für sich allein genommen erscheint unvollständig und verlangt aus sich heraus – ausgesprochen oder unausgesprochen – nach einer Fortsetzung bzw. nach der Benennung einer Alternative, wie sie ‚Lukas' denn auch bietet („du aber geh hin und verkündige das Reich Gottes!"). Wenn mit der Aufforderung, die Toten ihre Toten begraben zu lassen, im übertragenen Sinn ausgedrückt wird, „dass alle, die keinen Zugang zur Gottesherrschaft finden, wie ihn Jesu Verkündigung anbietet, tot sind"[199], dann liegt es nahe, dass der Nachsatz eben die Reich-Gottes-Botschaft thematisiert. Bei ‚Matthäus' fehlt die Aufforderung, das Reich Gottes bekanntzumachen; stattdessen leitet er die Aufforderung, die Toten ihre Toten begraben zu lassen, mit der Aufforderung zur Nachfolge ein: „Folge mir nach". Aufgrund der immer stärkeren Betonung der Person Jesu in nachjesuanischer Zeit ist es wahrscheinlicher, dass er damit den ‚lukanischen' Auftrag ersetzt hat, als dass ‚Lukas' in umgekehrter Weise vorgegangen wäre (abgesehen davon spricht auch die Analogie zu Matthäus 9,9 für eine ‚matthäische' Autorschaft). – Wahrscheinlich sind die Worte rein metaphorisch gemeint. Die vorausgehend geschilderte Szenerie, wonach tatsächlich jemand seinen Vater bestatten wollte, bevor er sich Jesus anschließt (Matthäus 8,21 / Lukas 9,59), dürfte als sekundäre, das Jesuswort wortwörtlich auffassende und seine Intention gerade deshalb missverstehende Veranschaulichung zu beurteilen sein[200].

Dies ist wiederum (vgl. Markus 10,25) ein kaum mehr überbietbarer Gegensatz: Hier der Tod, dort das „Reich Gottes", hier die Toten, die „ihre Toten begraben",

---

[198] So z.B. Rudolf Bultmann a.a.O. (vgl. Anm. 138) 28.
[199] Jürgen Becker a.a.O. (vgl. Anm. 137) 142.
[200] Vgl. z.B. Jürgen Becker ebd.: „Man kann die These vertreten, daß ein Kern der Szene und Jesu Antwort ursprünglich zusammengehören. Der besondere Einzelfall der Szene kann jedoch auch aus dem Wort Jesu erschlossen sein."

dort die Lebendigen, die aufgefordert werden, die Botschaft vom Leben, die Botschaft vom „Reich Gottes" auszubreiten. Außerhalb des „Reiches Gottes" zu existieren, das ist kein wirkliches Leben, diese Menschen sind wie tot, sie behandeln einander wie Tote, bringen einander ins Grab. Das geht demjenigen auf, dem sich die Welt als „Reich Gottes" geöffnet hat. Er wird nun alles daransetzen, dass sich dieser ganz andere und neue Zugang zur Welt möglichst vielen Menschen erschließt.

3. Das jesuanische Evangelium: eine identifizierbare, konsistente, komplexe und höchst eigenständige Größe

Im Grunde hat bereits die vorangegangene Exegese dieser 21 Worte gleichsam Schritt für Schritt implizit aufgezeigt, dass wir es hier mit einem in sich stimmigen, inhaltlich höchst anspruchsvollen und sehr eigenständigen Textkomplex zu tun haben. Alles spricht dafür, dass zumindest diese 21 Worte mit sehr hoher Wahrscheinlichkeit auf Jesus von Nazaret selbst zurückgehen. Es sind vor allem drei Argumente, die diese These nachhaltig untermauern: Zum einen erwiesen sich die aufgeführten Texte oftmals als die älteste Schicht eines umfangreicheren Überlieferungskomplexes (ein besonders markantes Beispiel sind die Seligpreisungen im Matthäusevangelium), bilden also den Urgrund nicht nur der synoptischen Evangelien, sondern des Neuen Testaments überhaupt. Sie zeichnen sich zweitens dadurch aus, dass sie, anders als ihre sekundären Erweiterungen und die vielen anderen Worte, die Jesus in späterer Zeit zugeschrieben worden sind, weder Bezüge zur jüdischen Religion noch aber auch zur Theologie der frühen Kirche erkennen lassen. Vielmehr weisen sie – drittens –, was ihre Aussage und Intention angeht, eine ihnen allen gemeinsame, so noch nie in Erscheinung getretene „Färbung" auf, lassen einen ganz neuen, höchst ungewohnten und dennoch wie längst vertraut klingenden Ton vernehmen. Ohne Ausnahme beziehen sie sich auf einen Zusammenhang, den Jesus „Reich Gottes" nennt und der für ihn eine präsentische, für die menschliche Existenz alles entscheidende, ihr das wahre Leben in seiner ganzen Fülle erst wirklich erschließende Größe darstellt. Dieser Terminus bildet die Mitte und bezeichnet den gemeinsamen Kern all dieser Texte. Mit Hilfe der historisch-kritischen Bibelwissenschaft konnte dieser Schatz vom tiefsten Grund des Neuen Testaments endlich gehoben und geborgen werden, kommt das jesuanische Evangelium, nachdem die späteren Übermalungen abgetragen und entfernt worden sind, ans Licht und zum Leuchten. Jetzt, wo die höchstwahrscheinlich echten Jesusworte herausgehoben und in ihren eigenen Zusammenhang gestellt worden sind, können diese Perlen endlich wieder ihren Glanz und ihre volle Leuchtkraft entfalten. Das jesuanische Evangelium ist identifizierbar und hat ein klares Profil. „Siehe, das Reich Gottes ist mitten unter euch" (Lukas 17,21) – dieser Satz fasst es vielleicht am prägnantesten zusammen.

4. Die Intention Jesu: die Welt als „Reich Gottes" wahrnehmen und an ihr teilhaben; weltverbunden leben

„Das Reich Gottes kommt nicht so, dass man es beobachten könnte; man wird auch nicht sagen: siehe, hier! oder: dort! Denn siehe, das Reich Gottes ist mitten unter euch." (Lukas 17,20b-21) Man kann es nicht von außen registrieren, es ist nicht objektivierbar. Es ist Gegenwart und offenbar doch nicht ohne weiteres wahrnehmbar. Man kann an ihm teilhaben; es ist aber auch möglich, dass es einem verschlossen bleibt. Gleichwohl: Erfüllung, wahres Leben, Freude, Glück, ja Seligkeit schenkt – den Worten Jesu zufolge – allein die Zugehörigkeit zum „Reich Gottes". Alles also käme darauf an, dass uns Menschen aufgeht: Wahrhaftig, das „Reich Gottes" ist mitten unter uns – ich lebe darin und habe Anteil an ihm.

Der Terminus „Reich Gottes" muss sich demnach auf die Welt beziehen, in der wir leben. Offensichtlich ist es eine ganz bestimmte Art und Weise, die Welt wahrzunehmen, sie zu empfinden, die es nahelegt, zu dem Terminus „Reich Gottes" zu greifen. Alles scheint darauf anzukommen, sich ihr zugehörig zu fühlen, sich immer neu als in sie eingebunden zu erleben und die eigene Existenz eben aus dieser Zugehörigkeit heraus zu realisieren und zu gestalten. Leben hieße Weltverbundenheit, ein Leben im Einklang mit der Welt würde zur Selbstverständlichkeit. Alles Glück läge darin beschlossen. Wer hingegen die Welt wie eine Kulisse versteht, die ihn beziehungslos umgibt, oder wie eine Bühne, auf der sich sein Leben abspielt, für wen sie nichts anderes ist als Gegenstand, Ressource, Material, der fände keinen Zugang zu der Erfahrung seiner „Reich-Gottes"-Zugehörigkeit. Wem aber aufgeht, dass er in der Welt nicht nur zu Hause, sondern in elementarster Weise mit ihr verbunden ist, dem wird sie zu einem heiligen, ja göttlichen Medium seines Lebens, dem hat sich die Welt als „Reich Gottes" geöffnet.

Wir alle sind einst als weltverbundene Menschen[201] ins Dasein getreten: „ihrer ist das Reich Gottes", sagt Jesus (Markus 10,15); des Weiteren spricht er das „Reich Gottes" den Armen, denen, die einfach leben, die nicht mehr haben, als sie brauchen, bedingungslos zu (Matthäus 5,3 / Lukas 6,20b). Diese Verbundenheit (wieder) zu realisieren, darum geht es ihm immer und immer wieder: dass uns „das Reich Gottes erreicht" (Matthäus 12,28 / Lukas 11,20); dass wir der Einladung

---

[201] Dafür spricht nicht nur das Verhalten, das Kinder als Kinder an den Tag legen. Heute wissen wir, dass jeder Mensch, der geboren wird, allein aufgrund seiner genetischen Herkunft mit der gesamten Geschichte des Lebens, ja des Universums selbst, verknüpft und verwoben ist.

„Kommt, denn es ist schon bereit!" (Lukas 14,17) Folge leisten, dass wir die Hochzeit mitfeiern (Markus 2,19a), aufgrund unserer Weltverbundenheit spüren, was dran ist, und dann schier Unglaubliches erleben, wie es die Gleichnisse von der von selbst Frucht bringenden Erde (Markus 4,26-28), vom Senfkorn (Markus 4,30-32) und vom Sauerteig (Matthäus 13,33 / Lukas 13,21), aber auch das Gleichnis von der Aussaat (Markus 4,3-8) so anschaulich verdeutlichen. Dann nämlich und nur dann werden wir die Welt in geradezu überwältigender Weise als „Wunder", die Beheimatung in ihr als größtmögliches Glück, ja als „Seligkeit" empfinden. Es ist „wie im Himmel", und zwar ganz dezidiert: hier auf Erden. Das Gesicht, die Gestalt der Weltverbundenheit ist nichts anderes als eine Kultur des Friedens. Die Rück-Bindung (*religare*, zurückbinden, anbinden, verbinden[202]) an die Welt, die WeltReligion, ist die Essenz des Menschseins. Und sie wiederum ist die Garantin des Schalom, des Friedens auf Erden.

All das ist höchst überraschend. Der Inhalt der Jesusbotschaft ist völlig anders ausgerichtet, als man den Charakter und Gehalt von „Religion" zu definieren bislang gewohnt war. Es geht in den Worten Jesu nicht nur um die Seele, um das Innere des Menschen, sondern um sein ganzes Leben. Thema ist nicht der Gottesglaube, sondern die Welt als „Reich-Gottes", ist also nicht Theologie, sondern Basileiologie. Intendiert ist nicht ein Bekenntnis zur Person des Botschafters, sondern Zustimmung zu einer, Einstimmung in eine Botschaft, deren Wahrheit nicht erst – mühsam – erfasst werden muss, die man vielmehr sogleich auch in sich selber verspürt. In Aussicht gestellt wird nicht das ewige Leben nach dem Tod im Jenseits, sondern das wahre Leben im Hier und im Heute. Nicht von Schuld und Sünde, von Vergebung und Erlösung ist die Rede, sondern von einer Lebensweise, die dem „Reich-Gottes"-Charakter der Welt entspricht.

Aber, wie schon angedeutet: Die Botschaft Jesu ist auch wie eine „Offenbarung", geht zu Herzen und klingt wie vertraut. Seine Worte scheinen etwas anzurühren, was noch in uns allen – oder jedenfalls sehr vielen Menschen – wohnt, nur oft verschlossen ist, verschüttet und wie längst vergessen: die Quelle des Lebens,

---

[202] Ob der Begriff „Religion" auf dieses Verb zurückgeht, ist allerdings umstritten. Diese Herleitung vertraten etwa die Kirchenväter Laktanz (um 250-320 n. Chr.) und Augustinus (354-430 n. Chr.), für den die wahre Religion diejenige ist, „durch die sich die Seele mit dem einen Gott, von dem sie sich gewissermaßen losgerissen hat, in der Versöhnung wieder verbindet" (De quantitate animae, 36,80). Sollte dem Begriff Religion das Verb *relegere* (bedenken, achtgeben) zu Grunde liegen – so der römische Politiker, Philosoph und Schriftsteller Cicero (106-43 v. Chr.) –, definierte es Religion als „die sorgfältige Beachtung alles dessen, was zum Kult der Götter gehört".

die Quelle des Friedens. Die Jesusbotschaft – nicht Anklage, nicht Drohung, kein Appell, kein Programm, sondern wahrhaft „Evangelium", frohe Botschaft, gute Nachricht – könnte sie wieder freilegen.

Der herrschenden Ordnung, dem überkommenen Wertesystem entzieht sie den Boden. Nicht die Reichen haben teil am „Reich Gottes", sondern die Armen. Sie sind es, die am Tisch des Gastmahls Platz nehmen, nicht die Besitzenden, nicht die gesellschaftlich Etablierten. Karrieredenken, das Streben nach den ersten Plätzen und obersten Rängen, wird durch eine völlig andere Daseinsorientierung ersetzt und desavouiert. Die Kinder, nicht die Erwachsenen sind es, die selbstverständlich am „Reich Gottes" teilhaben. Nicht hat sich der Mensch dem Sabbat (bzw. anderen religiösen oder gesellschaftlichen Institutionen) zu unterwerfen, sondern es ist genau umgekehrt: Ihre Funktion besteht einzig und allein darin, den Menschen, der Gesellschaft zu dienen. Die Gewalt muss ein Ende haben, und zwar auf allen Ebenen; sie ist ein Teufelskreis, den es zu durchbrechen, den es aufzuheben gilt.

Die Strukturmerkmale des „Reiches Gottes" entlarven die Strukturen der Gewalt, delegitimieren sie, erweisen ihren entfremdeten und entfremdenden Charakter, nehmen ihnen ihre Selbstverständlichkeit. Es *gibt* eine Alternative. Aber, beunruhigender noch für alle, die an das Bestehende gekettet und ihm verhaftet, ihm immer noch verfallen sind: Sie ahnen, ja sie spüren überdeutlich, dass eine von der Weltverbundenheit geprägte Gesellschaftsordnung, dass eine auf die Heiligkeit der Bio-, ja Ökosphäre abgestimmte Ökonomie letztlich nicht nur keine Alternative darstellen, sondern dem Leben, der Gesellschaft, der Welt einzig gemäß sind. Auch ihnen ist es ja im Grunde nicht möglich, ihre existenzielle Verbundenheit mit der Welt vollkommen auszublenden. Nur ein weltverbundenes Leben schenkt Heil, ja Seligkeit. Dass die Menschen am „Reich Gottes" teilhaben, dass sich ihnen die Welt als „Reich Gottes" öffnet, das ist es, worauf Jesus hinauswill.

Exkurs: Zur Biografie Jesu

Nicht ein exklusiver Status oder die Autorität des Botschafters ist es, die der Botschaft vom „Reich Gottes" einen besonderen Rang verliehe und ihre Anerkennung einforderte. Es ist vielmehr die Botschaft selbst, die als solche und aus sich heraus aufmerken lässt und Überzeugungskraft entwickelt. Um sie aber noch besser zu verstehen, um sozusagen ihrer Verleiblichung, ihrer exemplarischen Gestaltwerdung ansichtig zu werden, ist es nicht ohne Sinn, nach den Spuren zu fragen, die sie im Leben des Botschafters selbst hinterlassen hat. Jesus verkündigte das Reich Gottes ja noch mehr durch sein Handeln als durch seine Worte. Quellen dieser biografischen Umrisse sind – neben den Jesusworten – in erster Linie historisch glaubwürdige erzählende Texte in den synoptischen Evangelien.

Dass es aufgrund der unzureichenden Quellenlage nicht möglich ist, das Leben Jesu so zu beschreiben, dass sein Verlauf präzise wiedergegeben und die psychische Konstitution Jesu erkennbar gemacht werden könnten, ist seit Albert Schweitzers „Geschichte der Leben-Jesu-Forschung" allgemeiner Konsens. Wir müssen uns mit wenigen markanten Ereignissen und einigen Stichwörtern begnügen. Die Evangelisten verstanden sich nicht als Biografen. Ihre Werke sind Kerygma, Predigt. Immerhin aber stellen sie die Botschaft, die sie mit ihren Schriften vermitteln wollten, in den Rahmen des Lebens Jesu, strukturieren und gliedern sie so, dass Leser oder Hörer ihrer Worte den Eindruck haben, Jesus auf seinem Lebensweg zu begleiten. Es ist zumindest nicht ganz auszuschließen, dass dies in den Jahren 70 bis 90 n. Chr., der Zeit also, in der die synoptischen Evangelien verfasst worden sind, vor allem auch deshalb geschah, weil das irdische Leben Jesu, der konkrete, leibhaftige Jesus von Nazaret und seine Botschaft, schon sehr weit in den Hintergrund gerückt waren.

Nazaret

Geboren wurde Jesus aller Wahrscheinlichkeit nach in den Jahren vor der Zeitenwende in Nazaret in Galiläa, also im Herrschaftsbereich der römischen Besatzungsmacht, die den ganzen Vorderen Orient umfasste. Dort ist er als Sohn Josefs und Marias zusammen mit mehreren Geschwistern aufgewachsen. Markus 6,3 erwähnt wohl zutreffend die Namen seiner Brüder, seine Schwestern und seinen Beruf.

Begegnung mit Johannes dem Täufer

Das erste historisch sicher verbürgte und höchst bedeutsame Ereignis war die Begegnung des Nazareners mit Johannes dem Täufer. Dieser führte weitab von der Zivilisation am Jordan ein äußerst einfaches, ja karges Leben. Laut durchaus glaubwürdiger biblischer Überlieferung war er mit einem Gewand aus Kamelhaaren bekleidet, das von einem ledernen Gürtel zusammengehalten wurde, und ernährte sich von Heuschrecken und wildem Honig (Matthäus 3,4). Die Menschen, die sich zu ihm auf den Weg gemacht hatten, rief er zu einer radikalen Umkehr auf, denn: „Die Axt ist den Bäumen schon an die Wurzel gelegt. Darum: Jeder Baum, der nicht gute Frucht bringt, wird abgehauen und ins Feuer geworfen." (Matthäus 3,10 / Lukas 3,9) Johannes erwartete das Kommen Gottes zum Weltgericht in allernächster Zukunft. Er vertrat, um die Terminologie Albert Schweitzers und Johannes Weiß' aufzugreifen (die diese – allerdings fälschlich – auf Jesus beziehen), tatsächlich eine „konsequente Eschatologie". Alle, die seiner Botschaft Glauben schenkten und die Umkehr vollziehen wollten, wurden von ihm im Jordan getauft und damit gleichsam für das unmittelbar bevorstehende Gericht „versiegelt".

Jesus, so ist zu vermuten, hatte von Johannes erfahren. Seine Botschaft und Lebensweise müssen ihn stark beeindruckt und angezogen haben. Dass er Johannes aufgesucht und sich von ihm hat taufen lassen, zeigt, dass er dessen glühende Naherwartung des Kommens Gottes zunächst geteilt und dessen radikal-asketische Lebensweise eine Zeitlang für sich übernommen haben dürfte.

Wirksamkeit in Galiläa

Später jedoch erweist Jesus sich geradezu als Antipode seines einstigen Lehrers: Er fastet nicht, lehnt das Fasten sogar grundsätzlich ab (Markus 2,19a), feiert vielmehr, wird „Fresser und Weinsäufer" (Matthäus 11,19 / Lukas 7,34) genannt. Er wirkt nicht mehr, wie Johannes, am Rande oder jenseits der zivilisierten Welt, sondern in der lieblichen, kleinräumig-sanften Gegend am See Genezaret[203]. Hier

---

[203] Der römisch-jüdische Historiker Flavius Josephus (37 bis ca. 100 n. Chr.) beschreibt sie mit folgenden Worten: Den Gennesar entlang erstreckt sich eine gleichnamige Landschaft von wunderbarer natürlicher Schönheit. Der Boden ist so fett, dass jede Pflanze wachsen kann, und die Bewohner haben ihn auch mit allen möglichen Arten bepflanzt, zumal das ausgezeichnete Klima zum Gedeihen der verschiedensten Gewächsarten beiträgt. Nussbäume, die am meisten der Kühle

in Galiläa hat Jesus nicht auf die Menschen gewartet, um ihnen seine Botschaft überbringen zu können. Vielmehr ist er auf sie zugegangen, um mit ihnen zu leben und zu feiern. Er hat von Anfang an Gemeinschaft gestiftet.

Worin liegt der Grund für diese Abkehr von Johannes? Warum und inwiefern hat Jesus einen eigenen, einen völlig anderen und neuen Weg eingeschlagen? In der Zeit nach seiner Begegnung mit Johannes muss es zu einer fundamentalen Wende in seinem Leben gekommen sein, zu einem Durchbruch in eine völlig neue spirituelle Dimension. Während Johannes davon ausging, dass das Kommen Gottes zwar unmittelbar bevor-, aber eben prinzipiell noch aussteht, ist Jesus zu der grundlegend neuen Überzeugung gelangt, dass Gottes Reich da ist, dass es Gegenwart ist. Die Vision vom Satanssturz (Lukas 10,18) könnte diese Gewissheit ausgelöst, eher aber wohl seinen fundamentalen Neuansatz, seinen „neuen Stoff", seinen „neuen Wein", bildhaft zum Ausdruck gebracht haben. Ihm hatte sich eine völlig neue, bisher so nicht bekannte oder „gesehene" religiöse Dimension des Daseins und der Welt erschlossen. Er als erster hat die *terra incognita* des „Reiches Gottes" im Diesseits und in der Gegenwart entdeckt und betreten. Wie man überraschend einen ungemein wertvollen Schatz entdeckt, muss ihm aufgegangen sein, dass das „Reich Gottes" sozusagen zu unseren Füßen liegt, dass das Festmahl des Lebens bereit steht und es nun nur noch gilt, die Einladung anzunehmen und sich an den gedeckten Tisch zu setzen. Es gilt, das „Hochzeitsfest" des Lebens zu feiern, und es charakterisiert dieses Fest, dass es sich im Kontext aller Menschen, ja allen Lebens ereignet, dass es die Weltverbundenheit ist, die das Leben zu einem Fest werden lässt.

---

bedürfen, wachsen dort in großer Menge ebenso wie Palmen, die nur in der Hitze gedeihen; nahe bei ihnen stehen Feigen und Ölbaume, denen eine gemäßigte Temperatur mehr zusagt. Was sich hier vollzieht, könnte man ebenso einen Wettstreit der Natur nennen, die das einander Widerstrebende auf einen Punkt zu vereinen trachtet, wie einen edlen Kampf der Jahreszeiten, von denen jede diese Landschaft in Besitz zu nehmen sucht. Der Boden bringt die verschiedensten Obstsorten nicht bloß einmal im Jahr, sondern fortwährend hervor. So liefert er die königlichen Früchte, Weintrauben und Feigen, zehn Monate lang ohne Unterbrechung, während die übrigen Früchte das ganze Jahr hindurch mit jenen reif werden. Zu dem milden Klima gesellt sich die Bewässerung durch eine sehr kräftige Quelle, die von den Eingeborenen des Landes Kapharnaum genannt wird. Einige haben diese Quelle für eine Ader des Nils gehalten, da sich in ihr Rabenfische wie im See bei Alexandreia finden. Die Landschaft dehnt sich am Ufer des gleichnamigen Sees in einer Länge von dreißig und der Breite von zwanzig Stadien aus. So ist jene Gegend beschaffen." (Flavius Josephus, Geschichte des Judäischen Krieges. Aus dem Griechischen von Heinrich Clementz, Reclam Verlag, Leipzig 2003[7] [Drittes Buch, Kapitel 10, Abschnitt 8])

Sehr wahrscheinlich hat Jesus noch vor Beginn seines öffentlichen Auftretens die ersten Sympathisanten um sich geschart (vgl. Markus 1,16-20); der Zwölferkreis ist jedoch wohl nachjesuanische Konstruktion. Jesus ist nicht die große, alle überragende Einzelgestalt, sondern lebt und wirkt stets in Verbindung mit seiner Gruppe. Hier lebt man dem „Reiches Gottes" gemäß, das nicht erst kommt, sondern da ist, das erfahren und realisiert werden will.

Oberste Priorität hat die Ausbreitung der „Reich-Gottes"-Gewissheit. Ihr werden alle persönlichen Bedürfnisse untergeordnet. Jesus und viele seiner engsten Sympathisanten scheinen keinen festen Wohnsitz gehabt zu haben. Der drängende Impuls, zuallererst und vor allem das „Reich Gottes" anzusagen, führte zumindest bei Jesus zur Relativierung familiärer Bindungen (vgl. Markus 3,31-35); er selbst ist sicher unverheiratet geblieben (vgl. auch Lukas 14,20).

Die Vergeblichkeit mancher Bemühungen, die Ablehnung besonders durch die Reichen und Frommen war Jesus und seiner Gruppe nicht fremd. Besonders die Gleichnisse von der Aussaat und von der Einladung zum großen Gastmahl spiegeln dies wider. Doch die Jesusgemeinschaft blieb bestehen und ist wohl weiter angewachsen. Schließlich bricht Jesus mit seinen Gefährtinnen und Gefährten nach Jerusalem auf. Über die Beweggründe, die ihn dazu veranlasst haben, können nur Vermutungen angestellt werden. Doch dürften sie aller Wahrscheinlichkeit nach mit seiner „Reich-Gottes"-Gewissheit in Verbindung stehen und nur durch sie einigermaßen zureichend erklärt werden können. Durch den Wechsel seiner Gruppe aus Galiläa, der Provinz, nach Jerusalem, dem Zentrum des zeitgenössischen Judentums, versinnbildlicht durch den Tempel, und der weltlichen Macht, symbolisiert etwa durch den Königspalast, den sich Herodes der Große, ein von den Römern eingesetzter und abhängiger Machthaber, im Jahr 23 v. Chr. dort errichten ließ, wird jedenfalls der universelle Anspruch deutlich, den Jesus für seine Botschaft vom „Reich Gottes" erhebt.

Jerusalem

Doch hier spitzten sich die Ereignisse dramatisch zu. Es muss gerade die politisch-ökonomische Dimension des jesuanischen Evangeliums gewesen sein, die die Römer auf den Plan rief. Dass Jesus mit seiner Botschaft und einer ihr entsprechenden Lebenspraxis auf große Resonanz gestoßen war, konnten diejenigen nicht hinnehmen, die den Strukturen der Gewalt ihre Macht verdankten und aus ihnen ihr Kapital schlugen. Sie waren nicht bereit, denjenigen ungehindert gewähren zu lassen, der diese Strukturen nicht nur nicht anerkannte, sondern deren Illegitimität durch die von ihm gelebte und durch seine Botschaft kommunizierte Kultur des Friedens in jedem Moment publik und damit für jedermann erkennbar machte.

So entschlossen sich die Vertreter der römischen Besatzungsmacht – allein sie waren berechtigt, Todesurteile zu verhängen –, Jesus als den *Spiritus Rector* seiner „Reich-Gottes"-Bewegung endgültig auszuschalten. Wahrscheinlich wegen *seditio*, wegen politischen Aufruhrs, wurde er zum Tod am Kreuz verurteilt. Die Kreuzigung war die Todesstrafe für aufrührerische Sklaven und für Rebellen gegen die Macht Roms; der Anblick der nackten, gedemütigten Menschen in ihrem stundenlangen Todeskampf sollte rebellische Gedanken und Aktionen im Keim ersticken. Genaueres – der konkrete Anlass der Kreuzigung, die ihr vorausgegangenen Ereignisse[204] – lässt sich historisch nicht mehr ermitteln. Die Passionserzählungen der Evangelien bieten dafür keine Anhaltspunkte. Sie deuten den Tod Jesu christologisch, wobei bereits in ihrer ältesten rekonstruierbaren Gestalt ein antijüdischer Akzent und umgekehrt eine die Römer entlastende Tendenz unverkennbar sind, die sich beide im Lauf der Überlieferung noch massiv verstärken sollten.

Ist Jesus also gescheitert? Stellt die Kreuzigung die Wahrheit seiner Botschaft in Frage? Haben sich die Gegenkräfte als überlegen erwiesen? Gewiss, das Geschick Jesu steht in direktem Bezug zu seiner „Reich-Gottes"-Botschaft, mehr noch: zu seiner „Reich-Gottes"-Praxis. Aber besagt seine Hinrichtung auch nur in geringster Weise mehr, als dass diese Botschaft und Praxis natürlich auf den Widerstand derjenigen stoßen mussten, die selber noch in den Gewaltstrukturen lebten, scheinbar von ihnen profitierten und sie deshalb unter allen Umständen verteidigen und sichern wollten?

---

[204] Dass die Tempelaktion („Tempelreinigung") Jesu (Markus 14,15-17) eine, eventuell sogar die entscheidende Rolle gespielt hat, ist äußerst unwahrscheinlich. Hintergrund der Erzählung ist wohl die Diskussion über die Heiligkeit des Tempels in den frühen judenchristlichen Gemeinden (vgl. Jürgen Becker a.a.O. [vgl. Anm. 137] 407-410.425). Auch die Erzählungen vom Mahl Jesu mit seinen Jüngern am letzten Abend seines Lebens dürften nachjesuanischen Ursprungs sein. „Alle Texte zu diesem letzten Mahl Jesu verdanken sich liturgischer Gestaltung, die die Mahlfeiern der einzelnen Gemeinden widerspiegeln. Kein Text will berichten, was einst war, sondern begründen, warum die Gemeinde das Herrenmahl gerade so feiert, wie sie es tut." (Jürgen Becker ebd. 418).

5. „Reich Gottes" – jetzt und hier. Präzisierungen in zweierlei Hinsicht

5.1 „Reich Gottes" – Gegenwart, nicht Zukunft

Der zentrale Begriff, der zentrale Vorstellungszusammenhang, um den praktisch jedes der 21 Jesuswort kreist, lautet „Reich Gottes" (griechisch: *basilëia toũ theoũ*). Jesus hat den Begriff „Reich Gottes" nicht neu geschaffen, sondern der Tradition entnommen. Doch so traditionell der Terminus selber ist, so völlig neu, in so geradezu atemberaubender Weise alle bisherigen Vorstellungen aufhebend ist seine inhaltliche Füllung. Während Johannes der Täufer, Jesu einstiger Lehrer, noch ein, wenn auch aufs äußerste zugespitztes, eschatologisch-futurisches Verständnis vom Kommen Gottes vertreten hat (das Kommen Gottes stand für ihn gleichsam vor der Tür), so ist das „Reich Gottes" für Jesus Gegenwart. Es ist „schon bereit", es kommt nicht erst, sondern es ist „mitten unter euch".

Ein jüdischer Wissenschaftler, David Flusser, war es, der erstmals grundsätzlich richtig erkannt hat, dass die Originalität Jesu in seiner Botschaft von der Gegenwart des „Reiches Gottes" besteht: Jesus sei „der einzige uns bekannte antike Jude, der nicht nur verkündet hat, dass man am Rande der Endzeit steht, sondern gleichzeitig, dass die neue Zeit des Heils schon begonnen hat"[205]. In jüngster Zeit hat besonders Jürgen Becker den präsentischen Akzent der jesuanischen Reich-Gottes-Botschaft mit Nachdruck hervorgehoben: „Hatte niemand vor Jesus die Erwartung kommender Gottesherrschaft anders ausgelegt, als dass die Gegenwart auf sie noch zu warten habe, so erklärt Jesus seine Zeit zur Zeit der Heilswende selbst, weil die endzeitliche Gottesherrschaft sich nach ihm in ihr beginnt durchzusetzen."[206] „Gottes endzeitlicher Herrschaftsantritt muss nicht mehr erhofft und prophezeit werden, sondern wird als Zuwendung endgültiger Bestimmung erfahren. Das hatte so zugespitzt vorher in Israel und im Frühjudentum noch niemand gesagt."[207] Kritisch anzumerken ist allerdings, dass nichts darauf hindeutet, dass Jesus seine Zeit als eine Epoche der Zeitenwende, als Beginn eines neuen Äons gedeutet hat. In keinem seiner Worte geht es um den Anbruch, sondern immer um die Präsenz des – immer schon gegenwärtigen – „Reiches Gottes". Der Schatz

---

[205] David Flusser, Jesus, Rowohlt Verlag, Hamburg 1969, 87.
[206] Jürgen Becker a.a.O. (vgl. Anm. 137) 131.
[207] Ebd. 154.

liegt schon immer im Acker bereit; es kommt darauf an, ihn zu entdecken und zu heben. Der Tisch des Gastmahls steht schon immer bereit; es kommt darauf an, der Einladung zu folgen und Platz zu nehmen. Die Welt als „Reich Gottes", das den Armen und den Kindern zugesprochen wird, ist natürlich immer schon da. Es kommt darauf an, die Welt als „Reich Gottes" wahrzunehmen, eine Zuschreibung, die immer schon ihren Charakter ausmacht, der aber eben nur in der Wahrnehmung selbst und in der sie ermöglichenden und durch sie ermöglichten Weltverbundenheit realisiert wird.

Schon im Zusammenhang der 21 Jesusworte musste immer wieder konstatiert werden, dass im Zuge der Überlieferungs- und Redaktionsgeschichte das Präsens ins Futur transponiert oder in einen futurischen Rahmen gestellt worden ist, der das ursprünglich dezidiert präsentische Verständnis der Basileia verschleiert oder verdeckt hat, jedenfalls in den Hintergrund treten ließ. Erinnert sei beispielhaft nur an die Fortsetzung der Seligpreisung der Armen, denen das „Reich Gottes" *jetzt* zugesprochen wird, durch die Seligpreisung der Hungernden und der Weinenden aufgrund einer Zusage, die in der Gegenwart gerade noch nicht eingelöst ist. Aber auch über die behandelten Texte hinaus, diese Erkenntnis ist unausweichlich, sind Jesus überaus zahlreiche Worte in den Mund gelegt worden, die mit seiner ureigenen Botschaft gerade von der Präsenz des „Reiches Gottes" vollkommen unvereinbar sind. Dazu gehören, um nur die markantesten Texte zu nennen, die sogenannte kleine Apokalypse in Markus 13, dazu gehört wie alle anderen Kreuzesworte auch das an den mit ihm Gekreuzigten gerichtete „Wahrlich, ich sage dir: Heute wirst du mit mir im Paradiese sein" (Lukas 23,43), und dazu gehört Markus 14,25: „Amen, ich sage euch, ich werde nicht mehr von der Frucht des Weinstocks trinken bis zu jenem Tag, an dem ich von neuem davon trinke im Reich Gottes."[208]

Vor allem aber ist an dieser Stelle die zweite Vaterunser-Bitte zu nennen: „Dein Reich komme" (Matthäus 6,10a = Lukas 11,2b). Sie ist eindeutig eschatologisch

---

[208] Für Gerd Theissen und Annette Merz ist dieses Wort „Ausdruck intensiver Naherwartung": „Wenn Jesus das nächste Mal Wein trinken wird, wird das Reich Gottes da sein. Es beginnt in den nächsten Tagen. Jesus selbst wird sein Hereinbrechen noch erleben. Aber das Wort kann auch sagen: Jesu Tod steht unmittelbar bevor. Nach seinem Tod wird er erst wieder im Reich Gottes ‚Wein' trinken. Gerade diese offene Zukunftssicht könnte Jesu Erwartungen wiedergeben: Ihm war die Gefahr bewusst, eines gewaltsamen Todes zu sterben. Aber noch immer hoffte er, dass Gott eingreifen werde und vor seinem Tod die Gottesherrschaft beginnen und alles verändern werde." (A.a.O. [vgl. Anm. 137] 379). Gleichwohl – oder gerade deshalb? – halten sie es für authentisch (ebd. 233)!

zu verstehen: Es geht um das kommende Reich Gottes[209]. Wie kein anderer biblischer Text hat diese die zentrale Botschaft Jesu von der Gegenwart des „Reiches Gottes" in Abrede stellende Bitte dazu beigetragen, die nichtjesuanische Vorstellung von dem erst noch bevorstehenden, erst noch zu erwartenden „Reich Gottes" auf Dauer, Sonntag für Sonntag, unablässig und weltweit, und damit fast unausrottbar in der christlichen Tradition zu verankern und immer aufs neue zu bestätigen. Dieses fest in der kirchlichen Liturgie verankerte, bekannteste Gebet, dieses Universalgebet, das wahrlich „die Welt umspannt"[210], für viele ein Fundamentaldokument des christlichen Glaubens[211], hat wie kaum etwas anderes bewirkt, die zentrale Botschaft der ältesten, nämlich jesuanischen Traditionsschicht des Neuen Testaments von der *Präsenz* des „Reiches Gottes" der völligen Vergessenheit anheimzugeben[212].

Das Vaterunser aber kann, auch nicht in der kürzeren und älteren ‚lukanischen' Version (Lukas 11,2-4[213]) allein wegen dieses fundamentalen Widerspruchs nicht nur zu einem, sondern zum zentralen Grundmerkmal seiner Botschaft niemals auf Jesus selber zurückgehen. Diejenigen Exegeten – und es ist die weitaus überwiegende Zahl –, die es gleichwohl Jesus zuschreiben, geben immer auch zu erkennen, dass sich ihnen dieser entscheidende Grundzug noch nicht erschlossen hat. So besteht für Joachim Gnilka „kein Zweifel, dass die Bitte [um das Kommen des Reiches Gottes; C.P.] (…) das endgeschichtliche einmalige Ereignis meint, dass

---

[209] Ulrich Luz betont dies mit Nachdruck (a.a.O. [vgl. Anm. 141] 341f.). Er irrt allerdings, wenn er darin keinen Widerspruch zur Intention der Botschaft Jesu zu erkennen vermag.

[210] „Das Gebet, das die Welt umspannt. Reden über das Vaterunser aus den Jahren 1944/45" (Quell Verlag Stuttgart) lautete der Titel eines höchst populären Buches des Theologen Helmut Thielicke (1908-1986).

[211] Zum Beispiel für Klaus-Peter Jörns: „Das Vaterunser, das Jesus seine Jünger gelehrt hat, ist nicht nur ein wichtiges Gebet. Es ist *das Fundament des christlichen Glaubens*." (a.a.O. [vgl. Anm. 107] 314; Hervorhebung im Original). – Völlig zu Recht stellt Ulrich Luz fest, „dass es kaum einen christlichen Text gibt, der so stark in Frömmigkeit, Gottesdienst, Unterricht und Dogmatik gewirkt hat" (a.a.O. [vgl. Anm. 141] 337).

[212] Zum Beweis ein ganz willkürlich ausgewähltes Beispiel: „Jesus lebte in der Naherwartung des Reichs Gottes. Er kündigte seinen Jüngern an, dass er bald wiederkommen werde. Damit lebt jede Generation von Christen in der Naherwartung." (Aus: Sonntagsblatt. Evangelische Wochenzeitung für Bayern Nr. 14 vom 6. April 2014, S. 6, Rubrik „Zeitzeichen")

[213] Der ‚lukanische' Text lautet: „Vater, geheiligt werde dein Name. Dein Reich komme. Unser tägliches Brot gib uns täglich. Und vergib uns unsere Sünden, wie auch wir selbst sie jedem vergeben, der gegenüber uns in Schuld ist. Und führe uns nicht in Versuchung."

Gott allein herbeiführen kann."[214] Dies spräche deshalb für die Authentizität dieser Bitte und des Vaterunsers selbst, als die „eschatologische Dringlichkeit, die wir im Herrengebet verspürten", Jesu Botschaft auszeichne[215]. Zwar liegt François Bovon mit seiner Interpretation der Bitte um das Kommen des Reiches Gottes grundsätzlich richtig, dass Jesus nach den Worten dieses Gebets „seine Jünger dazu auf(fordert), Gott zur glanzvollen Errichtung seines so sehr ersehnten Reiches einzuladen"[216]. Doch diese Interpretation des Vaterunsers ist eben gerade kein Argument für, sondern gegen die Authentizität dieser Vaterunser-Bitte und des Vaterunsers selbst[217]. Die Einschätzung von Siegfried Schulz dagegen ist wohl zutreffend: Die Gemeinde bittet „um das Hereinbrechen der apokalyptischen Weltenwende, und zwar in allernächster Nähe! Es ist keine Frage, dass wir im Vaterunser das ‚Gebetsformular' der ältesten jüdischen Q-Gemeinde Palästinas vor uns haben."[218]

Grundsätzlich wäre zu diesem Gebet noch anzumerken, dass in einem als gegenwärtig erfahrenen „Reich Gottes" Bitten, Zukunftserwartungen, Wünsche keinen Platz mehr haben. Wenn es „schon bereit" ist, dann heißt das *vice versa*, dass nichts mehr aussteht. Was im „Reich Gottes" geschieht, das geschieht hier und jetzt, automatisch, wie von selbst, in dem Moment, in dem ein Mensch die Gegenwart des „Reiches Gottes" realisiert. Da muss nichts mehr „nachgebessert" werden. Die Sakralität der Gegenwart des „Reiches Gottes" würde aufgelöst, wenn sie nicht aus sich selbst heraus gegeben, wenn erst ein erbetenes göttliches Eingreifen notwendig wäre, um einem Mangel abzuhelfen. Wahrscheinlich ist diese heilige Präsenz nie wirklich erfahren worden.

Die Eschatologie, die „Lehre von den letzten Dingen", entfällt als dogmatisches Thema einer *ecclesia reformata*, der „reformierten", der erneuerten Kirche. Ihre Aufgabe besteht vielmehr darin, erkennbar zu machen, inwiefern wir Menschen eben durch die Verbundenheit mit einer Welt, die sich zum „Reich Gottes" hin geöffnet hat, gerade jetzt und hier das Heil und volle Genüge finden.

---

[214] Das Matthäusevangelium. I. Teil: Kommentar zu Kap. 1,1-13,58, HThK I/1, Herder Verlag, Freiburg im Breisgau 1986, 219f.
[215] Ebd. 230.
[216] Das Evangelium nach Lukas. 2. Teilband: Lk 9,51-14,35, EKK III/2, Benziger Verlag, Neukirchener Verlag, Zürich/Einsiedeln/Köln/Neukirchen-Vluyn 1989, 128.
[217] Auch Bovon hält das Vaterunser (wie die meisten Neutestamentler) für jesuanisch (ebd. 123).
[218] Siegfried Schulz, Q. Die Spruchquelle der Evangelisten, Theologischer Verlag, Zürich 1972, 87.

5.2 „Reich Gottes" – die Welt in ihrer Heiligkeit, nicht Überwelt, nicht Himmel, kein neues Gottesbild

Der Terminus „Reich Gottes" bezieht sich in den Jesusworten nicht auf die Zukunft, sondern auf die Gegenwart, und er bezieht sich nicht, wie vor allem die ‚matthäische' Variante „Reich der Himmel" nahezulegen scheint[219], auf eine jenseitige, sondern auf diese Welt, auf die Welt, in der wir leben. Im „Acker der Welt" liegt der Schatz verborgen; alle Gleichnisse Jesu erzählen von konkreten Vorgängen in dieser Welt: dem Wachsen der Saat, der Durchsäuerung des Mehls, der Arbeit in einem Weinberg, dem Gastmahl, das bereit steht. Die Armen und die Kinder sind es, Menschen dieser Welt, denen Jesus das „Reich Gottes" zuspricht.

Und umgekehrt: Wer mit der Welt um ihn her nicht (mehr) verbunden ist, für wen sie Material ist, Ressource, Gegenstand, Objekt, der findet keinen Zugang zur „Reich-Gottes"-Existenz, kommt nicht in den Genuss der „Seligkeit", der allein in ihr beschlossen ist. Deshalb ist in den Jesusworten vom „Eingehen ins Reich Gottes" die Rede, von der ganz und gar nicht selbstverständlichen Teilhabe an ihm, von der Entdeckung des „Reiches Gottes", von dem Festmahl, zu dem sich durchaus nicht alle einfinden (können). Wer mehr hat, als er braucht, hat sich abgesondert von der Welt, lebt von ihr getrennt. Wer der erste sein will, betrachtet den anderen nicht mehr als Mitglied einer einzigen Familie von Brüdern und Schwestern, sondern als Konkurrenten, den es zu übertrumpfen, den es „abzuhängen" gilt. Wer Gewalt anwendet oder hinnimmt, bestätigt oder vertieft die Distanz zur „Reich-Gottes"-Welt, die auf Kooperation und Kommunikation geeicht und abgestimmt ist.

„Reich Gottes" wäre somit die Welt insofern, als man an ihr teilhat, die Welt, die ihren „Reich-Gottes"-Charakter erst erfahrbar werden lässt, wenn man mit ihr verbunden ist. „Reich Gottes" wäre somit nicht *ein*, sondern *das* Medium, in dem das Leben erst zu sich selber kommt, wirkliches, echtes, richtiges Leben ist. Dieses Existieren im „Reich Gottes" wäre eben deshalb, weil sie sich erst jetzt wirklich erfüllt, letztlich ein „sakrales" Geschehen, etwas Heiliges und Heilvolles, so dass man mit Fug und Recht von dieser Welt der Verbundenheit als dem „Reich Gottes" sprechen könnte. Die Zugehörigkeit zum „Reich Gottes", das wäre ein „heiliges" Leben, eine mit der Welt gesegnete und die Welt segnende Existenz.

---

[219] Vgl. oben Anm. 141.

Das Göttliche ereignete sich also im Vollzug der Weltverbundenheit. Heilig wäre das Leben selbst in seinem heilsamen und immer wieder heilenden „Reich-Gottes"-Zusammenhang. Die Heiligkeit enthüllte sich zum Beispiel in dem Nicht-mehr-Haben-als-man-braucht, in der Ausstattung mit dem, was zum Leben nötig ist, offenbarte sich in dem Einander-Dienen, spielte sich aus in der Daseinsweise der Kinder. Das Leben selbst ist „Religion", und ihr Inhalt, ihr Bezugspunkt ist die Welt. Nur in ihr und durch sie wird man des Heiligen, des Göttlichen gewahr.

So verwundert es keineswegs, dass in all den ältesten Überlieferungen des Neuen Testaments eine explizite Gottesvorstellung keinerlei Rolle spielt. Nie wird Gott, vielmehr immer die Welt thematisiert, und zwar in ihrer heilvollen, in ihrer unser Menschsein zur Fülle, zur Erfüllung bringenden, ja uns beseligenden Funktion, eben in ihrer göttlichen Qualität. Jesus hat kein neues Gottesbild verkündigt, was viele für die eigentliche Intention seiner Botschaft halten[220], sondern die Menschen für das Fluidum des „Reiches Gottes", in dem sie existieren, zu sensibilisieren, sie gewissermaßen an ihre „göttliche Heimat" zu erinnern und in ihr wieder zu verwurzeln gesucht. Sich von der Heiligkeit der Welt berühren, ja erfassen zu lassen, sie als Bezugsraum der eigenen Existenz zu erfahren, entledigt (und befreit) von jeglicher personalen Gottesvorstellung beziehungsweise lässt diese gar nicht mehr zu.

Alle Sätze, in denen Jesus Gott als seinen Vater anspricht, sind ihm nachträglich in den Mund gelegt worden, wofür neben literarischen eben auch ganz klare inhaltliche Argumente sprechen. Das gilt zum Beispiel, wie schon gezeigt, für das Vaterunser, das gilt für den bekannten, oft zitierten Satz aus der legendarischen

---

[220] So neben vielen anderen zum Beispiel Klaus-Peter Jörns: „Durch Jesu Botschaft und Leben haben wir gelernt zu begreifen – und müssen es in vielem wohl noch viel intensiver lernen –, dass Gott *unbedingte* Liebe ist." (a.a.O. [vgl. Anm. 107] 327; Hervorhebung im Original) und James M. Robinson: Die „utopische Vision von einem fürsorgenden Gott war das Herzstück der Verkündigung und des Verhaltens Jesu. (…) Dieses radikale Vertrauen auf Gott und diese Bereitschaft, Gott zu antworten, können diese Gesellschaft in eine Gesellschaft Gottes umwandeln. Darum ging es Jesus, wenn er von Glauben und von Jüngerschaft sprach. Er ließ sich von nichts anderem bestimmen." (Jesus und die Suche nach dem ursprünglichen Evangelium. Aus dem Amerikanischen übersetzt von Hein-Dieter Knigge, Verlag Vandenhoeck & Ruprecht, Göttingen 2007, 8) Beide plädieren entschieden für einen Abschied von der Sühnopfertheologie, jedoch nicht wegen ihrer Unvereinbarkeit mit der Reich-Gottes-Botschaft Jesu, sondern weil der bedingungslos liebende Gott kein Opfer braucht (sowohl Jörns als auch Robinson berufen sich dabei vor allem auf das Gleichnis vom verlorenen Sohn; 108.284 bzw. 94f.; siehe dazu unten).

Getsemaneszene: „Abba, Vater, alles ist dir möglich; lass diesen Kelch an mir vorübergehen!" (Markus 14,36 par.), das gilt für das Kreuzeswort: „Vater, in deine Hände befehle ich meinen Geist!" (Lukas 23,46), das gilt vor allem aber auch für das Gleichnis vom verlorenen Sohn (Lukas 15,11-32), das immer wieder als Hauptargument für die These herangezogen wird, Jesus habe Gott nicht mehr als zornigen Richter, sondern als liebenden Vater verkündigt und dies sei sein eigentliches Anliegen gewesen.

Das Gleichnis steht inhaltlich jedoch in keinem Zusammenhang mit den oben zusammengestellten alten Überlieferungen. Es erzählt nicht vom „Reich Gottes", sondern von der Umkehr eines Sünders zu seinem ihn mit offen Armen empfangenden Vater. Höchstwahrscheinlich ist der „verlorene Sohn" ein Repräsentant all derer, die der christlichen Gemeinde untreu geworden sind, aber gerne wieder in ihren Schoß zurückkehren würden. Die treuen Gemeindemitglieder, deren Haltung der ältere Bruder des „verlorenen Sohns" verkörpert, sollten dem Beispiel des die Güte Gottes selber abbildenden Vaters folgen, den „verlorenen Söhnen" mit Liebe begegnen und sie willkommen heißen. Die Gemeinde der „Söhne des Vaters" bildet hier schon eine eigene, von der „bösen" Welt abgesonderte Eigenwelt. Wohl dem, der sich aus ihr heraushält beziehungsweise sie verlässt, in der Gemeinde bleibt beziehungsweise in sie „heimkehrt". Die Jesusbotschaft von der Universalität der „Gotteswelt" spielt in dieser Erzählung schon keine Rolle mehr[221].

Thema der *ecclesia reformata* ist also nicht die Gotteslehre, sondern das „Reich Gottes", nicht Theologie, sondern „Basileiologie", die „Lehre vom Reich Gottes", besser: die Rede, das Gespräch über die Heilsbedeutung des „Reich-Gottes"-Zusammenhangs, der heiligen und heilenden Weltverbundenheit. Ihr Auftrag besteht darin, Erfahrungsräume zu schaffen, in denen wir Menschen zu ihr zurückfinden, Räume, die unser Empfinden, in einer Gotteswelt zu Haus zu sein, stärken und pflegen – damit die „Reich-Gottes"-Kultur des Friedens immer wieder zum Vorschein kommen, damit der Barbarei der Gewalt Einhalt geboten und sie überwunden werden kann.

---

[221] Walter Schmithals weist darauf hin, dass das Gleichnis in der Erzählweise an die lukanischen Beispielgeschichten vom barmherzigen Samariter (10,29-35) sowie vom reichen Mann und armen Lazarus (16,19-31) erinnert und Anschauungsmaterial der hellenistischen Rhetorik zu benutzen scheint, während die rabbinischen Gleichnismaterialien keine Analogien bieten, und der Stil manche lukanischen Eigentümlichkeiten aufweist (Das Evangelium des Lukas, ZBK.NT 3.1, Theologischer Verlag, Zürich 1980, 165).

6. Die Jesusworte: nicht „Mitte der Schrift", wohl aber „Kanon im Kanon"

„Die Verkündigung Jesu gehört zu den Voraussetzungen der Theologie des NT und ist nicht ein Teil dieser selbst." Mit dieser nach wie vor zutreffenden Feststellung eröffnet Rudolf Bultmann seine „Theologie des Neuen Testaments"[222]. Es liegt klar auf der Hand: Das Anliegen der neutestamentlichen Schriften – und das gilt auch und gerade für die neutestamentlichen Evangelien – besteht nicht in der Bewahrung der Jesusbotschaft und ihrer Interpretation für die Gegenwart, vielmehr geht es um die Christologie und Soteriologie, den Glauben *an* Jesus als den Christus und Gottessohn (vgl. Markus 1,1), den Glauben an die Heilsbedeutung von Kreuz (und Auferstehung) (vgl. 1. Korinther 15,3f.)[223]. Betrachtet man die redaktionelle Endgestalt des Neuen Testaments als Ganzes, bildet die Botschaft von Christus als dem Herrn und Erlöser eindeutig die „Mitte der Schrift". Jesus und seine Verkündigung ist in der Tat lediglich eine *historische* Voraussetzung der Theologie des Neuen Testaments, mehr nicht. *Inhaltlich* ist die Jesusbotschaft für die von den Autoren des Neuen Testaments propagierte Theologie ohne jeden Belang, ist „nicht ein Teil dieser selbst".

Die Betrachtungsweise und Bewertung der neutestamentlichen Überlieferungen ändern sich jedoch vollkommen, wenn man die Ergebnisse der sich historisch-kritischer Methoden bedienenden neutestamentlichen Wissenschaft zur Kenntnis und wirklich ernst nimmt. Hebt man jene 21 ältesten, aller Wahrscheinlichkeit nach auf Jesus von Nazaret zurückgehenden Texte des Neuen Testaments aus ihrem Kontext heraus und stellt sie für sich allein genommen zusammen, kann man sich des Eindrucks nicht mehr erwehren, dass sie eine ganz und gar eigenständige

---

[222] Rudolf Bultmann, Theologie des Neuen Testaments, Verlag J. C. B. Mohr (Paul Siebeck), Tübingen 1965⁵, 1.
[223] Leonhard Ragaz (1868-1945), reformierter Theologe und Mitbegründer der religiös-sozialen Bewegung in der Schweiz, unterliegt (leider) einer Fehleinschätzung, wenn er unterstellt, die Botschaft vom Reich Gottes und seiner Gerechtigkeit für die Erde sei der „*Hauptinhalt* der Bibel", von dem aus „sich alles einzelne erhellt": „Welches ist dieser Hauptinhalt, oder vielleicht besser: dieser *einzige* Inhalt? Darüber kann es keinen Zweifel geben. (…) *Der einzige Inhalt der Bibel ist der lebendige Gott und sein sich offenbarendes und entfaltendes Reich mit seiner Gerechtigkeit für die Erde.*" (Sollen und können wir die Bibel lesen und wie?, Zürich 1948², 1-37.16; Hervorhebungen im Original) „Das Reich Gottes für die Erde, das ist die Botschaft der Bibel. Es steht nichts anderes darin. Nur davon reden die Apostel; sie tun es auch da, wo sie nicht dieses Wort brauchen" (Von Christus zu Marx – von Marx zu Christus, Wernigerode a. Harz 1929, 153f.).

Größe darstellen. Ihre Botschaft gewinnt aus sich selbst heraus eine derartige Überzeugungskraft und entfaltet eine solche Dynamik, dass die übrigen Überlieferungen des Neuen Testaments – trotz ihres auf ihren Textumfang bezogen geradezu erdrückenden Übergewichts – demgegenüber verblassen und in den Hintergrund treten. In der Tat: Die Verkündigung Jesu ist nicht Teil der neutestamentlichen Theologie, vielmehr vernachlässigt die neutestamentliche Theologie die Jesusbotschaft vollkommen.

Nachdem also nun dieser Urgrund der neutestamentlichen Überlieferung aufgedeckt und der unverwechselbare Charakter der Jesusbotschaft vom Reich Gottes in Erscheinung getreten ist, wird die Annahme hinfällig, die redaktionelle Endgestalt des Neuen Testaments und ihre Theologie, die ein ganz anderes Thema anschlägt, käme weiterhin als Maßstab und Grundlage kirchlicher Verkündigung in Betracht[224]. Die Jesusüberlieferung kann jetzt nicht mehr ignoriert werden. Das wieder freigelegte jesuanische Evangelium erweist sich vielmehr faktisch aus sich selbst heraus als der „Kanon im Kanon", als der *articulus stantis et cadentis ecclesiae*, als der Artikel, mit dem die Kirche steht und fällt. Das reformatorische Schriftprinzip, das „*sola scriptura*", die Vereinbarung, dass die Lehre der Kirche „schriftgemäß" zu sein habe, dass sie biblisch begründet sein müsse, ist jetzt nur noch aufrechtzuerhalten, wenn sich dieses Prinzip auch auf die biblische Jesusbotschaft bezieht, und das heißt zunächst einmal auf jene 21 Worte, die sich mit hoher Wahrscheinlichkeit als jesuanisch erwiesen haben und eine Botschaft *sui generis* enthalten. Dann aber erklären sich diese Worte gleichsam selbst zum Fundament, auf das sich die Kirche der Zukunft, die *ecclesia reformata*, wieder gründen sollte, ja gründen muss.

---

[224] So Bultmann (und all diejenigen Theologen, die ihm darin gefolgt sind), für den das Kerygma von Kreuz und Auferstehung das Fundament des Neuen Testaments darstellt (a.a.O. [vgl. Anm. 222] 2).

7. Sola scriptura? Sola scriptura! Solum regnum Dei praesens![225]

Auf der Grundlage des durch Reformation und Humanismus angeregten historisch-kritischen Verständnisses der biblischen Überlieferung ist es gar nicht mehr möglich, die Evangelien des Neuen Testaments zu studieren, ohne der Jesusbotschaft selber ansichtig zu werden. Die Spannungen, Brüche, ja Widersprüche in den Texten sind unübersehbar und führen zu der unausweichlichen Einsicht, dass die Aussageintention, der Skopus einiger weniger, aber markanter Worte von der Grundlinie der die neutestamentlichen Schriften bestimmenden Theologie und Christologie in geradezu fundamentaler Weise abweicht. Diese Worte aber sind der Urgrund der neutestamentlichen Traditionsbildung. Sie sind ihr ältestes, ihr tiefstes Fundament. Sie, sie allein, belegen und bezeugen die Jesusbotschaft vom Reich Gottes.

Ganz zu Beginn, in vorneutestamentlicher Zeit, hat es durchaus noch Gruppierungen gegeben, die diesen Grund bewahren wollten und tradiert haben. Ein Zeugnis dafür ist die schon erwähnte *Logienquelle (Q)*, ein so gut wie ausschließlich aus Worten Jesu bestehendes Evangelium „eigener Art". Zwar ist sie nicht in den Kanon des Neuen Testaments aufgenommen worden und auch nicht als solche erhalten, doch ist es glücklicherweise möglich, dieses alte Evangelium aufgrund der von ‚Matthäus' und ‚Lukas' daraus in ihre jeweiligen Evangelien aufgenommenen Texte nachträglich zu rekonstruieren[226]. Es unterscheidet sich insofern sehr markant von der neutestamentlichen Sichtweise, als „die besondere Bedeutung Jesu in Q ohne Passions- und Auferstehungserzählung ausgedrückt wird; Kreuzestod und Auferstehung werden nicht – wie etwa bei Paulus und Markus – in ihrer Bedeutung für das Heil der Menschen gewürdigt und reflektiert. In Q entspricht der Tod Jesu dem Propheten-Schicksal"[227]. „Wichtig ist vielmehr der Anbruch, die Nähe der Gottesherrschaft."[228]

Ein weiteres Zeugnis für die Bedeutung der Jesusbotschaft in frühchristlicher Zeit ist die älteste Schicht des apokryphen *Thomasevangeliums* aus dem späten 1.

---

[225] Allein die Schrift? Allein die Schrift! Allein die (Botschaft von der) Gegenwart des „Reiches Gottes"!

[226] Siehe oben S. 70.

[227] Die Spruchquelle Q. Studienausgabe Griechisch und Deutsch, herausgegeben und eingeleitet von Paul Hoffmann und Christoph Heil, Wissenschaftliche Buchgesellschaft, Peeters Publishers, Darmstadt/Leuven 2002, 24.

[228] Ebd. 25.

oder frühen 2. Jahrhundert. Es enthält ausschließlich Worte Jesu, spricht ihm keine christologischen Hoheitstitel zu und schweigt von Tod und Auferstehung nahezu völlig[229]. Zwei Worte seien daraus zitiert, die inhaltlich eine große Nähe zur Jesusüberlieferung erkennen lassen: „Wenn die, die euch vorangehen, zu euch sagen: Siehe, im Himmel ist das Königreich! Dann werden euch die Vögel des Himmels zuvorkommen. Wenn sie zu euch sagen: Es ist im Meer, dann werden euch die Fische zuvorkommen. Das Königreich ist innerhalb von euch und außerhalb von euch." (Spruch 3) „Seine Jünger sprachen zu ihm: ‚Das Königreich, an welchem Tag wird es kommen?' ‚Nicht im Erwarten wird es kommen! Sie werden nicht sagen: Siehe, hier! oder: Siehe, dort! Vielmehr ist das Königreich des Vaters ausgebreitet über die Erde, und die Menschen sehen es nicht.'" (Spruch 113) Bernhard Heiniger merkt dazu an: „Während etwa die Logienquelle (Lk 17,22-37!) oder Paulus (1 Kor 15,23-28; Röm 8,19) überwunden geglaubte apokalyptische Konzepte, wenn auch christologisch gebrochen, wieder aufleben lassen und folglich die Durchsetzung der Gottesherrschaft erst in der Zukunft erwarten, und während Lukas (vgl. Lk 23,42f) oder auch die Deuteropaulinen das Reich Gottes im Himmel lokalisieren, hält das Thomasevangelium am präsentischen und diesseitigen Charakter des Reiches Gottes fest!"[230]

Nimmt man heute eine Bibel zur Hand, ist der Urgrund der Jesusbotschaft für den normalen Leser so gut wie nicht mehr auffindbar. Sie ist ja in gewisser Weise durch das nachjesuanische Kerygma untergepflügt worden. Um sie wieder zum Vorschein zu bringen und erkennbar werden zu lassen, könnte man die entsprechenden Texte durch Fettdruck hervorheben. Auch in der Lutherbibel sind – natürlich nach ganz anderen Auswahlkriterien – bestimmte Verse auf solche Weise markiert worden[231]. Jetzt aber ist eine Bibelausgabe erschienen, die dezidiert die „Reich-Gottes"-Botschaft zum Leuchten zu bringen versucht: „Die Bibel für kluge Kinder und ihre Eltern" von Hubertus Halbfas[232]. Bei einem ersten Blick ins Inhaltsverzeichnis fällt sofort die Kapitelüberschrift: „Das Evangelium vom Reich Gottes" ins Auge, und gleich darunter heißt es: „Reich Gottes – jetzt!" Schlägt man die entsprechende Seite 192 auf, beginnt der Text mit folgendem Satz: „Jesus

---

[229] Seine Bewertung als eigenständige historische Quelle ist allerdings umstritten (vgl. Gerd Theißen und Annette Merz [vgl. Anm. 137] 52-55).
[230] Bernhard Heininger, Das „Königreich des Vaters". Zur Rezeption der Basileiaverkündigung Jesu im Thomasevangelium, Bibel und Kirche 62 (2007), 98-101 (99).
[231] Zwar hat Martin Luther selbst einzelne Verse seiner Bibel im Druck hervorgehoben, die entsprechenden „Kernstellen" sind jedoch ein Erbe des württembergischen Pietismus.
[232] Patmos Verlag, Ostfildern 2013.

vertrat eine Lebensform, die er als ‚Herrschaft Gottes' oder ‚Reich Gottes' verstand. Damit ist keine jenseitige Welt gemeint, kein Himmel, sondern eine Lebensweise in der Welt der Menschen." Und so wird es dann entfaltet. Jesus lebt das Reich Gottes und lädt dazu ein: „Nicht Wohltätigkeit, sondern Tischgemeinschaft", „Jesus, Freund der Armen und Kranken", lauten weitere Überschriften. Die Vaterunser-Bitte „Dein Reich komme" wird zumindest relativiert, modifiziert und damit korrigiert: „Doch gehört dieses Reich nicht bloß der Zukunft, sondern es ist schon da, ‚mitten unter uns'." (198) Die Abendmahlsperikope Markus 14,22-25 ist mit folgendem Kommentar versehen: „Die Worte, die hier Jesus in den Mund gelegt werden, konnte er zu seinen Lebzeiten nicht sagen. Sie deuten den Tod Jesu aus einer späteren Sicht. Vom ‚Blut des Bundes' hat Jesus nie gesprochen; das Wort ‚Bund' war ihm fremd. Auch sprach er anders vom ‚Reich Gottes'. Hier wird das Reich Gottes bereits ins Jenseits verschoben." (235) Und auch die alttestamentlichen Überlieferungen werden so dargeboten und kommentiert, dass ihr „Reich-Gottes"-kompatibler Kern zum Leuchten kommt. Soweit mir bekannt, ist dies die erste Bibelausgabe, die sich dezidiert der Botschaft Jesu von Nazaret verpflichtet weiß. –

Es verhält sich bei der historisch-kritischen Bibelexegese, der sich selbstverständlich auch Hubertus Halbfas verpflichtet weiß, wie bei einer archäologischen Ausgrabung: Erkennbar wird der spezifische Charakter der ältesten Überlieferungsschicht des Neuen Testaments erst dann, wenn alle darüber liegenden Schichten samt und sonders abgetragen und vollständig beseitigt worden sind. Nur auf diese Weise, wenn die höchstwahrscheinlich echten Jesusworte herausgehoben und in ihren eigenen Zusammenhang gestellt werden, können diese Perlen ihren Glanz und ihre volle Leuchtkraft entfalten – lassen dann aber umgekehrt auch alle nachjesuanischen Traditionen in den Hintergrund treten, ja blenden sie weithin aus. Der Kanon im Kanon sind diese 21 Jesusworte! Sie sind der Grundlagentext der *ecclesia reformata*[233]. Um sich ihren eigenständigen Charakter vor

---

[233] Es wurde schon darauf hingewiesen (vgl. S. 57), dass auch Martin Luther keineswegs allen Schriften des neutestamentlichen Kanons die gleiche normative Bedeutung zuerkannte, ganz im Gegenteil: Er unterwarf ihn seinem Geltungskriterium, der Botschaft von der Rechtfertigung durch den Glauben an die erlösende Kraft des Leidens und Sterbens Christi, also dem, „was Christum treibet". Diesem Kriterium genügten nur ganz bestimmte Schriften des Neuen Testaments: „Summa, Sanct Johannis Euangeli und seyne erste Epistel, Sanct Paulus Epistel, sonderlich die zu den Romern, Galatern, Ephesern, unnd Sanct Peters erste Epistel, das sind die bucher, die dyr Christum zeygen, und alles leren, das dyr zu wissen nott und selig ist, ob du schon kein ander buch noch lere nummer sehest noch horist", heißt es in seiner „Vorrede zum Neuen Testament" vom September

Augen führen, ihre befreiende, heilende Kraft und Dynamik verspüren zu können, die sie nur entfalten, wenn sie von allen übrigen neutestamentlichen Texten in aller Deutlichkeit abgehoben und strikt unterschieden werden, seien sie auf den folgenden Seiten noch einmal im Zusammenhang aufgeführt, allerdings jetzt nicht an den jeweiligen Inhalten orientierter, sondern in rein formaler Reihenfolge: Am Anfang stehen die Traditionen des Markusevangeliums, es folgen die Texte, die ‚Matthäus' und ‚Lukas' der Logienquelle entnommen haben, schließlich werden diejenigen Überlieferungen aufgeführt, die nur in einem dieser beiden Evangelien enthalten sind, also dem jeweiligen „Sondergut" entstammen.

1522, seiner „Leseanleitung" gewissermaßen (WA.DB 6, S. 10, Z. 29-33) – die synoptischen Evangelien und die allein in ihnen aufbewahrte Jesusbotschaft sind für ihn vollkommen ohne Belang. Mit der Freilegung der Jesusbotschaft hat diese sich nun gleichsam selbst als neues „Sachkriterium" etabliert: Es sind, an die Diktion Martin Luthers angelehnt, die in den ersten drei Evangelien aufbewahrten Jesusworte, die alles enthalten, was vom „Reich Gottes" zu wissen nötig und seligmachend ist.

8. Die Jesusworte im Zusammenhang – „Kanon im Kanon", Urgrund des Neuen Testaments

Können denn Hochzeitsgäste fasten?

Markus 2,19a

Niemand näht einen Flicken aus neuem Stoff auf ein altes Gewand.
Sonst reißt das Füllstück von ihm ab,
und der Riss wird schlimmer.
Und niemand füllt neuen Wein in alte Schläuche.
Sonst zerreißt der Wein die Schläuche,
und der Wein geht verloren mitsamt den Schläuchen.

Markus 2,21-22 (ohne verstärkenden Zusatz)

Der Sabbat ist um des Menschen willen gemacht worden,
und nicht der Mensch um des Sabbats willen.

Markus 2,27

Siehe, ein Sämann ging aus, um zu säen.
Beim Säen geschah folgendes:
Einiges fiel auf den Weg;
und es kamen die Vögel
und fraßen es auf.
Anderes fiel auf Steine;
und als die Sonne aufging,
wurde es versengt.
Wieder anderes fiel unter Dornpflanzen;
und die Dornpflanzen wuchsen auf
und erstickten es.
Alles Übrige aber fällt auf guten Boden;
und es gibt Frucht,
nachdem es aufgegangen und gewachsen ist,
und trägt dreißigfach.

Markus 4,3-8 (ohne nachträgliche Erweiterungen)

Mit dem Reich Gottes verhält es sich so,
wie wenn ein Mensch Samen auf die Erde gestreut hat,
und er schläft ein und er erwacht, Nacht und Tag,
und der Same sprosst und wird groß –
er weiß selbst nicht wie.
Von selbst bringt die Erde Frucht:
zuerst den Halm,
dann die Ähre,
schließlich das voll ausgereifte Korn in der Ähre.

Markus 4,26-28

Womit könnte man das Reich Gottes vergleichen
oder in welchem Gleichnis könnte man es darstellen?
Es ist wie ein Senfkorn,
das, wenn es auf die Erde gesät wurde,
kleiner ist als alle Samenkörner auf Erden,
und, wenn es gesät wurde, aufgeht
und größer wird als alle Gartengewächse
und große Zweige bildet,
so dass unter seinem Schatten die Vögel des Himmels nisten können.

Markus 4,30-32

…solcher (der Kinder) ist das Reich Gottes.
Amen, ich sage euch:
Wer das Reich Gottes nicht annimmt wie ein Kind,
der kommt nicht hinein.

Markus 10,14b-15

Eher geht ein Kamel durch ein Nadelöhr,
als dass ein Reicher ins Reich Gottes gelangt.

Markus 10,25

Wer unter euch groß sein will, soll euer Diener sein,
und wer unter euch Erster sein will, soll der Knecht aller sein.

Markus 10,43b-44

Selig sind die Armen;
ihrer ist das Reich Gottes.

Matthäus 5,3 / Lukas 6,20b

Dem, der dich auf die Wange schlägt,
halte auch die andere hin!

Matthäus 5,39b / Lukas 6,29a

Lass die Toten ihre Toten begraben;
du aber geh hin und verkündige das Reich Gottes!

Matthäus 8,22 / Lukas 9,60

Das Gesetz und die Propheten: bis Johannes.
Von da an wird das Reich Gottes verkündigt,
und jeder drängt sich hinein.

(Matthäus 11,12f.) / Lukas 16,16

Wenn ich mit dem Finger Gottes die Dämonen austreibe,
dann hat euch doch das Reich Gottes erreicht.

Matthäus 12,28 / Lukas 11,20

Mit dem Reich Gottes ist es wie mit einem Sauerteig, den eine Frau nahm und in drei Sat (= ca. 40 Kilogramm) Weizenmehl verbarg, bis er das Ganze durchsäuert hatte.

Matthäus 13,33 / Lukas 13,21

Ein Mensch veranstaltete ein großes Gastmahl, lud viele dazu ein und schickte, als es soweit war, seinen Diener aus, der den Eingeladenen sagen sollte:
„Kommt, denn es ist schon bereit!"
Da fingen alle ohne Ausnahme an sich zu entschuldigen.
Der erste sagte zu ihm:
„Ich habe einen Acker gekauft
und muss ihn unbedingt besichtigen gehen;
ich bitte dich: Betrachte mich als entschuldigt."
Der nächste sagte:
„Ich habe fünf Ochsengespanne gekauft

und bin gerade auf dem Weg, um sie mir genauer anzusehen;
ich bitte dich: Betrachte mich als entschuldigt."
Der dritte sagte:
„Ich habe geheiratet
und kann deshalb nicht kommen."
Der Diener kehrte zurück und berichtete seinem Herrn davon.
Da wurde der Hausherr zornig und sagte zu seinem Diener:
„Geh schnell hinaus auf die Plätze und Straßen der Stadt
und bring die Armen hierher."

(Matthäus 22,1-9) / Lukas 14,16-21a

Mit dem Reich Gottes ist es wie mit einem Schatz, der in einem Acker verborgen war. Ein Mensch fand ihn und verbarg ihn wieder. Und in seiner Freude geht er hin, verkauft alles, was er besitzt, und kauft jenen Acker.

Matthäus 13,44

Mit dem Reich Gottes verhält es sich so:
    Ein Gutsbesitzer ging gleich am frühen Morgen hinaus, um Arbeiter für seinen Weinberg anzuwerben. Nachdem er mit den Arbeitern um einen Tageslohn von einem Denar übereingekommen war, schickte er sie in seinen Weinberg. Um die dritte Stunde ging er wieder hinaus und sah andere auf dem Marktplatz stehen, die keine Arbeit hatten. Er sagte zu ihnen: „Geht auch ihr in den Weinberg. Ich werde euch geben, was recht ist." Und sie gingen hin. Um die sechste und um die neunte Stunde ging er nochmals hinaus und tat genauso. Als er um die elfte Stunde hinausging, fand er andere dastehen und sagte zu ihnen: „Was steht ihr hier den ganzen Tag ohne Arbeit?" Sie antworteten ihm: „Weil uns niemand angeworben hat." Da sagte er zu ihnen: „Geht auch ihr in den Weinberg."
    Als es Abend geworden war, sagte der Weinbergbesitzer zu seinem Verwalter: „Rufe die Arbeiter und zahle ihnen ihren Lohn aus. Beginne bei den Letzten bis zu den Ersten." Da kamen die, die um die elfte Stunde eingestellt worden waren, und erhielten jeweils einen Denar. Als dann die Ersten kamen, meinten sie, dass sie mehr erhalten würden. Aber auch sie erhielten jeweils einen Denar. Als sie ihn erhielten, empörten sie sich über den Gutsbesitzer und sagten: „Diese letzten haben eine einzige Stunde gearbeitet, und du hast sie uns gleichgemacht, die wir die Last des Tages und die Hitze ertragen haben." Er aber antwortete einem von ihnen: „Mein Freund, ich tue dir kein Unrecht. Bist du nicht um einen Denar mit mir

übereingekommen? So nimm das Deine und geh. Ich will diesem Letzten das gleiche geben wie dir."

Matthäus 20,1-14

Keiner, der die Hand an den Pflug gelegt hat und nochmals zurückblickt, ist geschickt für das Reich Gottes.

Lukas 9,62

Ich sah den Satan wie einen Blitz vom Himmel fallen.

Lukas 10,18

Das Reich Gottes kommt nicht so, dass man es beobachten könnte;
man wird auch nicht sagen: siehe, hier! oder: dort!
Denn siehe, das Reich Gottes ist mitten unter euch.

Lukas 17,20b-21

KAPITEL 3
WeltReligion oder: die Sakralität der Weltverbundenheit.
Ansätze zu einer Kultur des Friedens

*Für einen außenstehenden Zuschauer ist das Reich Gottes nicht sichtbar.
Nur dem Beteiligten ist es erfahrbar.
Wer mitten in ihm lebt, nimmt es wahr.*

*Das Reich Gottes ist ein Medium, das uns durchdringt wie die Luft,
die unser Blut mit Sauerstoff versorgt.
Es lässt alle atmen und es lässt alle leben.*

*Das Reich Gottes ist ein Medium, das uns umhüllt wie die Wärme,
die uns beweglich macht und die kalten, erstarrten Verhältnisse
zu verwandeln vermag in lebendige und zärtliche.*

*Das Reich Gottes ist wie der Erdboden,
der uns trägt und uns selber zu tragenden Elementen werden lässt,
die untragbare Zustände nicht zulassen.*

*Das Reich Gottes ist wie ein elektromagnetisches Feld,
das unser Potential zur Entfaltung kommen lässt,
ein Kraftfeld, oft unsichtbar und unbemerkt,
aber wirkmächtig gegen Widerstand und stark.*

*Das Reich Gottes ist wie das Licht,
das uns den Durchblick gibt,
dunkle Ecken und Machenschaften auszuleuchten,
so dass Schönheit und Glanz allen Lebens sich zeigen kann.*

– Hans Bischlager[234] –

---

[234] Hans Bischlager (* 1948) ist von Haus aus katholischer Theologe, mittlerweile Philosoph und Mitbegründer der Friedensinitiative Ökopax. Er ist Autor des Buches „Umweltwahrnehmung und Körpererfahrung. Über Anfang und Ende der Neuzeit", Europäische Hochschulschriften Reihe 22, Soziologie, Bd. 93, Verlag Peter Lang, Frankfurt am Main 1984. Im Jahr 2016 ist im Aisthesis Verlag seine luzide Studie „Die Öffnung der blockierten Wahrnehmung" über „Merleau-Pontys radikale Reflexion" (so der Untertitel) erschienen; das, was Merleau-Ponty „Zur-Welt-Sein" nennt,

1. „Reich Gottes" – Metapher für den heiligen Zusammenhang der Welt, in den wir eingebunden sind

Es ist eindeutig und unbestritten: Der zentrale Begriff der Botschaft Jesu lautet: *basileia tou theou*, „Reich Gottes". Weiterhin haben die Analysen der ältesten Überlieferungen des Neuen Testaments sehr klar ergeben, dass sich dieser Terminus bei Jesus erstens nicht auf eine andere, externe, transzendente Wirklichkeit bezieht, sondern auf die Welt, in der wir leben, und zweitens, dass das „Reich Gottes" nicht erst kommt, sondern dass es *da,* dass es Gegenwart ist. Gleichwohl ist es, Jesus zufolge, eine Welt, an der nicht jeder Mensch (abgesehen von den Kindern und denen, die nicht mehr besitzen, als sie brauchen) selbstverständlich teilhat.

„Reich Gottes" beschreibt also nicht etwa den Zustand der Welt, in der wir leben. Sie *ist* nicht „Reich Gottes". Der Begriff bezieht sich aber auch nicht auf „eine andere Welt", die möglich, aber erst aufzubauen, die erst zu schaffen wäre, um eines Tages die alte Nicht-„Reich-Gottes"-Welt abzulösen. Und auch eine dritte Möglichkeit findet in den Jesusworten keine Basis, die darin bestünde, bestimmte Segmente der Welt als „Reich Gottes" zu definieren und anderen Bereichen diese Zuschreibung (noch) abzusprechen. Jesus zufolge kann man nicht „durch Beobachtung", also aus der Distanz heraus, auf das „Reich Gottes" schließen, nicht sagen: „siehe: hier! oder: dort!"; vielmehr ist das „Reich Gottes" „mitten unter euch" (Lukas 17,21).

Es ist „mitten unter uns", aber nicht alle haben daran teil. Es ist „schon (längst) bereit" (Lukas 14,17), aber bei weitem nicht jedem erschließt es sich. Es gibt ein Draußen und ein Drinnen. Das „Reich Gottes" ist demnach keine objektive Größe. Es lässt sich nicht von außen betrachten, beurteilen, identifizieren. Man kann das „Reich Gottes" auch nicht herstellen, verwirklichen, „bauen". Vielmehr enthüllt sich das mit dem Terminus Gemeinte nur demjenigen, der selber einbezogen ist. Es erschließt sich erst dann, wenn man in einer Beziehung zu ihm steht. „Reich Gottes" ist kein Zustand, sondern ein Geschehen, an dem derjenige, der „im ‚Reich Gottes' ist", beteiligt ist. Nur für den, der mit der Welt verbunden ist, geschieht „Reich Gottes".

---

steht in einem sehr engen Bezug zu dem, was hier mit einer Existenz im „Reich Gottes" gemeint ist. Dem intensiven Austausch mit ihm verdanke ich wesentliche Impulse für dieses Buch.

Wenn wir wahrnehmen, in welch grundlegender, fundamentaler Weise wir mit der Welt verflochten sind, wie wir mit ihr kommunizieren, sie „ein- und ausatmen" im wahrsten Sinn des Wortes und in jedem Moment unseres Lebens, wenn wir verspüren, wie unsere eigene Existenz in einen großen Zusammenhang eingewoben ist, dann öffnet sich die Welt zum „Reich Gottes". Wir stehen ihr nicht mehr gegenüber, sie ist nicht länger Objekt, Gegen-Stand, den man behandeln und sich zunutze machen kann. Die Welt, diese konkrete Welt, wird gleichsam zu einem Teil von uns selbst. Sie ist kein Fremdkörper mehr, vielmehr ist sie es ja, die uns atmen und leben lässt, mit der wir ununterbrochen kommunizieren, mit jedem Herzschlag, durch jeden Atemzug.

Alles, was wir tun, der ganze Modus unseres Lebens selbst wird in jedem Augenblick aus diesem Weltzusammenhang heraus geboren und von ihm geformt. Eine Welt-Sensibilität stellt sich ein. Man muss das „Reich Gottes" nach dem Modell des pulsierenden Lebens denken. In jedem Moment wird die Welt zum Anstoß und zur Herausforderung. Das „Reich-Gottes"-Geschehen ist Bewegung und Veränderung. Mit den starren Gewaltstrukturen kann es sich nicht verbinden, sie lösen sich auf. „Menschen teilen, Wunden heilen, Stumme grüßen, Mauern fließen"[235], die Welt kommt wieder in Fluss und immer wieder neu ins Lot.

Jesus nennt die Armen „selig". Und er begründet diese Zuschreibung mit dem Zuspruch der Teilhabe am „Reich Gottes", dem mit diesem Begriff bezeichneten, geadelten Weltzusammenhang. Denn demnach bedeutet es für den Menschen das größte Glück, mit dem „Reich Gottes" im Einklang zu sein, sich so darin zu bewegen, wie es dem mit diesem Begriff bezeichneten Weltkontext gemäß ist. „Selig" ist dieser Mensch deswegen, weil und insofern er in Kontakt mit dem „Reich Gottes" ist, und zwar in einer Weise, in der dieser Kontakt auch seine eigene Existenz, seine Art zu leben durchdringt und bestimmt, zum Beispiel seine Besitzverhältnisse. Es geht also keineswegs um eine innere Gesinnung, sondern um die ganz konkrete, eben von der als „Reich Gottes" wahrgenommenen Welt bestimmte und auf sie abgestimmte Lebensweise. So aber wird das „Reich Gottes" zum Medium der Glückseligkeit, einer Existenzerfahrung, die nichts anderes als die Erfüllung und Bestimmung des Lebens selber ist. Eine solche Erfahrung geht weit über das hinaus, was wir als „Glück" bezeichnen. Gemeint ist ein umfassendes Aufgehoben- und Geborgensein, selbst im Unglück.

---

[235] Aus dem Lied „Alle Knospen springen auf" von Wilhelm Willms.

Unser Heil liegt somit in der Weltverbundenheit beschlossen. Wer im „Reich Gottes" lebt, ist „selig". Die Realisierung der Weltverbundenheit wäre nichts anderes als Religion, wäre das, was in früheren Tagen „Frömmigkeit" genannt worden ist. Die beglückende, ja beseligende Erfahrung, in dieser „Reich-Gottes"-Welt einen, meinen Platz zu haben, kann ich nur gewinnen, wenn mir die Welt heilig ist, ich sie also schütze und bewahre, wenn ich mit der Welt freundlich, liebevoll, achtsam kommuniziere, wenn ich mich in einem gleichwertigen Bezug zu allem Lebendigen bewege und erlebe. Der Begriff „Reich Gottes" ist insofern nichts anderes als eine Metapher für diese tief empfundene Weltverbundenheit, für die Welt-Religion, eine Religion, deren Medium die Welt ist. In dieser Weise verstanden, ist es möglich, diesen Zentralbegriff der Botschaft Jesu weiterzuverwenden, ohne das Wort „Reich" als einen Ausdruck von Herrschaft misszuverstehen. Und es ist ausgeschlossen, den Begriff „Gott" auf eine außerweltliche Größe zu beziehen. Die Weltverbundenheit selber und nur sie ist es ja, ihre Kostbarkeit und Heiligkeit, die den „göttlichen" Glanz aus sich heraus erstrahlen lässt, die staunen und manchmal auch erschauern lässt – vor Seligkeit[236].

---

[236] Dass der Begriff „Reich Gottes" keine jenseitige Wirklichkeit meint, wie er oftmals missverstanden worden ist, und auch nicht als Sphäre innerlicher Herzensfrömmigkeit interpretiert werden kann, versteht sich von selbst.

2. Dimensionen der Weltverbundenheit. Elemente einer Kultur des Friedens

Vom „Reich Gottes" erreicht werden (Matthäus 12,28 / Lukas 11,20), den Schatz der Weltverbundenheit entdecken (Matthäus 13,44), an dem für alle Menschen gedeckten Tisch Platz nehmen (vgl. Lukas 14,16-21a), sich der Welt, in der und durch die wir leben, zugehörig fühlen, ja sie als Dimension der eigenen Existenz empfinden – das ist „Leben in seiner ganzen Fülle", das ist die volle Existenz, das bedeutet Glück, ja Seligkeit. Nur ein auf die Welt abgestimmtes Leben macht das Leben stimmig. Ohne die Kommunikation mit der Welt würden wir verstummen. Ohne den Austausch mit ihr würden wir vertrocknen und an uns selbst ersticken, würden wir verhungern und verdursten. Die Welt stillt unsere elementaren Bedürfnisse, sie ist das heilige, das heilende und deshalb das zu heiligende Medium einer uns Menschen einzig gemäßen Existenz im „Reich Gottes".

Um welche grundlegenden Bedürfnisse handelt es sich? Auf welche Weise werden sie gestillt? In diesem zentralen Teil des dritten Kapitels werden unsere Grundbedürfnisse genannt: unser Bedürfnis nach Gleichwertigkeit und Gleichbehandlung, nach Unversehrtheit und nach Nahrung. Ein markanter biblischer Text signalisiert, dass Menschen zu allen Zeiten um diese Grundbedürfnisse wussten und ihre Erfüllung in einen geradezu göttlichen Rang erhoben, ihr göttliche Qualität zusprachen. Nach einigen, am jeweiligen biblischen Text orientierten grundsätzlichen Überlegungen zeigen verschiedene Beispiele sodann auf, welche Rolle diese Bedürfnisse heute spielen und als wie wunderbar und erfüllend es empfunden wird, ihnen Genüge zu tun. Das „Reich Gottes" muss nicht erst gebaut, es will gelebt werden.

2.1 „Das Recht sprudele wie Wasser, Gerechtigkeit wie ein unversieglicher Bach!" (Amos 5,24)
Unser in der „Reich-Gottes"-Verbundenheit wurzelndes tiefes Bedürfnis, in gleicher Weise wie alle anderen Menschen geachtet zu werden und einen Platz in der Welt zu haben

Es ist ein Bedürfnis, das wir mit allen anderen Menschen teilen, nämlich dass beides in gleicher Weise gilt, und zwar unabhängig von jeder Vorbedingung: nicht benachteiligt, aber auch nicht bevorzugt zu werden, also in gleicher Weise wertgeschätzt zu werden wie jeder andere Mensch, und gleichzeitig selber dafür Sorge zu tragen, dass dies auch für alle anderen Menschen, ja letztlich für alles Leben auf dieser Erde gilt.

Der Prophet Amos – er wirkte im 8. Jahrhundert vor Christus – prangert im Namen Jahwes mit scharfen Worten immer wieder das Unrecht in Israel an: „Sie verkaufen den Gerechten um Geld, den Armen für ein Paar Sandalen" (Amos 2,6), die Mitglieder der Oberschicht bewohnen großartige Häuser und legen sich prächtige Gärten an, aber sie verwandeln das Recht in Unrecht und beuten das Volk gnadenlos aus (5,7.10-11), die Frauen dieser Gesellschaftsklasse bedrücken die Geringen und misshandeln die Armen (4,1), die profitgierigen Kaufleute betrügen die von ihnen abhängigen und auf sie angewiesenen Lieferanten auf jede nur denkbare Weise (8,4-7). Gewiss, es sind einzelne Personen, die ihre privaten Interessen über alles andere stellen, aber sie gehören alle zu ein und derselben Schicht bzw. Klasse, die damit begonnen hat, Strukturen des Unrechts zu installieren und die Gesellschaft damit zu infiltrieren. Und sie bedienen sich dabei der Religion – einer Religion, die ein Eigenleben entwickelt, indem sich ihre Formen und Ausdrucksweisen nicht mehr auf die „Reich-Gottes"-Struktur der Welt beziehen (etwa auf die Gerechtigkeit), sondern sich im Gegenteil gänzlich davon losgelöst haben. In diesem Zusammenhang steht der oben zitierte Gegen-Satz des Amos:

> Ich hasse, ich verwerfe eure Feste,
>   kann eure Feiertage nicht mehr riechen.
> Eure Huldigungsopfer gefallen mir nicht,
>   die Abschlussopfer eures Mastviehs blicke ich nicht an.
> Weg mit dem Lärm eurer Lieder,
>   das Klimpern eurer Harfen will ich nicht mehr hören!

> Stattdessen sprudele das Recht wie Wasser,
>   Gerechtigkeit wie ein unversieglicher Bach![237]

Amos empört sich über einen Kult, gerierte er sich auch als noch so „hochliturgisch" und in jeder Beziehung vollkommen, für den die Gerechtigkeit überhaupt kein Thema mehr ist. Ein „Gottesdienst", eine kirchlich-liturgische Veranstaltung, so könnte man dieses Wort aktualisieren und in unserem Zusammenhang verstehen, der in keiner Beziehung dazu steht, ist überflüssig, mehr noch: gefährlich und deshalb verwerflich. Er behindert, ja verhindert die Erfahrung des „Reiches Gottes", die er gerade befördern sollte.

Das aber macht das „Reich Gottes" aus: dass die Gerechtigkeit fließt auf unserer Erde, dass das Einander-und-der-Welt-gerecht-Werden im Fluss bleibt. Andersherum gesagt: Nur auf diese Weise werden wir Menschen unserer Existenz im „Reich Gottes" gerecht. Gerechtigkeit ist eine Grundstruktur des „Reiches Gottes". Sie kann nicht gemacht, hergestellt, verwirklicht, sondern will gelebt werden. Sie ist eine Ausdrucksweise des „Reiches Gottes" wie das Wasser, das fließen und nicht aufgestaut werden will, sprudeln will wie ein unversieglicher Bach, so natürlich und ganz und gar selbstverständlich, unaufhörlich, immer lebendig. Es kennzeichnet die Heiligkeit des „Reiches Gottes", dass die Gerechtigkeit immer und überall geschieht.

Im „Reich Gottes" leben heißt: verbunden sein, von Anfang an und immer. In dieser „Gestimmtheit" kommen wir zur Welt.

Born to be good

Kinder, so Jesus, nehmen das „Reich Gottes" an, stellen sich nicht gegen oder über die Welt. Noch ganz selbstverständlich spüren sie das Bedürfnis des Anderen und helfen voraussetzungslos dabei, es zu erfüllen. Eine Anerkennung, eine Belohnung empfänden sie als völlig deplatziert; sie zerstörte diese Selbstverständlichkeit vielmehr[238].

Sie wissen und schätzen, was ihnen selber guttut, intuitiv sympathisieren sie mit dem Unterstützer, identifizieren sich ohne zu überlegen mit ihm, er bildet die

---

[237] Übersetzung: Georg Fohrer, Die Propheten des Alten Testaments, Band 1: Die Propheten des 8. Jahrhunderts, Gütersloher Verlagshaus Gerd Mohn, Gütersloh 1974, 36f.
[238] Vgl. das Beispiel im 2. Kapitel (S. 85f.).

Intention auch ihres eigenen Verhaltens in entsprechenden Situationen ab – zumindest in ihrer frühen Kindheit.

> Dies geht aus einem sehr eindrücklichen Experiment hervor, von dem Erwin Wagenhofer in seinem Film „Alphabet" bzw. in dem von ihm zusammen mit Sabine Kriechbaum und André Stern verfassten Buch „Alphabet. Angst oder Liebe" berichtet[239]. Es handelt sich um einen von Kiley Hamlin gemeinsam mit ihrer Psychologieprofessorin Karen Wynn entwickelten Babytest, der im Center for Infant Cognition der University of British Columbia in Vancouver, Kanada, durchgeführt wurde.
>
> „Kleinkindern, sechs beziehungsweise zwölf Monate alt, wird jeweils ein kurzes Puppentheater vorgeführt: Eine rote, runde Figur versucht den Hang eines stilisierten Hügels zu erklimmen, schafft es jedoch nicht und rollt immer wieder zurück. Bald erscheint von hinten eine gelbe, dreieckige Figur, die nachhilft und anschiebt, bis der rote Kreis den Gipfel des Berges erreicht hat. Sichtlich erfreut hüpft die rote Figur auf und ab.
>
> Vorhang. Neue Szene. Wieder versucht der rote Kreis den Berg hinaufzukommen, wieder rollt er mehrmals zurück. Bald erscheint von oben ein blaues Quadrat, das den roten Kreis hinunterdrückt und gar nicht hochkommen lässt.
>
> Sechs Monate und zwölf Monate junge Kinder verfolgen gebannt jeweils einzeln mehrmals hintereinander diese Vorführung. Im Anschluss werden ihnen auf einem Tablett die Spielfiguren, das gelbe Dreieck (*the good guy*, der Helfer) und das blaue Quadrat (*the bad guy*, der Wegschieber), zur Auswahl präsentiert. 99 Prozent der Sechsmonatigen nehmen die gelbe Figur. Bei den Einjährigen sieht es schon anders aus: 20 Prozent entscheiden sich für die blaue Figur!"
>
> „Kiley Hamlin und ihr Team haben für dieses Phänomen, dass sehr junge Babys immer den *good guy* wählen, einen Begriff geprägt: ‚Born to be good'. Offenbar kommen alle Menschen als hochsoziale Wesen zur Welt und wollen sich mit- und aneinander freuen, es sei denn, jemand zeigt ihnen, dass sie auf andere Weise besser durchs Leben kommen."[240]

Wie der Mensch nicht aus dem Nichts entstanden ist, sondern sich dem Universum des Lebendigen verdankt, so kann das, was da mit ihm zum Leben erwacht ist, nur lebendig bleiben in der Offenheit und im Bezug zu seiner Mitwelt, in die es eingebettet ist, der Menschen und der Tiere und allen Lebens. Nur wenn diese Verbundenheit gestört oder unterbrochen wird, wenn sie versiegt, kann es geschehen, dass man den Anschluss an sie verliert, an ihren Rand gerät oder sich ganz von ihr abtrennt.

---

[239] Ecowin Verlag, Salzburg 2013, 148f.
[240] Ebd. 151.

Gleichheit ist Glück

Unmittelbare Folge und erstes Symptom eines solchen Beziehungsverlustes ist die Abkehr von der Egalität allen Seins. Wenn alles andere zum fremden Gegenüber und damit zum Gegenstand wird, muss sich das Ich ins Verhältnis dazu setzen. Es hat keinen selbstverständlichen Platz mehr im Universum des Lebens, sondern muss sich ihn in einer entfremdeten Welt immer wieder neu erringen. Das Ich steht allein gegen die Welt. Es will sich aus sich selbst heraus aufbauen und gegen die Welt durchsetzen. Dazu muss es sich möglichst größer, stärker und mächtiger machen. Es muss sich ausdehnen. Und so sichert es sich den Zugriff auf möglichst viele Dinge, Geräte, Erlebnismöglichkeiten, beansprucht sie als seinen Besitz und sein Eigentum, das es nun einzuhegen und vor dem Zugriff anderer zu sichern gilt. Es ist gezwungen, sich zu positionieren. Es zergliedert und ordnet die zum Objekt gewordene Welt. Es entsteht eine Rangordnung, eine Hierarchie. Es gibt jetzt ein Mehr und es gibt ein Weniger, ein Zuviel und ein Zuwenig. Der Mitmensch wird zum Konkurrenten, den man übertrumpfen möchte oder mit dem man allenfalls ein Zweckbündnis eingeht. Die Tiere werden zu „Gegenständen", die nur deshalb und in nahezu maschineller Weise ins Leben geholt und nur solange am Leben gehalten werden, bis ihr Fleisch, bis ihr Fell, denen allein das Interesse gilt, verwertet werden können. Die Welt wird zur Sache, die man beobachten, bearbeiten, verändern kann. Wir „halten sie uns", dabei ist sie es ja, die uns hält und erhält. Um wieder zu leben, aufzuleben, aufzublühen, damit das Leben wieder lebendig wird, gilt es also, den Kontakt mit der Welt wieder aufzunehmen, in die „Reich-Gottes"-Welt hineinzugelangen. Dann aber wird in diesem Universum des Lebendigen die Egalität ganz selbstverständlich als Glück empfunden und gelebt werden: „Gleichheit ist Glück"[241].

Mit der Welt als dem „Reich Gottes" verbunden, ist es nicht möglich, sich über einen anderen Menschen zu stellen, der Erste sein zu wollen, andere durch die eigene Kraft und Leistung zu besiegen. Vielmehr gilt in dieser Welt des Miteinanders, eines Lebens, das nur Leben in Fülle sein kann durch die Fülle und Vielfalt des Lebens um es her, genau das Gegenteil: Dieses Leben erfüllt sich immer wieder und wird beschenkt durch die aufmerksame Zuwendung zu anderem Leben – seien es Menschen, seien es Tiere –, es kommt zu sich gerade durch das, was es

---

[241] So der Titel des sehr überzeugend argumentierenden Buches von Richard Wilkinson und Kate Pickett (Untertitel: „Warum gerechte Gesellschaften für alle besser sind"). Aus dem Englischen von Edgar Peinelt und Klaus Binder, Zweitausendeins im Versand, Frankfurt am Main 2010².

anderem Leben sein kann (vgl. Markus 10,43b-44). Hierarchien, Herrschaftsverhältnisse, Macht zerstören dieses Heil, zersetzen die Sakralität der Weltverbundenheit von ihrer Mitte her und von Grund auf.

Immer wieder haben Menschen die zentral im Sinn der Gleichheit verstandene Gerechtigkeit gesellschaftlich umzusetzen und zu leben versucht. Die am Ende dieses Abschnitts, aber auch die weiter unten noch angeführten Beispiele geben davon ein beredtes Zeugnis. Sie machen deutlich, dass dem Menschen das unverlierbare Gespür innewohnt, dass sich seine Existenz nur in einer entscheidend von der Gleichheit charakterisierten Kultur des Friedens wirklich entfalten kann[242]. Dieses Empfinden kann auch durch Strukturen der Gewalt nicht ausgelöscht werden. Die die Kultur des Friedens ganz elementar bestimmende Gleichheit wird als so berührend, als so beglückend, ja beseligend empfunden, dass sie im Grunde nur als eine religiöse Größe aufgefasst werden kann. Drückt sich nicht gerade auch darin aus, was Rudolf Otto als Fascinans bezeichnet, neben dem Numinosum ein Wesenszug des Heiligen selbst[243]?

Nur in einer unser Bedürfnis nach Gleichheit erfüllenden Kultur des Friedens und als solcher der Gerechtigkeit können wir wirklich zu Hause sein. Man muss Richard Wilkinson und Kate Pickett wohl zustimmen, wenn sie, im Anschluss an die Worte Martin Luther Kings, dass der Bogen des moralischen Universums zwar lang sei, er sich aber zur Gerechtigkeit neige, ausführen: „Wenn wir davon ausgehen, dass wir in der menschlichen Vorgeschichte in bemerkenswert gleichen Gemeinschaften gelebt und in dieser, wie manche sagen, ‚ursprünglichen Überflussgesellschaft' ein stetiges – oder nachhaltiges – Leben geführt haben, können wir uns die Geschichte mit einigem Recht als einen Bogen vorstellen, der sich zu den eigentlich menschlichen Grundprinzipien von Gerechtigkeit und Gleichheit zu-

---

[242] Es ist inzwischen erwiesen, dass sich die Entwicklung des Menschen zu einem gesellschaftlichen Wesen in akephal-dezentralen, egalitären Gemeinschaften vollzogen hat, Gesellschaften also, in denen die Macht nicht dauerhaft an Einzelpersonen gebunden ist. In ihnen war die Abneigung gegen jede Form politischer oder sozialer Ungleichheit tief verwurzelt. Wie zum Beispiel die Tallensi in Ghana, viele akephal organisierte Indianerstämme in Amerika oder auch die Paschtunen in Afghanistan leisteten sie verbissenen Widerstand gegen die Unterwerfung unter eine fremde Herrschaft. Ist dies nicht ebenfalls ein starker Hinweis darauf, dass nicht nur formal-rechtliche und politische, sondern auch ökonomische und soziale Gleichheit dem „Wesen" des Menschen entspricht?

[243] Vgl. Rudolf Otto, Das Heilige. Über das Irrationale in der Idee des Göttlichen und sein Verhältnis zum Rationalen, Verlag C. H. Beck, München 2004, 42ff.; Erstauflage 1917.

rückbiegt, die wir bis heute in jedem normalen gesellschaftlichen Zusammenwirken als gute Umgangsformen betrachten. Auf allen Stufen des Wegs zu einer Gesellschaft der Gleichen brauchen wir Menschen, die sagen, was sie denken, die sich für die Sache einsetzen, die organisieren und kämpfen."[244]

>Zwei Beispiele aus der franziskanischen Tradition: In der ältesten erhaltenen Regel der franziskanischen Gemeinschaft von 1221 (Regula non bullata, NbR) heißt es: „Ebenso soll hierbei kein Bruder Macht oder Herrschaft ausüben, vor allem nicht unter den Brüdern selbst." „Und niemand soll ‚Prior' genannt werden, sondern alle sollen einfachhin ‚Mindere Brüder' heißen. Und einer wasche des anderen Füße."[245] Weiter wird erzählt, dass Franziskus, als einer seiner Novizen unbedingt ein Gebetbuch für sich allein besitzen wollte und immer wieder darum bat, ihm schließlich antwortete: „Wenn du erst einmal den Psalter hast, wird es dich gelüsten, auch ein ganzes Brevier zu haben; und hast du ein Brevier, so wirst du bald auf dem Katheder sitzen wollen wie ein gewichtiger geistlicher Herr und wirst deinem Bruder sagen: ‚Hole mir mein Brevier!'"[246]

>Und ein Beispiel aus der Neuzeit: Von einem nur kurzen, bedauerlicherweise nicht wirklich echten Aufleuchten einer egalitären Gesellschaft in Barcelona Ende 1936, zu Beginn des Spanischen Bürgerkriegs, berichtet George Orwell: „Kellner und Ladenaufseher schauten jedem aufrecht ins Gesicht und behandelten ihn als ebenbürtig. Unterwürfige, ja auch förmliche Redewendungen waren vorübergehend verschwunden. Niemand sagte ‚Señor' oder ‚Don' oder sogar ‚Usted'. Man sprach einander mit ‚Kamerad' und ‚du' an und sagte ‚Salud!' statt ‚Buenos días'. (…) Eins meiner allerersten Erlebnisse war eine Strafpredigt, die mir ein Hotelmanager hielt, als ich versuchte, dem Liftboy ein Trinkgeld zu geben. Private Autos gab es nicht mehr, sie waren alle requiriert worden. (…) Das Seltsamste von allem aber war das Aussehen der Menge. Nach dem äußeren Bild zu urteilen, hatten die wohlhabenden Klassen in dieser Stadt praktisch aufgehört zu existieren. Außer wenigen Frauen und Ausländern gab es überhaupt keine ‚gutangezogenen' Leute. Praktisch trug jeder grobe Arbeiterkleidung, blaue Overalls oder irgendein der Miliziuniform ähnliches Kleidungsstück."[247]

---

[244] A.a.O. (vgl. S. 155 mit Anm. 241) 302f.
[245] „Similiter omnes fratres non habeant in hoc potestatem vel dominationem maxime inter se." (NbR 5,9) „Et nullus vocetur prior, sed generaliter omnes vocentur fratres minores" (NbR 6,3-4); Kajetan Esser, Die Opuscula des h. Franziskus von Assisi. Neue textkritische Edition, Grottaferrata (Romae) 1976, 382.
[246] „Bruder Leo und Gefährten erzählen" (Franz von Assisi, Legenden und Laude. Herausgegeben, eingeleitet und übersetzt von Otto Karrer, Manesse Verlag, Zürich 1975, 214).
[247] George Orwell, Mein Katalonien. Bericht über den Spanischen Bürgerkrieg, Diogenes Verlag AG, Zürich 1975, 9f. Leider war es nicht viel mehr als Illusion und Fassade; wenige Sätze später heißt es: „Ich erkannte nicht, dass sich viele wohlhabende Bürger einfach still verhielten und vorübergehend als Proletarier verkleideten."

Unmittelbarer Ausdruck und sich von selbst ergebende Folge der Herrschaftsfreiheit ist eine prinzipielle materielle Gleichheit. Jeder Mensch dieser Erde muss sich sicher sein, dass ihm, soweit nur irgend möglich, von der Gesellschaft alles zur Verfügung gestellt wird, was ihm für ein gutes Leben nötig erscheint. Darin besteht das zentrale Strukturelement einer Kultur des Friedens überhaupt. Jeder Mensch erhält in der „Reich-Gottes"-Welt und -Gesellschaft das, was er braucht, erlebt darin ganz konkret und materiell seine Weltverbundenheit, und er kann, soll und wird ganz selbstverständlich seine Fähigkeiten und Talente in dieser Welt und für diese Welt einbringen (der Begriff der Arbeitslosigkeit wird zum Fremdwort). Diese sich aus unserer existenziellen Weltverbundenheit heraus ergebende Kultur des Friedens überwindet die strukturelle Gewalt, die sich immer dann etabliert, wenn Menschen das Nötige zum Leben vorenthalten wird und sie gezwungen sind, sich nicht durch ihre Arbeit (oder den Verlust derselben) selbst zu entfalten, sondern sich fremden Interesse auszuliefern[248].

Ungleichbehandlung bringt die Gewalt in die Welt – ein biblischer Exkurs

Gewalt entsteht, wenn Menschen nicht gleich behandelt werden. Ungleichbehandlung, Diskriminierung ist das auslösende Moment der Gewalt schlechthin. Ohne diesen die Gewalttat hervorrufenden Beweggrund in irgendeiner Weise zu problematisieren, erzählt davon sehr eindrücklich die Geschichte von der Ermordung Abels durch seinen Bruder Kain (Genesis 4,1-16). Beide hatten Jahwe ein sogenanntes Primitialopfer dargebracht, das heißt sie spendeten der Gottheit die ersten oder besten Erzeugnisse ihrer Arbeit, Kain von den Früchten des Ackers, Abel von den Erstgeburten seiner Herde und ihrem Fett. Die Reaktion Jahwes darauf ist gespalten: „Jahwe sieht Abel und sein Opfer an; Kain und sein Opfer sieht er nicht an." (Vers 4b.5a) Eine Begründung wird nicht genannt.

Wer könnte es Kain verdenken, dass er sich gekränkt fühlt, benachteiligt gegenüber seinem Bruder, völlig unbegreiflicherweise zurückgesetzt, obwohl er seine Opfergaben ebenso sorgfältig ausgewählt und gewiss mit demselben lauteren Herzen dargebracht hat wie jener? Auch wenn man konzedierte, „dass Gott

---

[248] „Gewalt liegt dann vor, wenn Menschen so beeinflusst werden, dass ihre aktuelle somatische und geistige Verwirklichung geringer ist als ihre potentielle Verwirklichung." Mit diesen Worten definiert Johan Galtung die strukturelle Gewalt (Strukturelle Gewalt. Beiträge zur Friedens- und Konfliktforschung, Rowohlt Verlag, Reinbek bei Hamburg 1975, 9).

frei in jeder Entscheidung bleibt und sich nicht manipulieren lässt"[249], rechtfertigt dies in keiner Weise seine Ungleichbehandlung der Brüder. Kann sich Jahwe Kains durch diese Demütigung hervorgerufenen Zorn wirklich nicht erklären, so dass er ihm die Fragen stellt: „Warum ergrimmst du? Warum senkt sich dein Blick?" (Vers 6b)[250] Warum fragt Jahwe sich nicht selbst, was denn die „Sünde" veranlasst hat, die er in Kain sich anbahnen sieht und vor der er ihn warnt (Vers 7)[251]? Ist es denn ein Frevel, Ungerechtigkeit nicht hinzunehmen? Natürlich ist er – ähnlich wie ein Kind gegenüber seinen Eltern – nicht in der Lage, Gott zur Rechenschaft zu ziehen, und natürlich ist damit nicht die Ermordung seines Bruders zu rechtfertigen, doch ist es nicht – fatalerweise! – das völlig unbegreifliche, durch nichts zu rechtfertigende Verhalten Gottes selbst in dieser „Urgeschichte" des Alten Testaments, das die Gewalt provoziert hat[252]?

Alle sollen gewinnen

In einer Welt, in der alle Menschen den gleichen Status haben, kann sich keine Konkurrenzgesellschaft mehr etablieren. In einer Welt, in der alle in gleicher Weise Mensch sind, in der die Unantastbarkeit der Würde jedes einzelnen Menschen nicht nur auf dem Papier steht, sondern von jedem Menschen eben aufgrund seiner Weltverbundenheit ganz tief empfunden wird, kann es selbstverständlich

---

[249] Josef Scharbert, Genesis 1-11, Neue Echter Bibel, Echter Verlag, Würzburg 1983, 65. Ähnlich Walther Zimmerli: „Wir werden die eigene Meinung des Textes eher treffen, wenn wir Gott die Freiheit lassen, Gefallen zu haben oder nicht, ohne dass wir Menschen ihm jederzeit eine Begründung abverlangen dürfen" (1. Mose 1-11: Urgeschichte [Zürcher Bibelkommentare], Theologischer Verlag Zürich 1984[4]. Will die Erzählung etwa darauf hinaus, dass Menschen Ungleichheit eben zu akzeptieren und sich nicht dagegen aufzulehnen hätten?

[250] Ist es nicht geradezu zynisch, darin eine „väterliche Rede" zu sehen, „die, ehe es zu spät ist, dem Bedrohten einen Rückweg zeigen möchte"? (So Gerhard von Rad in seinem Kommentar zur dieser Stelle [Das erste Buch Mose. Genesis, ATD 2/4, Verlag Vandenhoeck & Ruprecht, Göttingen 1967[8], 85]).

[251] Keineswegs ist die Sünde „eine objektive Macht, die gleichsam außerhalb und über dem Menschen steht, die gierig von ihm Besitz ergreifen will" (ebd.); Kain reagiert vielmehr auf eine subjektive Kränkung, die er durch das ihn abweisende und seinen Bruder begünstigende Verhalten Jahwes erfahren hat.

[252] Claus Westermann rechtfertigt die durch die Ungleichbehandlung Jahwes verursachte Ungleichheit geradezu: „Der Erzähler will gerade sagen, dass in so entstehender Ungleichheit etwas Unerklärbares liegt, indem er sie auf die letzte Instanz zurückführt." „…es liegt an einem Entscheid, der menschlicher Einwirkung entzogen ist" (Genesis. 1. Teilband: Genesis 1-11, BK.AT I/1, Neukirchener Verlag, Neukirchen-Vluyn 1983[3], 405).

keine Verlierer bzw. Gewinner geben. Die Intention, einen anderen zu übertrumpfen, die Absicht, ihn zu unterwerfen oder zu demütigen, fällt dahin, ist mit einer Existenz im „Reich Gottes" nicht mehr kompatibel. Sollte sie in einem Menschen aufgrund langjähriger und weit zurückreichender Konditionierung doch wieder erwachen, bleibt der Rat Jesu aktuell: Er möge sich, um sich wieder einzufinden im „Reich-Gottes"-Zusammenhang, als Diener aller Menschen verstehen (Markus 10,43b-44).

Und eine solche Gewöhnung beginnt gewöhnlich schon sehr, sehr früh. Bereits Kinder „müssen lernen zu verlieren", so hört man ja immer wieder – und wir wissen: sie können es eigentlich nicht. Wahrscheinlich wissen sie noch, dass sie auch nicht verlieren *sollen*. So früh wie nur möglich wird alles darangesetzt, dass sie dieses richtige Grundgefühl ablegen und verlernen. Nicht kooperative Spiele, sondern Gewinnspiele beherrschen den Markt – zumindest in unserer vom Kapitalismus beherrschten Welt.

Aber das ist nicht überall die Regel. Die Zahl der Hersteller, die zumindest darauf setzen, dass Spieler nur im Team gewinnen, scheint zu steigen[253]. Bemerkenswert ist in diesem Zusammenhang auch eine Beobachtung, die der US-amerikanische Wissenschaftler Jared Diamond in seiner Begegnung mit traditionellen Gesellschaften, etwa in Neuguinea, bei Kindern gemacht hat: „In vielen geschäftlichen Transaktionen bemühen wir uns darum, den eigenen Gewinn zu maximieren, und dabei kümmern wir uns nicht um die Gefühle der Person auf der anderen Seite des Tisches, der wir einen Verlust zufügen konnten. Selbst Kinderspiele sind in den Vereinigten Staaten in der Regel Wettbewerbe mit Gewinnern und Verlierern. In der traditionellen Gesellschaft Neuguineas ist das anders. Hier geht es im Spiel der Kinder nicht um Gewinnen und Verlieren, sondern um Kooperation."[254] Kin-

---

[253] Vgl. den Artikel „Beliebte Gesellschaftsspiele: Teamgeist statt Schadenfreude" von Alexander Pfaehler (http://www.nordbayern.de/wirtschaft/beliebte-gesellschaftsspiele-teamgeist-statt-schaden freude-1.3426205; abgerufen am 12.9.2015).

[254] Jared Diamond, Vermächtnis. Was wir von traditionellen Gesellschaften lernen können, S. Fischer Verlag GmbH, Frankfurt am Main 2012, 110. Diamond referiert in diesem Zusammenhang ein eindrückliches Erlebnis: „So beobachtete beispielsweise die Anthropologin Jane Goodall eine Gruppe von Kindern aus dem Volk der Kaulong in Neubritannien, denen sie eine Bananenstaude gegeben hatte, so dass jedes Kind eine Banane bekommen konnte. Die Kinder spielten weiter ihr Spiel. Statt eines Wettbewerbes, in dem jedes Kind sich um die größte Banane bemühte, schnitten die Kinder ihre Bananen jeweils in zwei gleiche Hälften, aßen die eine, boten die andere Hälfte einem anderen Kind an und erhielten von diesem im Gegenzug ebenfalls eine halbe Banane. Dann

der etwa von Missionaren, die in solchen Gesellschaften aufgewachsen sind, haben nach ihrer Rückkehr „vor allem ein Problem: Sie müssen mit der egoistisch-individualistischen Art im Westen zurechtkommen und die Vorliebe für Kooperation und Teilen, die sie bei den Kindern in Neuguinea gelernt haben, ablegen. Sie berichten, wie sie sich dafür schämen, wenn sie sich im Spiel Konkurrenz machen und gewinnen wollen, wenn sie in der Schule nach hervorragenden Leistungen streben, oder wenn sie sich einen Vorteil oder eine Gelegenheit verschaffen wollen, die ihre Kameraden nicht haben."[255].

Im „Reich Gottes" darf und muss sich niemand als Verlierer empfinden. Alle sollen vielmehr immer mehr an Leben, an Freude, an Echtheit, an Weite und an Tiefe gewinnen. Alle sollen nur gewinnen. Und das bezieht sich allerdings beileibe nicht nur auf „innere Werte", sondern ganz entscheidend auf die materielle Ausstattung jedes einzelnen Menschen.

Die Sakralität der Weltverbundenheit wird geradezu zelebriert durch das Genug, durch die Abwesenheit gleichermaßen der Armut wie des Reichtums

Auch in diesem Fall gilt wieder: Jedes Zuviel ist nicht nur ein Weniger an Leben, es ist ein Verlust der Essenz des Lebens selbst. Der, der mehr besitzt, als er braucht, nimmt etwas für sich in Anspruch, was ihm im Kontext des Lebens und der Weltverbundenheit nicht zukommt. Er wird der Sakralität seines Lebens, die ja eben gerade in seinem Weltbezug besteht, nicht mehr gerecht. Die daran geknüpfte „Seligkeit" kommt ihm abhanden. „Selig" sind nur die, die nicht mehr haben, als sie brauchen, die „Armen" (Matthäus 5,3/Lukas 6,20). Es ist nicht möglich, dass ein Reicher am „Reich Gottes" teilhat (Markus 10,25).

---

schnitt jedes Kind diese noch nicht verzehrte halbe Banane wiederum in zwei gleich große Stücke, aß eines der so entstandenen Viertel, bot das andere Viertel einem weiteren Kind an, und erhielt von diesem wiederum im Gegenzug eine viertel Banane. Das Spiel durchlief vier oder fünf Zyklen: Der Bananenrest wurde in Achtel und dann in Sechzehntel geteilt, und schließlich aß jedes Kind das Stückchen, das ein Zweiunddreißigstel der ursprünglichen Banane darstellte; das andere Zweiunddreißigstel gab es an ein anderes Kind weiter, und schließlich aß es das letzte Zweiunddreißigstel eine anderen Banane von wiederum einem anderen Kind. Das ganze Ritual war Teil einer Übung, durch die Kinder in Neuguinea lernen, zu teilen und nicht den eigenen Vorteil zu suchen." (Ebd.) Wahrscheinlich mussten sie es aber gar nicht erst lernen, sondern verstetigten nur und „feierten", was ihnen selbstverständlich war.

[255] Ebd. 111.

Die Menschen haben dafür ein sehr feines Gefühl, was einmal mehr die „Wahrheit" erweist, dass Glück bzw. Seligkeit der Weltverbundenheit entspringt. So ist schon länger bekannt, dass einer Steigerung des Reichtums einer Gesellschaft keineswegs eine Steigerung des Glücksempfindens korrespondiert. Entscheidend dafür ist offenbar einerseits, dass die finanziellen Ressourcen für ein „gutes Leben" ausreichen, diese aber andererseits möglichst auch allen Mitgliedern der betreffenden Gesellschaft in gleicher Weise zur Verfügung stehen[256].

Drei Beispiele dafür, dass eine solche Gesellschaft keine Utopie ist, sondern durchaus schon Realität war oder sogar ist, zwei Beispiele auch für das Fascinosum, das wir sofort verspüren, wenn uns derartiges begegnet:

Rafik Schami erzählt in seinem autobiografischen Roman „Eine Hand voller Sterne" von der Republik der Qarmaten im 10. Jahrhundert: „Keinen Sultan, keine Reichen und deshalb keine Armen gab es in dieser Republik. Jeder besaß nur seine Kleidung und sein Schwert. Die Frauen kamen auch zu Wort und durften sich von ihren Männern scheiden lassen. Für die Kinder gab es Kindergärten. Die mühselige Arbeit des Getreidemahlens, die vor der Republik nur von Frauen geleistet wurde und sie völlig zermürbte, wurde von der zentralen Mühle übernommen. Ein sechsköpfiger Rat führte die Republik und konnte jederzeit von der Versammlung der Republikaner abgesetzt werden. Die Ratsmitglieder bekamen nichts dafür bezahlt und mussten ihren Lebensunterhalt anderweitig verdienen. Ohne Religion und ohne Verbote wuchsen die Kinder auf. Die Republik erklärte die Gleichheit aller Menschen und schaffte die vorher als gottgegeben hingenommene Sklaverei ab. Sie erklärten allen Völkern den Frieden. Hundertfünfzig Jahre überlebte die Republik. Sie dehnte sich erst von der Golfregion bis nach Irak und Syrien aus, dann vereinigten sich aber ihre Erzfeinde, die Herrscher der umliegenden Staaten, gegen sie, und die verhasste Republik fiel unter ihren Schwertern. Kein Kind und keine Frau ließen die Feinde der Qarmatenrepublik entkommen. Sie galten als verseucht – natürlich mit dem gefährlichsten Bazillus aller Zeiten, der Freiheit."[257]

Ein modernes Beispiel sind die Tallensi, ein etwa 60.000 Personen zählender Volksstamm in Nord-Ghana. Sie werden als eine dezentrale akephale Gesellschaft beschrieben, eine Gesellschaft ohne Staatsgewalt, ohne Regierung und dauerhafte Führer, ohne Gefängnisse, ohne Todesstrafe, ohne Folter, eine Gesellschaftsordnung, die vor allem deshalb funktioniert, weil streng am Gleichheitsgrundsatz festgehalten wird. Und Gleichheit bedeutet bei den Tallensi im Gegensatz zu den westlichen Demokratien nicht nur politische, sondern ökonomische Gleichheit. Die ökonomische Egalität ist eines der Grundprinzipien die-

---

[256] Richard Wilkinson, Kate Pickett a.a.O. (vgl. S. 155 mit Anm. 241) 22-24.
[257] Rafik Schami, Eine Hand voller Sterne. Roman, Beltz Verlag, Weinheim und Basel 1987, 128f.

ser nicht nur nicht-, sondern antistaatlichen, Zentralisierungsversuche ganz bewusst ablehnenden Gesellschaften, die in vorgeschichtlicher Zeit weit verbreitet gewesen sein dürften[258].

Zumra Neru hat in dem kleinen Dorf Awra Amba im Norden Äthiopiens seine Utopie von einem guten Leben wahr gemacht[259]: „Hier leben knapp 500 Männer, Frauen und Kinder vollkommen gleichberechtigt zusammen, jede Religion ist verboten[260], und alle Bewohner verdienen genau gleich viel. Rund 250 Euro – im Jahr." Alle sollen die goldene Regel beherzigen: „Handele gegenüber anderen so, wie du gegenüber dir selbst handeln würdest". „Die Kindersterblichkeit und die Kriminalität sind niedriger, die Lebenserwartung und der Lebensstandard höher als in den meisten anderen Siedlungen im fünfzehntärmsten Land der Welt. Noch nie soll ein Mitglied die Gemeinschaft freiwillig wieder verlassen haben, und die Liste derjenigen, die der Kommune beitreten wollen, ist lang."

Angesagt im „Reich-Gottes"-Zusammenhang ist nicht die Verurteilung der Reichen, sondern ihre Heilung, ihre Resozialisierung, ihre Beheimatung im „Reich Gottes", ihre Befreiung vom Reichtum. Angesagt ist die Schaffung einer gerechten Ordnung, in der es keine Auserwählten und Bevorzugten gibt, die sich über die anderen erheben. Das gilt insbesondere für die durch Selbstermächtigung zur Herrschaft gelangte kleine, schwerreiche Geldelite, die alle Zügel, einschließlich der Regierungen der wirtschaftlich maßgeblichen Staaten der Welt, in der Hand zu haben scheint[261]. Sie hat – eben aufgrund ihres Reichtums und der damit ver-

---

[258] Nach dem vom NDR zur Verfügung gestellten Manuskript der Sendung „Gesellschaftsbilder. Gesellschaften ohne Regierung. Ordnungsstrukturen in westafrikanischen Stammesgesellschaften" vom 26. Juni 1991 (Autoren: Rolf Cantzen und Volker Riehl).
[259] Von diesem Modell berichtet ausführlich Philipp Hedemann in seinem Beitrag zu dem Buch „Völlig utopisch. 17 Beispiele einer besseren Welt", herausgegeben von Marc Engelhardt, Pantheon Verlag, München 2014, 81-94 (ihm sind die Zitate entnommen).
[260] Die verpflichtende Religionslosigkeit ist eine Reaktion auf die furchtbare religiös motivierte Gewalt weltweit und in Äthiopien selbst.
[261] „…die Welt ist längst zu einem Imperium einer hauchdünnen Geld- und Machtelite geworden, die (…) autokratisch die Geschicke der Welt zu lenken weiß. (…) Die Superreichen sind die wahren Herren der Welt. Sie haben die Reichtumsmehrung zu einer globalen Regierungsform gemacht – einer ‚Plutokratie'. Diese Plutokratie ist Ausdruck einer Verschiebung der politischen Machtverhältnisse. Die Finanzmärkte haben das Sagen und nicht mehr die demokratisch gewählte Politik." (Franz Segbers, Nachfolgepraxis und Kirchesein im Kapitalismus, in: Junge Kirche 1/2013, 7-9 [7f.]). Vgl. auch Chrystia Freeland, Die Superreichen. Aufstieg und Herrschaft einer neuen globalen Geldelite, Westend Verlag GmbH, Frankfurt am Main 2013; Geoffrey Geuens, Die Absahner. Über die Verwicklung europäischer und US-amerikanischer Politiker in die Finanzwirtschaft, Publik-Forum Nr. 14/2012, 20-22.

bundenen Macht – gesellschaftliche Strukturen geschaffen und ist natürlich bestrebt, sie aufrechtzuerhalten, Strukturen der Gewalt, in der Reichtum nicht nur als legitim, sondern als absolut erstrebenswert erscheint. Reichtum „verkauft" sich als Ideal – in Wahrheit zerstört er die Gesellschaft und die Welt. Die Reichen sind keine „glückliche Minderheit", wie viele glauben[262], sondern eine extrem kranke, extrem in die Irre gedriftete, ihrer Weltverbundenheit verlustig gegangene Menschengruppe.

> Wann, mit welchem Betrag das Zuviel beginnt, lässt sich nicht objektiv feststellen. Jeder Mensch „weiß" es im Grunde, fühlt es, wenn er weltverbunden lebt (sonst natürlich nicht). Um es aber nicht völlig im Ungefähren zu lassen, sei angemerkt, dass nach allgemeiner Auffassung der (relative) Reichtum dann beginnt, wenn jemand über mehr als das Doppelte des mittleren Einkommens der gesamten Bevölkerung verfügt. Im Jahr 2014 lag die Grenze bei einem Ein-Personen-Haushalt bei ca. 3.060 Euro Nettoeinkommen (Einkommen nach Abzug von Steuern und Sozialabgaben) im Monat. Laut der OECD-Skala erhöht sie sich bei mehreren Personen im Haushalt und liegt für eine Alleinerziehende mit einem Kind unter 15 Jahren um knapp ein Drittel, für ein kinderloses Paar um die Hälfte höher und für eine Familie mit zwei Kindern gut doppelt so hoch. Wer mit weniger als 60 Prozent des mittleren Einkommens der gesamten Bevölkerung auskommen muss, gilt als (relativ) arm. Im Jahr 2014 galt in Deutschland demnach als arm, wer über weniger als 917 Euro im Monat verfügen konnte.

Selig, zufrieden, mit sich und der Welt im Reinen sind die, die einfach leben, die nicht mehr haben, als sie brauchen.

> Ein sehr beeindruckendes Zeugnis dafür liefert der Journalist und Autor Roland Hanawald in seinem Beitrag „Ganz schön alt! Anmut, Würde, Weisheit – Alter in der Dritten Welt", erschienen in Heft 1/2005 der Zeitschrift „EineWelt. Magazin aus Mission und Ökumene":
> „Überall in der ‚Dritten Welt' trifft man (…) lebensfrohe und urgesunde Menschen. Sie strafen den weit verbreiteten Irrglauben Lügen, dass dort ausschliesslich Not und Elend herrschen. Wer auf Ferienreisen in tropische, arme Länder ausserhalb der touristisch ausgetretenen Routen zum Beispiel eine Favela besucht, dem begegnen zwar in der Tat überwiegend Menschen, die die Meinung zu bestätigen scheinen, dass dort alle spätestens mit vierzig am Ende sind. Doch

---

[262] Dazu scheint sogar Papst Franziskus zu gehören, in dessen Apostolischem Schreiben „Evangelii Gaudium" vom 24. November 2013 es heißt: „Während die Einkommen einiger weniger exponentiell steigen, sind die der Mehrheit immer weiter entfernt vom Wohlstand dieser glücklichen Minderheit." (Nr. 56; vgl. Nr. 218)

ein schärferer Blick kann andere Bilder zeigen. Wie wenig materielle Güter die meisten Menschen dort auch besitzen mögen: Immer beeindruckt die eine oder andere grau- oder weissharige Persönlichkeit, Mann oder Frau, durch solch augenfällige körperliche und geistige Gesundheit, dass den Erstweltler Staunen, Unglauben und Neid beschleichen. Und man stellt sich eine nahe liegende Frage: Sollte diesen Menschen gerade das Fehlen materiellen Besitzes den Seelenfrieden vermitteln, der körperliches Wohlbefinden im Gefolge hat?

Da könnte etwas dran sein, zumindest nach meinen persönlichen Erfahrungen. Denn diese beeindruckenden Alten, denen ich überall auf der Welt begegnete, waren samt und sonders materiell unbegütert. Nicht arm im Sinne, dass sie dem Hungertode nahe waren. Doch ihnen war gemeinsam, dass sie – zumeist in bescheidensten Verhältnissen – auf dem Land lebten. Die grossen Städte waren ihnen eher ein Gräuel."

Durch unsere Arbeit wird das, was wir jeweils sind, in der Welt wirksam; sie ist realisierte Weltverbundenheit und reagiert auf die Bedürfnisse unserer Mitwelt

Im „Reich Gottes" soll sich das Leben eines Menschen entfalten, im Universum des Lebendigen soll das Unverwechselbare dieses Lebens zum Leuchten und zur Geltung kommen. Darin ja liegt seine „Bedeutung": in der besonderen Art und Weise, in der sich seine Weltverbundenheit in seiner Arbeit, seinem Tätigsein im „Reich Gottes" manifestiert (im „Reich Gottes" gibt es deshalb nur „sinnvolle", eben weltverbundene, und keine die Welt missbrauchende, da nicht aus der Verbundenheit mit ihr entwickelte Arbeit).

Der Sinn liegt in der Arbeit selbst. Ihre Sakralität besteht darin, dass sich in ihr und durch sie der „Reich-Gottes"-Bezug des Menschen ausdrückt und darstellt. Jede Tätigkeit ist eine Ehre – für den Handelnden und für die Welt, in deren Zusammenhang sie geschieht, sie ist ein „Ehrenamt". Bezahlung oder Belohnung würden diesen die Arbeit ja gerade ausmachenden, ihr Würde und Wert verleihenden Bezug korrumpieren und zerstören[263]. Über die Parabel von den Arbeitern im

---

[263] Sophie Latour sieht in der Unbezahlbarkeit der menschlichen Arbeit den Kern des franziskanischen Arbeitsethos (Arbeitsethos und Naturverhältnis des Franz von Assisi, Zeitschrift für Ganzheitsforschung, Neue Folge, 30. Jahrgang, Wien II/1986, 63-72). Zu arbeiten sei für Franziskus und seine Gemeinschaft selbstverständlich, doch spiele die Entlohnung dabei keine oder nur eine sehr untergeordnete Rolle. „Jene Brüder, denen der Herr die Gnade gegeben hat, arbeiten zu können, sollen in Treue und Hingabe arbeiten, so dass sie zwar den Müßiggang, den Feind der Seele, ausschließen, aber den Geist des heiligen Gebetes und der Hingabe nicht auslöschen, dem alle übrigen zeitlichen Dinge dienen müssen. Was aber den Lohn der Arbeit angeht, so mögen sie für

Weinberg (Matthäus 20,1-14), die am Ende des Tages das erhalten, was sie zum Leben brauchen, unabhängig vom Maß ihrer Leistung, hinaus wäre es, um dem „Reich-Gottes"-Zusammenhang des Lebens zu entsprechen, unausweichlich, ja zwingend nötig, Arbeit und Einkommen voneinander zu trennen. Unabhängig von ihrer Leistung wären die Menschen mit allem für sie Lebensnotwendigen auszustatten, also mit einem ein gutes Leben ermöglichenden bedingungslosen Einkommen, das für jeden Haushalt, abhängig natürlich von seiner Größe und eventuellen besonderen Herausforderungen, in etwa gleich ist.[264]. Niemand käme in einer sol-

---

sich und ihre Brüder das zum leiblichen Unterhalt Notwendige annehmen, außer Münzen oder Geld; und dies demütig, wie es sich für Knechte Gottes und Anhänger der heiligsten Armut geziemt", lautet Kapitel 5 („Von der Art zu arbeiten") der Regula bullata von 1223. „Die menschenwürdige Entlohnung, zu der sich die Gesellschaft zu verpflichten hätte, ginge also nicht mehr vom Arbeitsvorgang und der Arbeitsleistung aus (…), sondern müsste nach den Forderungen der Billigkeit und der Gerechtigkeit geregelt sein." (Ebd. 68) Und in seinem zwischen Mai und September 1226 abfassten Testament schreibt Franziskus: „Ich arbeitete mit meinen Händen und will arbeiten; und es ist mein fester Wille, dass alle anderen Brüder eine Handarbeit verrichten, wie es sich ziemt. Die es nicht können, sollen es lernen, nicht aus dem Verlangen, Lohn für die Arbeit zu erhalten, sondern um ein gutes Beispiel zu geben und den Müßiggang zu vertreiben. Und wenn uns einmal der Arbeitslohn nicht gegeben würde, so lasst uns zum Tisch des Herrn Zuflucht nehmen, indem wir Almosen erbitten von Tür zu Tür." Damit wird „die Würde der Arbeit betont: sie ist sowenig käuflich oder verkäuflich wie der Mensch selbst". Der Mensch müsse sich folglich „weigern, die Kräfte seiner Persönlichkeit zur Ware zu machen" (ebd. 67f.) – Die evangelischen Landeskirchen bezahlen ihre Pfarrerinnen und Pfarrer nicht leistungs-, sondern bedürfnisbezogen: „Pfarrerinnen und Pfarrer haben Anspruch auf angemessenen Unterhalt für sich und ihre Familie", heißt es in § 49, Abs. 1 des Pfarrerdienstgesetzes vom November 2010, obgleich sich Besoldung und Versorgung grundsätzlich an dem für die Bundesbeamtinnen und Bundesbeamten jeweils geltenden Besoldungs- und Versorgungsrecht orientiert, also durchaus – und mit dem oben genannten Prinzip im Grunde nicht vereinbar – unterschiedliche Besoldungsstufen vorgesehen sind. Allerdings ist die Regelung, die Bezahlung an den Bedürfnissen des Pfarrers und seiner Familie und nicht an der Leistung des Pfarrers auszurichten, nicht unumstritten (vgl. den Beitrag von Pastor Andreas Kahnt „Bezahlung nach ‚Leistung'?" auf der Internetseite für evangelische Pfarrerinnen und Pfarrer in Deutschland: http://www.pfarrerverband.de/blog/index.php?t=/blog/ index_1840.htm: abgerufen am 27.6.2015).

[264] Hinzuweisen wäre in diesem Zusammenhang auf den *Reichtum ohne Arbeit*, der jedenfalls ohne die Arbeit derer, die über ihn verfügen, zum Beispiel durch Kapitaleinkünfte, generiert wird: 1.030 Milliarden Dollar haben Anleger im Jahr 2013 weltweit an Dividenden kassiert, ein absoluter Rekordwert. 42,255 Milliarden Euro werden Anteilseigner deutscher Aktiengesellschaften in diesem Jahr an Dividenden einstreichen, wie die Deutsche Schutzvereinigung für Wertpapierbesitz (DSW) errechnet hat. 56 der 100 Reichsten in Deutschland haben ihr Megavermögen geerbt und nur ein

chen wohltuend-egalitären Gesellschaft auf die Idee, ein privates Vermögen anzuhäufen. Noch vorhandene Besitztümer würden der Gesellschaft wieder zur Verfügung gestellt. Am treffendsten hat immer noch Karl Marx dieses „Reich-Gottes"-Prinzip auf den Punkt gebracht: „Jeder nach seinen Fähigkeiten, jedem nach seinen Bedürfnissen!"[265]

Was die Nahrung betrifft, geschieht in der alttestamentlichen Erzählung vom Manna in der Wüste genau dies – Menschen erhalten, was sie brauchen, ohne eine Vorleistung erbringen zu müssen: „Das ordnet Jahwe an: Sammelt davon, so viel ihr braucht, pro Person einen Krug voll. Jeder soll so viel sammeln, dass es für seine Familie ausreicht. Die Leute gingen und sammelten, die einen mehr, die andern weniger. Als sie es aber abmaßen, hatten die, die viel gesammelt hatten, nicht zu viel, und die, die wenig gesammelt hatten, nicht zu wenig. Jeder hatte gerade so viel gesammelt, wie er brauchte[266]." (2. Mose 16,16-18). Ulrich Duchrow bezeichnet diese Geschichte von der Speisung des Volkes in der Wüste als „Magna Charta der biblischen Ökonomie": „Das ist die Ökonomie des genug für alle. (…)

---

gutes Viertel ist durch Arbeit reich geworden (dies hat sich bei einer wissenschaftlichen Untersuchung des Vermögensforschers Wolfgang Lauterbach herausgestellt; vgl. Die 500 reichsten Deutschen, Manager Magazin Spezial vom Oktober 2013, 92f.). Die jährlichen Erbschaften in Deutschland machen inzwischen ein Sechstel der pro Jahr an die Arbeitnehmer ausgeschütteten Lohnsumme aus. Nach Berechnungen der Postbank erreichte ihr Gesamtwert im Jahr 2012 in Deutschland 243 Milliarden Euro. Zwei Jahre zuvor waren es noch 20 Milliarden Euro weniger. Im Jahr 2013 werden in Deutschland voraussichtlich 254 Milliarden Euro vererbt, 2020 werden es 330 Milliarden sein. Jede fünfte Erbschaft in Deutschland hat einen Wert von über 100.000 Euro, Tendenz steigend. Etwa ein Drittel aller Einkünfte in Deutschland sind Unternehmensgewinne und Kapitaleinkünfte und keine Arbeitseinkommen! Andererseits: Viele Menschen sind *arm trotz ihrer Arbeit*. Rund 4,1 Millionen Vollzeitbeschäftigte verdienten im Jahr 2012 in Deutschland weniger als 1926 Euro brutto im Monat. Rund jeder Fünfte der knapp 20 Millionen Vollbeschäftigten bundesweit lag damit nur knapp über der Armutsgrenze. Der Lohn in der Textilindustrie Kambodschas liegt seit März 2013 bei 60 Euro – im Monat (!).

[265] Aus: Kritik des Gothaer Programms (1875); diesen Satz könne sich die Gesellschaft auf ihre Fahne schreiben, „nachdem die knechtende Unterordnung der Individuen unter die Teilung der Arbeit, damit auch der Gegensatz geistiger und körperlicher Arbeit verschwunden ist; nachdem die Arbeit nicht nur Mittel zum Leben, sondern selbst das erste Lebensbedürfnis geworden ist", also „in einer höheren Phase der kommunistischen Gesellschaft".

[266] Martin Buber übersetzt: „…jeder nach seinem Essbedarf hatten sie gelesen".

Diese Ökonomie ist an den Lebensbedürfnissen der Menschen über die Generationen hinweg orientiert, nicht an der kurzfristigen maximalen Akkumulation von Kapital durch möglichst hohe Profite der Kapitaleigner."[267]

> Im Neuen Testament angedeutet wird ein solches Modell in zwei wahrscheinlich idealisierenden Texten in der Apostelgeschichte über das Leben und Zusammenleben der ersten christlichen Gemeinde in Jerusalem: „Und alle, die gläubig geworden waren, bildeten eine Gemeinschaft und hatten alles gemeinsam. Sie verkauften Hab und Gut und gaben davon allen, jedem so viel, wie er nötig hatte." (2,44f.) „Die Menge der Gläubigen aber war ein Herz und eine Seele; auch nicht einer sagte von seinen Gütern, dass sie sein wären, sondern es war ihnen alles gemeinsam. Es war auch keiner unter ihnen, der Mangel hatte; denn wer von ihnen Äcker oder Häuser besaß, verkaufte sie und brachte das Geld für das Verkaufte und legte es den Aposteln zu Füßen; und man gab einem jeden, was er nötig hatte." (4,32.34f.)
>
> Ansatzweise und partiell verwirklicht wird das Bedürfnis nach Gleichheit in der spanischen Stadt Marinaleda, der „Stadt der Gleichheit", „ein Dorf mit 2800 Einwohnern im Süden von Andalusien, ein Dorf wie viele, so mag man meinen. Die Unterschiede fallen auf, wenn man die Arbeitslosenzahlen des Dorfes mit denen der anderen Städte und Dörfer der Region vergleicht. In Andalusien sind 30 Prozent der Menschen arbeitslos, in Marinaleda kein einziger. (...) Sie haben alle zusammen einen Ort geschaffen, in dem kein Mensch arbeitslos ist und jeder ein eigenes Haus erhält. (...) Im Dorf verdient jeder das gleiche, jeder erhält 1200 Euro. Gordillo, der als Bürgermeister von der Region bezahlt wird und im andalusischen Regionalparlament sitzt, spendet alles was über diese 1200 Euro hinausgeht. (...) In Marinaleda verliert kein einziger Mensch seine Wohnung, da das Dorf und die Genossenschaft Wohnraum für alle bezahlbar machen. (...) Marinaleda stellt jedem Dorfbewohner ein Grundstück zur Verfügung, gratis. Über ein Programm der andalusischen Regierung wird das Baumaterial bezuschusst, Architekt und Maurer bezahlt die Dorfgemeinschaft. Die restlichen Kosten betragen ca. 50.000 Euro, 100.000 Euro weniger als in den übrigen Gemeinden. Um diesen Betrag abzuzahlen, müssen die Dorfbewohner jeden Monat 15 Euro entrichten. Durch diesen niedrigen Betrag wird sichergestellt, dass kein Mensch in Marinaleda in Armut leben muss und dass die Häuser nicht verkauft, sondern

---

[267] Ulrich Duchrow, Ein Briefwechsel zwischen Arm und Reich und seine Folgen, in: Briefe an den Reichtum, herausgegeben von Carl Amery, Luchterhand Literaturverlag, München 2005, 216-257 (223).

nur vererbt werden. In Marinaleda gilt eine Weisheit, die der Rest der Welt vergessen zu haben scheint: ‚Wohnen ist ein Menschenrecht und keine Ware, mit der Handel betrieben werden kann.'"[268]

Als weiteres Beispiel wären die inzwischen 39 selbstbestimmten Gemeinden der Zapatistas im mexikanischen Bundesstaat Chiapas zu nennen. Subcomandante Marcos schildert die dortigen Lebensbedingungen mit folgenden Worten: „Unser Lebensstandard ist höher als in den indigenen Gemeinden, die der Regierung hörig sind, die Almosen erhalten und mit Alkohol und nutzlosen Artikeln überschüttet werden. Unsere Häuser haben sich verbessert, ohne der Natur zu schaden und ihr Wege aufzuzwingen, die ihr fremd sind. In unseren Dörfern dient heute das Land, das früher dazu da war, das Vieh der großen Farmer und Großgrundbesitzer zu mästen, dem Anbau von Mais, Bohnen und dem Gemüse, welche unsere Tische erleuchten. Unsere Arbeit wird mit der doppelten Zufriedenheit belohnt, uns mit dem Nötigen zu versorgen, um anständig leben zu können und zum kollektiven Wachstum unserer Gemeinden beizutragen."[269]

Keine Menschengruppe steht über einer anderen, keiner kommt eine Sonderrolle zu, alle gehören zu der einen Rasse Mensch

Aufs Äußerste zurückzuweisen ist die Erwählungstheologie, die nicht in der Gleichheit aller Menschen die göttliche Struktur des „Reiches Gottes" erkennt, sondern im Gegenteil ihre Ungleichheit auf Gottes Entschluss und Willen zurückführt. Abgesehen von der Kreuzestheologie gibt kaum ein anderer Themenkomplex fast überdeutlich zu erkennen, wie sehr die Gedankenwelt des Paulus den Grundgehalt der Botschaft Jesu verfehlt, als die von ihm breit ausgeführte Erwählungsvorstellung[270].

Der zu Beginn dieses Abschnitts bereits zitierte Prophet Amos ist es gewesen, der auch die in Israel immer mehr Anklang findende Vorstellung einer exklusiven Nähe Jahwes zu „seinem" Volk in kaum überbietbarer Schärfe gegeißelt: „Seid ihr mir nicht wie die Kuschiten, ihr Israeliten? Habe ich nicht Israel herausgeführt aus Ägypten, doch auch die Philister aus Kreta und die Aramäer aus Kir?" (Amos 9,7) „In diesem Spruch weist Amos die Erwählungstheologie mit unerhört neuen und kühnen Worten zurück: Israel gilt Gott genauso viel, jedoch nicht mehr als die

---

[268] Aus: http://diefreiheitsliebe.de/reportage/das-wunder-von-marinaleda-vollbeschaftigung-im-sozialistischen-dorf (abgerufen am 23.7.2014).
[269] Aus: Bernhard Möller und Kerstin Veigt, „Für eine Welt, in der alle Welten Platz finden". 20 Jahre indigener Aufstand für Würde im mexikanischen Chiapas", in: initiativ. Rundbrief Nr. 138 der Ökumenischen Initiative Eine Welt (ÖIEW) vom März 2014, 8-10.
[270] Vgl. das im 1. Kapitel (S. 29f.) dazu Ausgeführte.

Kuschiten, d.h. die Nubier – jenes Volk im fernen Süden am Rande der damals bekannten Welt, das mit Jahwe anscheinend gar nichts zu tun hat. Gott sind alle Völker und alle Menschen gleich viel wert; er macht keinerlei Unterschiede. Ja, Amos wagt es, den Auszug Israels aus Ägypten mit den Wanderungen der Philister und Aramäer aus ihren Ursprungsländern nach Palästina gleichzusetzen. Nicht eine philistäische oder aramäische Gottheit hat sie geleitet, sondern derselbe Gott, der Israel geführt hat. Er bestimmt das Geschick aller Völker, auch das der Feinde Israels. Damit sprengt Amos die nationalen Schranken des Glaubens und zeigt Gott als den Herrn der ganzen Welt."[271] Nicht theologisch, sondern basileiologisch, das heißt im Sinn der WeltReligion von der Verbundenheit im „Reich Gottes" formuliert: Im „Reich Gottes", dort, wo Menschen weltverbunden leben, wäre es geradezu absurd anzunehmen, ein Mensch oder eine Menschengruppe stünde über oder unter einem bzw. einer anderen. Am „Tisch der Welt" haben alle in gleicher Weise ihren Platz.

Erwählungsvorstellung und Nationalismus liegen nicht weit auseinander. Der weißrussische Philosoph Valentin Akudowitsch bemerkt dazu: „Das Phänomen der Nation wurde bis heute lediglich beschrieben, jedoch nicht erklärt. Woher kommt das Bedürfnis der Menschen, einer bestimmten Gemeinschaft anzugehören, Verantwortung für deren historisches Schicksal zu übernehmen und sogar das eigene Leben für sie zu opfern? Warum reicht es dem Menschen nicht, Mensch zu sein, wozu muss er Weißrusse sein? Warum genügt er sich nicht selbst, warum genügen ihm nicht seine Familie, seine Freunde, seine Nachbarn? Warum schließlich genügt es ihm nicht, Teil der Menschheit zu sein?"[272] – Könnte es auch daran

---

[271] Übersetzung und Kommentar: Georg Fohrer a.a.O. (vgl. Anm. 237) 29f. – Kurt Marti bringt die Frage aus der Sicht des „Erdmatrioten" Jesus im letzten Teil seines Gedichts „Erwählter Planet" (Kurt Marti, Die gesellige Gottheit. Ein Diskurs, Radius-Verlag, Stuttgart 2004, 12f.) auf den Punkt: „‚Erwählung' – ob ein solches Wort / wohl noch Vernunft hat, noch Sinn? / Nach so viel Vernichtungsorgien / von Menschen, von Völkern, / die sich erwählt glaubten, / denke ich eher: Nein. / Es wäre denn, / wir wollten unter Erwählung verstehen, / dass Pflanzen, Tiere, Menschen, / dass alles, was lebt, / dazu ausersehen ist, / auf diesem kleinen Planeten / eine Vergänglichkeit lang / atmen, lieben, sich tummeln zu dürfen. / So: ja. / Nur so. // Ich stelle mir vor: auch / der Erdmatriot aus Nazareth / hätte das Wort Erwählung / nicht anders brauchen mögen."

[272] Aus: „Der Abwesenheitscode. Versuch Weißrussland zu verstehen", edition suhrkamp 2013, zitiert aus einem Leserbrief in der Frankfurter Rundschau vom 8.5.2014. Eine nicht unwesentliche Rolle bei der Ausbildung und Verbreitung nationalistischen oder rassistischen Gedankenguts könnte auch hier die Ungleichheit spielen. So haben Sozialforscher festgestellt, dass das Wählerpotenzial rechtspopulistischer Parteien in Europa in armen und verarmten Schichten um 30 Prozent höher ausfällt als im Bevölkerungsdurchschnitt. Es rekrutiert sich vor allem aus Menschen, die von

liegen, dass wir Menschen unsere weltweite Verbundenheit nicht pflegen, nicht kultivieren, nicht feiern? Auf diesen Gedanken wird zurückzukommen sein (vgl. Kapitel 4).

Die Gleichwertigkeit allen Lebens

Und wir kommen nicht umhin, unser gerade unbewusst bzw. vor-bewusst eben doch vom „Reich-Gottes"-Zusammenhang bestimmtes Fühlen lässt eine andere Position im Grunde gar nicht zu: Das tiefe Empfinden für die Gleichheit allen Lebens schließt auch die außermenschliche, bezieht auch die Tierwelt ein. Besonders eindrücklich hat der Philosoph Theodor W. Adorno am Anfang des 68. Aphorismus seiner „Minima Moralia" auf dieses unabweisbare „Wissen" aufmerksam gemacht: „Die stets wieder begegnende Aussage, Wilde, Schwarze, Japaner glichen Tieren, etwa Affen, enthält bereits den Schlüssel zum Pogrom. Über dessen Möglichkeit wird entschieden in dem Augenblick, in dem das Auge eines tödlich verwundeten Tiers den Menschen trifft. Der Trotz, mit dem er diesen Blick von sich schiebt – ›es ist ja bloß ein Tier‹ –, wiederholt sich unaufhaltsam in den Grausamkeiten an Menschen, in denen die Täter das ›Nur ein Tier‹ immer wieder sich bestätigen müssen, weil sie es schon am Tier nie ganz glauben konnten."[273] Dieses nicht auszulöschende Gefühl des Selbstbetrugs erweist implizit, wie zutiefst menschlich die WeltReligion des „Reiches Gottes" ist, dass wir sie alle in uns tragen. Wir können uns ihr und den ihr innewohnenden, den von ihr gespeisten Bedürfnissen, trotz aller Anstrengungen, in Wahrheit nicht entziehen. Wir sollten sie – auch um unsertwillen! – endlich anerkennen und leben, und zwar weltweit, denn anders werden wir ihnen nicht gerecht.

Es ist unser aller tiefer Wunsch, gleich behandelt, als einer unter Gleichen angesehen zu werden. Es ist unser aller tiefer Wunsch, mit unseren Bedürfnissen und Fähigkeiten wahrgenommen und anerkannt zu werden wie jeder andere Mensch auf dieser Erde und erwarten zu können, dass sie gesehen, beachtet und erfüllt

---

Existenzängsten umgetrieben werden, aus Arbeitslosen, jüngeren männlichen Industriearbeitern und dem kleineren Mittelstand. (Europa-Atlas. Daten und Fakten über den Kontinent, ein Kooperationsprojekt der Heinrich-Böll-Stiftung, der Deutschen Gesellschaft für Auswärtige Politik, des European Council on Foreign Relations und von Le Monde diplomatique, deutsche Ausgabe, 2014, 19)

[273] Theodor W. Adorno, Minima Moralia. Reflexionen aus dem beschädigten Leben, Suhrkamp Taschenbuch Verlag, Frankfurt am Main 2014⁹, 118.

werden. Uns alle vereint das tiefe Wissen, dass sich nur dann unser Menschsein erfüllen, dass es nur unter diesen Umständen „glücken" würde.

Wir alle, jeder Mensch, alles, was lebt, ist aus der Einheit und Gleichheit allen Lebens heraus geworden und geboren. Dieses umfassende Medium des Lebendigen ist es, das uns erhält. Hierarchien, Herrschaftsverhältnisse, jede Form von Ungleichheit, jede Aufteilung der Welt in arm und reich, in ein Unten und ein Oben, in eine erste, eine zweite, eine dritte und eine vierte Welt sind nur möglich, wo dieser „Reich-Gottes"-Zusammenhang zerrissen ist. Nichtbeachtung und Herabsetzung ebenso wie Triumphgefühle und Elitedenken schnüren uns ab von der Welt, sind wie ein Damm, der uns von diesem Meer von Leben trennt. Sobald wir jedoch mit diesem Meer wieder verbunden sind, das Netz wieder spüren, das uns mit allem Leben verbindet, werden wir selbst nur noch so leben können, wie alle Menschen dieser Erde leben sollten: ausgestattet mit all dem, das sie für ein Leben in Würde brauchen und nötig haben. Doch schon in dem Moment, in dem wir die Ungleichheit keinesfalls mehr hinnehmen (können) – vor allem auch dadurch, dass wir einander unser Eingefügtsein in den großen Zusammenhang von prinzipiell, von ganz unbedingt gleichem Leben wieder spürbar zu machen versuchen – ereignet sich „Reich Gottes".

2.2 *„Gerechtigkeit und Frieden küssen sich."* (Psalm 85,11b)
Unser in der „Reich-Gottes"-Verbundenheit wurzelndes tiefes Bedürfnis, dass uns und anderem Leben kein Leid geschehe

Und auch hier gilt wieder: Im „Reich-Gottes"-Zusammenhang ist unser eigenes Bedürfnis nach Unversehrtheit nur dann erfüllt, wenn sich auch alles andere Leben um uns her unversehrt entfalten kann.

Bildhaft und anschaulich, der Begegnung und innigen Verbundenheit zweier Menschen nachempfunden, vergleichbar der fruchtbringenden Erde und der wärmespendenden Sonne, erzählt der 85. Psalm in höchst poetischer Weise von dem erbetenen göttlichen Heil. Der Vorstellung des alttestamentlichen Verfassers zufolge hat sich Jahwe seinem Volk wieder zugewandt (V.2-4). Das eindringliche Flehen, er möge ihm doch nicht ewiglich zürnen (V.5-8), ist nicht ohne Antwort geblieben. „Die schönsten Worte wählt er [der Psalmist; C.P.] aus, die Menschenmund zu nennen vermag, um die göttlichen Gnaden auszumalen (…). Er kann sich nicht genug tun, zu schildern, wie die göttliche Gerechtigkeit (Gnade) und Treue dann alles erfüllt!"[274] Wieder sind es die „Reich-Gottes"-Strukturen, die der Welt so inhärent sind wie der Kuss als Ausdruck der Liebe zweier Menschen, wie die aus der Erde aufsprießenden Pflanzen und die vom Himmel herabstrahlende Sonne:

> Güte und Treue begegnen sich,
>   Gerechtigkeit und Frieden küssen sich.
> Treue sprosst aus der Erde hervor,
>   Gerechtigkeit schaut vom Himmel hernieder.[275]

Aus der Erde heraus und vom Himmel herab, allumfassend, erfüllen heilvolle Kräfte die Welt. „Gerechtigkeit und Frieden küssen sich", sind aufs engste miteinander verbunden, gehören untrennbar zusammen. Gerechtigkeit bringt Frieden hervor. Es ist die Dynamik des „Reiches Gottes", die immer dann virulent und wirksam ist, wenn der *schalom* als Gerechtigkeit lebendig bleibt, wenn die, die im Frieden leben und leben wollen, die Gleichwertigkeit allen Lebens hüten – in jedem Moment, immerzu.

---

[274] Hermann Gunkel, Die Psalmen, Vandenhoeck & Ruprecht, Göttingen 1968[5] = (1929[4]), 374.
[275] Übersetzung: Hermann Gunkel ebd. 373.

Die Unversehrtheit des Lebens hängt weitgehend davon ab, dass niemand mehr besitzt, als er tatsächlich braucht, und dass niemand Mangel leidet

Aus ihrer Weltverbundenheit heraus können Bürger und Staaten, solange diese im „Reich-Gottes"-Zusammenhang überhaupt noch Bestand haben, nicht mehr um die höchste Wirtschaftsleistung, werde sie durch die Realwirtschaft oder durch die Finanzwirtschaft erbracht, und, damit ursächlich verbunden, um den größten, militärisch abgesicherten Einflussbereich konkurrieren. Ausbeutung der Arbeitskraft, Ausbeutung der Erde zum Zweck der Rohstoffgewinnung um (fast) jeden Preis, gehören der Vergangenheit an. Das vielleicht größte gemeinsame Interesse aller Menschen besteht jetzt vielmehr darin, untereinander und miteinander möglichst gleiche Lebensbedingungen herzustellen, und zwar auf dem Niveau des „Soviel du brauchst"[276], das ein „Genug-für-alle" impliziert. Geschieht es nicht, sind Gewalt und Krieg oftmals die unmittelbaren Folgen. Dies illustriert eindrücklich eine sehr alte Erzählung aus der franziskanischen Tradition: „Der Bischof von Assisi, an den sich der Mann Gottes [Franz von Assisi; C.P.] öfter wandte, um sich beraten zu lassen, nahm ihn stets gütig auf; doch sagte er ihm: ‚Euer Leben erscheint mir hart, und nichts Irdisches zu besitzen, ist schwer.' Darauf sprach der Heilige: ‚Herr, wollten wir etwas besitzen, so müssten wir auch Waffen zu unserer Verteidigung haben. Daher kommen ja die Streitereien und Kämpfe, die so mannigfach die Liebe Gottes und der Mitmenschen hindern. Darum wollen wir nichts Zeitliches in der Welt besitzen.'"[277]

Franziskus hat, von seiner Beheimatung im „Reich Gottes" her, den Zusammenhang klar erkannt: Eine Gesellschaft, die den zunehmenden Reichtum bzw. die wachsende Ungleichheit, die sich in ihr selber und weltweit entwickelt, nicht problematisiert, in der der Schutz des Privateigentums und der Mehrung des Reichtums praktisch absoluten Schutz genießt, wird alles daran setzen, Rüstung, Aufrüstung und Hochrüstung als ebenso selbstverständlich erscheinen zu lassen.

---

[276] So lautete die Losung des 34. Deutschen Evangelischen Kirchentags vom 1. bis 5. Mai 2013 in Hamburg. – In der „Vita sancti Martini" des Sulpicius Severus heißt es über Martin von Tours, dass er schon in der Zeit, bevor er Christ wurde (und bevor er den Kriegsdienst verweigerte), „von seinem Militärsold für sich nur so viel zurückbehielt, wie er zum täglichen Leben brauchte" („nihil sibi ex militiae stipendiis praeter cotidianum victum reservare"; VM 2,8).

[277] Aus der „Drei-Gefährten-Legende" (Franz von Assisi, Legenden und Laude a.a.O. [vgl. Anm. 246], 58f.).

Ja eine solche Gesellschaft kann den Aufwand, diese systemimmanente Ungleichheit zu verteidigen, gar nicht hoch genug treiben, weil ihre Repräsentanten im Grunde genau spüren, dass die Macht der Gerechtigkeit letztlich stärker ist als alle Waffen, denn nur sie – und nicht das Streben nach Reichtum – ist „Reich-Gottes"-gemäß. Nur die Gleichheit bzw. die „Armut" im Sinn des Nicht-mehr-als-Genug entspricht der Weltverbundenheit allen Lebens. Der Frieden gründet auf der Gerechtigkeit. Nur auf ihrem Boden, auf dem Boden der Anerkennung und Wertschätzung, die alle in gleicher Weise genießen, kann er erblühen, kann sich das existenzielle Bedürfnis nach Unversehrtheit und der Abwesenheit jeglicher Bedrohung erfüllen. Eine Weltgesellschaft, die jetzt „systemimmanent" darauf aus ist, die Bedürfnisse aller ihrer Mitglieder zu erfüllen, braucht keine Waffen mehr. Dieses „System" kann nicht mehr mit Gewalt verteidigt, braucht nicht mehr mit Waffen geschützt zu werden.

Dass umgekehrt die Verweigerung des Lebensnotwendigen Gewalt zur Folge hat, folglich Friede nur möglich ist, wenn dieser Mangel dauerhaft behoben wird, zeigt sehr schön die Franziskus-Legende von dem Wolf von Gubbio[278]: Franziskus erkennt, dass sein Hunger die Ursache des Schreckens ist, den der „Wolf" in Gubbio verbreitet. Nachdem die Bewohner versprechen, für seinen täglichen Unterhalt zu sorgen, ist der Wolf als „friedlicher Bürger" in das städtische Leben integriert[279].

Das Bedürfnis nach Unversehrtheit, das wir im „Reich-Gottes"-Zusammenhang mit allem Leben teilen, schließt es aus, Konflikte gewaltsam auszutragen; sie können nur gewaltfrei bearbeitet werden

Die Armut im jesuanischen Sinn, das „Nicht-mehr-besitzen-Wollen-als-man-braucht", ist die unerlässliche Voraussetzung des Friedens. Mehr noch und entscheidend: Der „Reich-Gottes"-Kontakt selbst ist es, der nicht verloren gehen darf, das Gefühl für die Zusammengehörigkeit allen Lebens, für die Sakralität der mondalité[280], der Weltverbundenheit, das seinerseits den Wunsch nach Mehr, nach

---

[278] Fioretti, Kapitel 21 (Franz von Assisi, Legenden und Laude a.a.O. [vgl. Anm. 237], 395-399).
[279] Vgl. Helmut Feld, Franziskus von Assisi und seine Bewegung a.a.O. (vgl. Anm. 128) 210f.
[280] Der in Haiti lebende Autor Franketienne unterscheidet zwischen „mondialisation" und „mondialité". „'Mondialisation'" bezeichnet den Prozess der Globalisierung, der sich unter dem Deckmantel demokratischen Humanismus als große Maschinerie über die Welt ausbreitet. ‚Mondalité' beschreibt einen Zustand der Großzügigkeit, eines miteinander teilenden Zusammenlebens,

einem Zuviel an Besitz gar nicht erst aufkommen lässt. Kampf und Krieg werden schlicht obsolet, so dass alle Waffen vernichtet und die Rüstungskonzerne „konvertiert", zu Werkstätten des Friedens „bekehrt" werden könnten.

Nur wer den Lebenskosmos ignoriert, wer aus der Lebensgemeinschaft herausgefallen oder ihr schon früh entfremdet worden ist, nur wem es nicht mehr gelingt, im Gesicht jedes Menschen seinen Bruder, seine Schwester zu erkennen, kann sich bewaffnen, um anderes Leben auszulöschen. Er spürt nicht mehr oder erst sehr spät, zu spät, wie sehr sein eigenes Leben dabei zerbricht.

„Dies Kind soll unverletzt sein" – in einer Gesellschaft, die ihre ursprüngliche Weltverbundenheit reaktiviert, steht das Wohl der Kinder über allem

Wir kommen alle mit diesem Gefühl für die Einheit des Universums des Lebendigen zur Welt – im wörtlichen und im übertragenen Sinn! Eltern, die nicht selber durch Erfahrungen in ihrer eigenen Kindheit traumatisiert, vielmehr durch elterliche Zuwendung selbständig und ihrer selbst gewiss sind, umsorgen und beschützen das neue Leben, das zu ihnen gekommen ist. Es ist ihr eigenes Bedürfnis, die Bedürfnisse des Kindes zu erfüllen – ohne Abstriche, ohne Einschränkung: das Bedürfnis nach Beachtung, Aufmerksamkeit und Zuwendung und das Bedürfnis nach Ruhe und Schlaf, das Bedürfnis nach Nahrung und das Bedürfnis nach Schutz, Geborgenheit und Unversehrtheit – alles zu der vom Rhythmus des Kindes (und nicht dem Lebensmodus der Erwachsenen) vorgegebenen Zeit. Ein Kind gibt seine Bedürfnisse zu erkennen, Eltern sind in der Lage, sie zu „lesen" und werden in jedem Fall auf sie reagieren.

> „Für uns ist es undenkbar, ihn [ihren Sohn Antonin; C.P.] weinen zu lassen. Wir gehen nicht von der Idee aus, dass er weint, um uns zu plagen, um uns zu stören, um uns seine Laune zu zeigen. Der gut gemeinte Ratschlag ‚Lasst ihn mal ausweinen' bringt mich auf die Palme. Wenn Antonin weint, ist etwas nicht in Ordnung. Ich lasse ihn nicht allein damit!"[281]

---

eine geeinte Welt." (Aus einem Gespräch mit Andrea Pollmeier, Frankfurter Rundschau vom 9.6.2010).

[281] André Stern in: Erwin Wagenhofer u.a., Alphabet, a.a.O. (vgl. S. 154 mit Anm. 239) 35. – Wenn Babys schreien, sollten Eltern sie umgehend beruhigen. Das sei eine ihrer Hauptaufgaben im ersten Lebensjahr der Kinder, sagte die Münchner Psychologin Fabienne Becker-Stoll am 2. Juni 2014 dem Evangelischen Pressedienst (epd) in Osnabrück. Jahrzehntelang sei in Deutschland propagiert

Niemals wird ein Kind von Eltern, denen sich, nicht zuletzt durch ihr eigenes Kind, die Welt als „Reich Gottes" geöffnet hat, Gewalt erfahren. „Dies Kind soll unverletzt sein", heißt es so schön in dem Abendlied „Nun ruhen alle Wälder" von Paul Gerhardt (1607-1676), wenn dort auch jedes Menschenkind und der Schutz vor den Bedrohungen von „Hölle, Tod und Teufel" gemeint sind. Aber es ist wohl kein Zufall, dass gerade hier vom „Kind" die Rede ist. In die Universalität und Gleichheit allen Lebens eingebunden, die sich mit diesem Kind wieder erweitert, wieder aufs Schönste neu variiert hat, werden Eltern weder schlagen noch strafen, weder schreien noch schimpfen. Ein Kind, dessen Bedürfnisse im großen Kontext des Lebens im „Reich Gottes" umfassend erfüllt werden, wird auch selber mit anderem Leben sorgsam umgehen.

> „Jedes Kind kommt auf die Welt, um zu wachsen, sich zu entfalten, zu leben, zu lieben und seine Bedürfnisse und Gefühle zu seinem Schutz zu artikulieren.
> Um sich entfalten zu können, braucht das Kind die Achtung und den Schutz der Erwachsenen, die es ernst nehmen, lieben und ihm ehrlich helfen, sich zu orientieren." (…)
> „Menschen, deren Integrität in der Kindheit nicht verletzt wurde, die bei ihren Eltern Schutz, Respekt und Ehrlichkeit erfahren durften, werden in ihrer Jugend und auch später intelligent, sensibel, einfühlsam und hoch empfindungsfähig sein. Sie werden Freude am Leben haben und kein Bedürfnis verspüren, jemanden oder sich selber zu schädigen oder gar umzubringen. (…) Diese Menschen werden nie imstande sein zu verstehen, weshalb ihre Ahnen einst eine gigantische Kriegsindustrie haben aufbauen müssen, um sich in dieser Welt wohl und sicher zu fühlen."[282]

Dieses Kind, jedes Menschenkind, soll „unverletzt" sein. In der kindlichen Erfahrung der Befriedigung aller Bedürfnisse, vor allem des Bedürfnisses nach Unversehrtheit, liegen die Wurzeln des Friedens, liegen die Wurzeln der Gerechtigkeit. Alles muss geschehen, kein Aufwand ist zu hoch oder übertrieben, damit Kinder, die in das „Reich Gottes" hineingeboren werden, in ihm bleiben, damit sie es spüren, Tag für Tag – und eben durch die Kinder als den unmittelbarsten Boten des „Reiches Gottes" auch die Erwachsenen (vgl. Markus 10,15). Wenn Menschen

---

worden, Babys müssten auch mal schreien, damit sie lernten abzuwarten und nicht verwöhnt würden. „Aus den Erkenntnissen der Hirnforschung und der Bindungsforschung der vergangenen Jahre wissen wir: Das ist falsch. Man kann Kinder in diesem Alter nicht verwöhnen." (http://aktuell.evangelisch.de/artikel/94932/hirnforschung-schreiende-babys-sofort-beruhigen; abgerufen am 10.8.2015)

[282] Alice Miller a.a.O. (vgl. Anm. 19) 13.15.

die Welt, in der sie leben, als „Reich Gottes" wahrnehmen und also Strukturen schaffen, die es ausschließen, dass ein Mensch im Elend lebt, wird kein Kind mehr in Armut aufwachsen. Eltern werden für das, was sie für ihre Kinder tun, Anerkennung und Unterstützung, aber auch Entlastung erfahren, damit sie über ihre allerdings Zeit und Kraft erfordernde Fürsorge für ihre Kinder hinaus in einer guten und ihrer augenblicklichen Situation angemessenen und auf sie abgestimmten Weise in und für die Welt tätig sein können. Ihre Stabilität und die Stabilität des Kindes hängen zusammen und voneinander ab, doch noch viel mehr: Das Glück der Kinder und das Glück der Gesellschaft, ja dieser ganzen „Reich-Gottes"-Welt sind aufs engste miteinander verwoben.

„...denn es fühlt wie du den Schmerz" (Aesop, um 550 v. Chr.)

Das Bedürfnis nach Unversehrtheit teilen wir mit allem Leben. So wie das Leben anderer Menschen, wenn es sich frei entfalten kann, uns selbst erfreut – in besonderer Weise das Spielen und Treiben der Kinder –, wie es uns berührt, wenn wir Tiere in ihren natürlichen Lebensräumen beobachten, wie wir spüren, dass sich bei all dem auch unser eigenes Leben aus dieser Weltverbundenheit heraus erweitert, so leiden wir aus ihr heraus auch mit, wenn die Integrität des Lebens um uns her angetastet, wenn Leben misshandelt, gedemütigt, gequält oder gar vernichtet wird. Dieses unwillkürliche, geradezu habituelle Mitgefühl verweist auf den Zusammenhang allen Lebens, dem wir entstammen. Wir könnten gar nicht existieren ohne das Leben vor uns und neben uns. Gewalt gegen ein einzelnes Lebewesen ist daher immer Gewalt gegen alles Leben, letztlich aber auch Gewalt gegen das Leben dessen, der Gewalt ausübt.

Mit den Landtieren teilen wir Menschen uns diese eine Erde, weswegen nach der ersten biblischen Schöpfungserzählung beide an ein und demselben Tag erschaffen werden. Miteinander teilen sie das Bedürfnis nach Nahrung. Damit sie es stillen können, ohne darum kämpfen und einander zu Konkurrenten werden zu müssen, wird beiden Gruppen von Lebewesen, den Menschen und den Landtieren, ihr jeweils eigener (vegetarischer) Nahrungsbereich zugewiesen (1. Mose 1,29f.).

Die Tiere, die mit uns auf der Erde leben, stärken, einfach durch ihr Dasein und ihre Lebendigkeit, unsere Freude am Leben und an der Welt. „Was ist der Mensch ohne die Tiere? Wenn es keine Tiere mehr gäbe, würden die Menschen an großer

Einsamkeit des Herzens sterben."[283] Selbstverständlich gehören auch die Tiere zum Universum des Lebendigen. Selbstverständlich teilen auch sie das Bedürfnis nach Unversehrtheit mit uns. –

Gewalt und Krieg, das Zufügen von Schmerz und Leid, Bestrafung und Erniedrigung sind in einer als Lebenskosmos, als „Reich Gottes" wahrgenommenen Welt nicht mehr möglich. Wenn wir das Lebensnetz (wieder) spüren, das uns mit allem Leben verbindet, wenn wir in den Tieren unsere „älteren Geschwister" erkennen, können wir sie nicht mehr zu einem Gegenstand, zu einer Sache, zu einem Stück Fleisch degradieren, sie gebrauchen und missbrauchen. Die Gewalt, die dem Leben angetan wird, nicht mehr hinzunehmen – nicht zuletzt dadurch, einander den gemeinsamen Lebenskosmos wieder erfahrbar zu machen –, auch darin geschieht „Reich Gottes".

---

[283] Aus der „neueren Version" der Rede des Häuptlings Seattle (Quelle: Diese Erde ist uns heilig. Die Rede des Indianerhäuptlings Seattle. Legende und Wirklichkeit. Übersetzt von Michaela Kaiser. Mit einem wissenschaftlichen Kommentar zur Echtheit der Texte von Rudolf Kaiser, Iris Blaschzog Buchverlag, Münster 1984[4], 16).

2.3 *"Jahwe Gott bildete den Menschen aus Staub vom Erdboden und blies in seine Nase den Atem des Lebens. So wurde der Mensch zu einem lebendigen Wesen." (1. Mose 2,7)*
Unser in der „Reich-Gottes"-Verbundenheit wurzelndes elementares Verlangen nach Nahrung, nach Luft, Wärme und Licht

Als ein wahrhaft erdverbundenes und – durch die Luft – weltverbundenes Wesen tritt der Mensch laut dieser Ur-Geschichte ins Dasein – und er bleibt es für alle Zeit seines Lebens[284]. *Alles, was er ist, verdankt er der Welt. Nichts, wahrhaft nichts, was er ist, ist außerhalb von ihr. Durch sie, aus ihr heraus empfängt er das Leben. Eben darin besteht die göttliche, die heilige Qualität seiner Existenz.*

Erde

Gelobt seist du, mein Herr, für unsere Schwester Mutter Erde,
Die uns erhält und leitet
Und mannigfache Früchte hervorbringt und bunte Blumen und Kräuter[285].

Aus dem Staub des Erdbodens (*'adamá*) ist der Mensch (*'adám*) geworden, heißt es in jener mythischen Erzählung des Alten Testaments, zu Erde wird er wieder werden. Er ist nicht aus dem Nichts entstanden, gleichsam von oben auf die Erde gesetzt worden. Er ist mit der Erde nicht nur verwandt oder verschwistert; er ist ein Teil von ihr. Als Mensch, der „aus Erde", „aus der Erde heraus" geworden ist und gleichsam in ihren Schoß wieder zurückkehren wird („Erde zu Erde, Asche

---

[284] Unter dem Einhauchen des Lebensodems in 1. Mose 2,7 ist kein einmaliger göttlicher Akt zu verstehen, woraufhin der Mensch ein selbständiges autarkes Leben führen würde. Vielmehr bleibt er allezeit auf den – unverfügbaren – göttlichen Lebensodem angewiesen, vgl. z.B. Hiob 27,3 („Solange noch Atem in mir ist und Gottes Hauch in meiner Nase…"); 34,14f. („Wenn er [Gott] nur an sich selber dächte und seinen Atem zu sich zurückzöge, verschiede alles Fleisch insgesamt und kehrte der Mensch zum Staub zurück") und Psalm 104,29b („Wenn du ihren Odem einziehst, sterben sie und werden wieder zu Staub").
[285] Aus dem „Sonnengesang" des Franz von Assisi. „Die Natur, der gesamte Kosmos, war in seinen Augen nicht nur beseelt, sondern mit göttlichem Leben erfüllt." (Helmut Feld a.a.O. [vgl. Anm. 128] 225). Übersetzung: ebd. 233.

zu Asche, Staub zum Staube"²⁸⁶), bleibt er der Erde verhaftet. Ist sie ihm, dem „Erdling", nicht allein deshalb schon „heiliges Land"?

Unvergessen bleibt, wie die koreanische Theologin Chung Hyung Kyung zu Beginn ihres Einführungsvortrags zum theologischen Thema der 7. Vollversammlung des Ökumenischen Rates der Kirchen in Canberra vom 7. bis 20. Februar 1991 das Auditorium einlud, die Schuhe auszuziehen: „Die Urvölker Australiens ziehen auf heiligem Boden die Schuhe aus. Als eine australische Ureinwohnerin, Anne Gray Patel, in meine Kirche nach Korea predigen kam, zog sie ihre Schuhe aus und ehrte damit unseren heiligen Boden. Um ihre Ehrfurcht vor meinem Volk und meinem Land zu erwidern, will ich mich meiner Schuhe entledigen. (…) Auch in unserer christlichen Tradition hat Gott Mose geheißen, vor dem brennenden Busch die Schuhe auszuziehen, um den heiligen Boden zu betreten [2. Mose 3,5] – und Mose tat es. Glaubt ihr, dass ihr es auch tun könnt? Ich möchte euch alle einladen, mit mir den heiligen Boden zu betreten und dazu eure Schuhe auszuziehen." Weshalb sie den Boden als „heiliges Land" empfindet, erläutert sie später mit folgenden Worten: „Die Erde ist nicht tot. Sie lebt und ist erfüllt von schöpferischer Energie. Die Erde ist ein ‚von Gott behauchter' und ‚von Gott durchtränkter' Ort."²⁸⁷

Es macht die göttliche Würde des Menschen aus, diese elementare Weltverbundenheit elementar zu leben. Die Erde ist keine ihm fremde Welt – Nutzfläche, Untergrund für Straßen und Rollbahnen, Bauerwartungsland für Fabriken und Villen, Rohstofflager –, sie ist vielmehr ein Medium, in dem und von dem er selber lebt. Die Erde ist Teil seiner eigenen Existenz. Wie er mit der Erde umgeht, geht er mit sich selber um. Negativ gesagt: Was er der Erde antut, tut er sich selber an. Der Mensch ist und bleibt auf diesen Ort verwiesen und auf ihn angewiesen.

Die „Mutter Erde" stillt sein Bedürfnis nach Nahrung. Und es ist genug für alle da! Dass alle 3,6 Sekunden ein Mensch verhungert, die große Mehrzahl Kinder unter fünf Jahren, dass jedes vierte Kind auf dieser Erde unterernährt und allein deswegen in seiner körperlichen und geistigen Entwicklung stark eingeschränkt ist, dass jeder neunte Mensch hungrig schlafen geht – und all das nicht aufgrund eines Mangels an Nahrungsmitteln, sondern allein wegen ihrer höchst ungleichen

---

[286] So die liturgische Bestattungsformel innerhalb der evangelischen Bestattungsfeier; vgl. den auf 1. Mose 2,7 rekurrierenden Vers 19 in Kapitel 3.
[287] Hyung Kyung bezieht sich auf Formulierungen Jay McDaniels. – Der Text ihres Vortrags ist enthalten in: Chung Hyun Kyung, Schamanin im Bauch – Christin im Kopf. Frauen Asiens im Aufbruch, Kreuz Verlag, Stuttgart 1992, 17-30.

Verteilung –, wird jetzt absolut unerträglich und ist schlechthin nicht mehr länger hinnehmbar. Wer erdverbunden lebt, leidet mit, wenn anderen die Früchte der Erde vorenthalten werden, wer erdverbunden lebt, wird diese tagtägliche Gewalt anprangern und alles daransetzen, dass sie endlich unterbleibt, wer erdverbunden lebt, wird sich so ernähren, dass alle Menschen satt werden und die Fruchtbarkeit der Erde erhalten bleibt.

Seine Erdverbundenheit, seine Teilhabe am „Reich Gottes" äußert sich deshalb zum Beispiel ganz konkret in dem Engagement und der Sorgfalt, mit der er sie schützt, und sie äußert sich tagaus tagein in der Art und Weise, wie er seine Nahrung gewinnt, welche Nahrung und wie er sie zu sich nimmt. Durch sie bleibt er, geradezu existenziell, in ständigem Kontakt mit der Erde. Dass es sich grundsätzlich um pflanzliche Nahrung handelt, versteht sich aus der Verbundenheit mit allem Leben heraus von selbst, aber auch, dass diese Pflanzen – der Achtung der Pflanzen selber, der Achtung der Erde, nicht zuletzt aber auch der Achtung der eigenen Person wegen – ausschließlich biologisch angebaut werden. Alles andere wäre unserem Einssein mit der Erde kaum gemäß. Nahrungsaufnahme ist in elementarer Weise Kommunikation mit der Erde, Kommunikation mit der „Reich-Gottes"-Welt und wird damit geradezu zu einem sakralen, ja sakramentalen Akt. Nicht auf eine entwurzelte, entweltlichte Art, sondern in einer den Boden und immer gleichzeitig die eigene Person selber mitumfassenden achtungs- und liebevollen Weise vollzieht sie sich jetzt.

Weltverbundenheit ist zuallererst Erdverbundenheit. Sie vollzieht sich immer wieder neu, wird je aufs Neue be-gründet, wenn wir unser Bedürfnis nach Nahrung, gemeinsam mit anderen, gewissermaßen als „Erdmatrioten", um diesen treffenden Begriff Kurt Martis aufzugreifen[288], auf eine würdevolle, die Erde und uns selbst würdigende Art und Weise erfüllen. Doch auch immer dann, wenn wir als „Wächter der Erde" im ganz wörtlichen Sinn gegen die Heiligkeit der Erde gerichteten Aktivitäten entgegentreten – vor allem auch dadurch, dass wir die allen Menschen gemeinsame existenzielle Erdverbundenheit wieder neu erfahrbar zu machen versuchen –, ereignet sich „Reich Gottes".

---

[288] Vgl. Anm. 271.

Wasser

Gelobt seist du, mein Herr, für Schwester Wasser,
Die gar nützlich ist und bescheiden und kostbar und keusch[289].

„Nebel (?)[290] stieg auf aus der Erde und tränkte den ganzen Erdboden", so heißt es in jenem alttestamentlichen Schöpfungsmythos, bevor Gott den Menschen aus dem Erdboden formt (1. Mose 2,6). Aus feuchter Erde also bildet er ihn. Ohne Wasser gäbe es kein Leben.

Wasser, erfahren als Medium des Lebens, als Medium der Welt, mit der wir verbunden sind, kann jetzt niemals mehr Gegenstand, Ressource, bloßes Transport- oder Kühlmittel, Müllkippe sein[291]. Wasser, das uns in seiner Klarheit und Reinheit, Frische und Lebendigkeit die Welt als „Reich Gottes" erschließt, steht jetzt unter unserem engagierten, kraftvollen Schutz. Dabei besteht die wirksamste Schutzmaßnahme wahrscheinlich darin, andere Menschen für diese existenzielle, Leben ermöglichende, Leben erhaltende und vor allem die Sakralität unserer Weltverbundenheit in besonderer Weise erschließende Bedeutung des Wassers zu sensibilisieren. Schädigt der Mensch das Wasser, schadet er sich selbst, trennt sich

---

[289] Aus dem „Sonnengesang" des Franz von Assisi. Übersetzung: Helmut Feld a.a.O. (vgl. Anm. 128) 233.

[290] Die Bedeutung dieses seltenen Wortes (*'ed*) ist unsicher; vielleicht ist es auch mit „Wasserstrom" oder „Grundwasser" wiederzugeben.

[291] Ein besonders gravierendes Beispiel: Vor Europas Küsten lagern Tausende Tonnen Atommüll in rostenden Fässern auf dem Meeresboden. Entgegen den Auskünften der Behörden geben sie bis heute radioaktive Strahlung ab, wie Recherchen von Greenpeace und dem SWR zeigen, die am 11. April 2013 in Berlin vorgestellt wurden. Nach internen Daten der Internationalen Atomenergie-Behörde IAEA wurden von 1950 bis 1963 allein im Ärmelkanal mehr als 28.500 Fässer mit schwach- und mittelradioaktivem Material aus europäischen Krankenhäusern und Atomreaktoren versenkt. Doch anders als von der IAEA behauptet, sind die Fässer nicht dahingerostet, so dass ihr Inhalt bis zur Unschädlichkeit verdünnt wurde. Vielmehr geben die teils erhaltenen, aber löchrigen Fässer Radioaktivität an Meeresboden, Wasser und Fische ab. Nach dem Verbot der Fass-Verklappung von 1993 sind etwa von der französischen und der britischen Wiederaufbereitungsanlage in La Hague und in Sellafield kilometerlange Rohre verlegt und Atommüll ins Meer gepumpt worden (vgl. Wolfgang Sternstein, „Atomkraft – nein danke!" Der lange Weg zum Ausstieg, Verlag Brandes & Apsel, Frankfurt am Main 2013, 143-145: „Entsorgung im Meer"). – Heute gelten Meere als Industriestandorte der Zukunft. Man spricht von maritimen Gewerbegebieten. Zum Europäischen Tag der Meere am 20. Mai 2014 lud die EU-Kommission zu einem großen meerespolitischen Kongress nach Bremen ein, bei dem es in erster Linie um den Boom des „Blue Business", den Ausbau der maritimen Industrien in Europa ging.

von der Quelle des Lebens im wortwörtlichen Sinn. Das wird und das kann nicht geschehen, wenn er im „Reich Gottes" lebt, wenn er in den heiligen göttlichen Weltzusammenhang eingebunden bleibt.

Wasser – kein Mittel, sondern ein Prinzip des Lebens. Täglich ganz bewusst klares frisches Wasser zu trinken, das tut uns, das tut unserer Welt unendlich gut. Die Sorge um die Qualität des Wassers „fließt" uns so in Fleisch und Blut über, wir werden zu Anwälten seiner Klarheit und Reinheit, zu Wächtern nicht nur der Erde, sondern auch der Meere, zu Hütern dieses zu 71 Prozent von Wasser bedeckten Paradieses. Denn jeder Schluck ist eine Feier des Lebens, feiert den „Reich-Gottes"-Zusammenhang, der uns ins Leben gerufen hat und am Leben erhält. Doch auch immer dann, wenn wir für die Klarheit des Wassers eintreten und ihren Gefährdungen entgegentreten – vor allem dadurch, einander das Wasser als Grundstoff unseres Lebens und als Prinzip allen Lebens wieder erfahrbar zu machen –, ereignet sich „Reich Gottes".

Luft

Gelobt seist du, mein Herr, für Bruder Wind
Und für Luft und Wolke und heiteres und jedes Wetter,
Durch das du deinen Geschöpfen Erhaltung gibst[292].

Zum Leben erweckt wird der „Erdling" dem biblischen Schöpfungsmythos zufolge, indem Gott ihm den „Atem des Lebens" einhaucht. Auf elementare Weise ist Atmen Leben, erhält es, erneuert es in jedem Augenblick. Erinnert sei noch einmal an Psalm 104,29b[293], dessen Fortsetzung lautet: „Wenn du deinen Odem aussendest, werden sie geschaffen. Du erneuerst das Angesicht der Erde." Der Mensch kommuniziert auf ganz unmittelbare Weise mit der Welt, indem er die Luft, die um ihn ist und die er mit allem Leben teilt, ein- und wieder ausatmet. So erlebt, gefühlt, leibhaftig geworden geradezu, ist es nicht mehr einfach „Luft", fremdes „Material", chemisches Element, Energielieferant, sondern „göttlicher Odem", der den Menschen beleben und keinesfalls schädigen soll.

---

[292] Aus dem „Sonnengesang" des Franz von Assisi. Übersetzung: Helmut Feld a.a.O. (vgl. Anm. 128) 233.
[293] Vgl. Anm. 284.

Das macht das Leben letztlich und grundsätzlich aus, ja das ist das Leben: den göttlichen Lebensodem ein- und auszuatmen, wie es das Alte Testament in jener mythischen Erzählung beschreibt. Bei jedem Atemzug vollzieht sich unmittelbar, fortwährend, ununterbrochen unsere Weltverbundenheit. Wir leben – im wahrsten Sinn – in und durch diese Offenheit zur Welt. In jeder Sekunde können wir sie spüren. Das aber heißt: Von diesem elementaren „Reich-Gottes"-Grund her, aber auch der eigenen Würde und der Würde des göttlichen Lebensodems selber wegen ist es jetzt nicht mehr möglich, Belastungen der Luft, Verunreinigungen, den Ge- bzw. Missbrauch des Luftraums zur Entsorgung giftiger Abgase zuzulassen, unwidersprochen hinzunehmen.

Die Luft verbindet uns mit dem Leben selbst, sie selber ist das Leben. Immer, wenn wir sie ein- und ausatmen, das heißt in jedem Moment unseres Lebens, realisiert sich unsere Weltverbundenheit, sind wir auf wahrhaft elementare Weise eingebunden ins „Reich Gottes". Doch auch in jedem einzelnen Moment, in dem wir der Vergiftung und zerstörerischen Belastung der Luft entgegentreten – vor allem auch dadurch, dass wir die Empfindsamkeit für die Heiligkeit der Luft wieder neu zu wecken versuchen –, ereignet sich „Reich Gottes".

Feuer (Sonne)

Gelobt seist du, mein Herr, mit allen deinen Geschöpfen,
Besonders Herrn Bruder Sonne;
Der ist Tag, und du gibst uns Licht durch ihn,
Und schön ist er und strahlend mit großem Glanze;
Von dir, Höchster, gibt er Eindruck. (...)

Gelobt seist du, mein Herr, für Bruder Feuer,
Durch den du die Nacht erleuchtest,
Und er ist schön und erfreulich und stark und kräftig[294].

Schließlich – last, but not least – die Sonne, die Energie, das Feuer. Franz von Assisi widmet ihr eine eigene, die erste Strophe seines Sonnengesangs. Ohne die Wärme und das Licht der Sonne könnten wir nicht leben. Ihr „herzerquickendes,

---

[294] Aus dem „Sonnengesang" des Franz von Assisi. Übersetzung: Helmut Feld a.a.O. (vgl. Anm. 128) 233 (im Italienischen sind Sonne und Feuer männlich).

liebliches Licht" schenken uns „Freude und Wonne"[295]. Wir fühlen ihre Wärme auf unserer Haut. Und wir spüren vielleicht auch die Bedeutung, die Heiligkeit des natürlichen Treibhauseffekts und der Ozonschicht: Wenn Treibhausgase in der Atmosphäre die Sonneneinstrahlung nicht daran hindern würden, wieder vollständig zurück ins Weltall zu entweichen, würde die durchschnittliche Oberflächentemperatur der Erde bei minus 18 Grad liegen; ohne das zarte Gebilde der Ozonschicht, das sich normalerweise immer wieder regeneriert, würde uns die gefährliche ultraviolette Strahlung der Sonne ungehindert treffen. Aus der „Reich-Gottes"-Verbundenheit mit der Welt heraus werden wir auch diese „Häute" pflegen und schützen.

Hat sich dieses Gespür für die Wohltat und Heilkraft des Sonnenlichts verflüchtigt, ist die Wahrnehmung der die Wärme der Sonne bewahrenden und das Sonnenlicht filternden Schutzhüllen der Atmosphäre blockiert, gerät auch die Atmosphäre selber, diese in jahrtausendealten Prozessen austarierte Synthese verschiedener genau aufeinander abgestimmter und verteilter Stoffe, mehr und mehr aus dem Gleichgewicht.

Alles ist mit allem verbunden, über die Erde hinaus bis weit in den Weltraum hinein. Und gleichzeitig wird jeder einzelne Mensch in diesem großen Ganzen mit Energie versorgt, ist wärmend geborgen und sicher umschlossen von den das Leben ermöglichenden und stabilisierenden Schichten der Atmosphäre. Wie sollten wir sie jetzt nicht um alles in der Welt schützen und bewahren? Es ist ja unser Lebensraum, wir werden ihn pflegen. Ihn besinnungslos aufzuheizen, das ist in diesem neu erfühlten „Reich-Gottes"-Zusammenhang einfach nicht mehr möglich. Und auch bei jedem Versuch, der Missachtung und Misshandlung der das Leben bergenden Atmosphäre entgegenzutreten – vor allem dadurch, diesen Lebenszusammmenhang wieder „fühlbar" zu machen –, ereignet sich „Reich Gottes".

---

[295] Aus der ersten Strophe des Liedes „Die güldne Sonne voll Freud und Wonne" von Paul Gerhardt.

3. „...und er weiß selbst nicht wie" (Markus 4,27) – Der himmlische Glanz des „Reiches Gottes"

Das „Reich Gottes", dieser heilige Weltzusammenhang, und das, was in ihm durch den in ihn hineinverwobenen Menschen geschieht bzw. ausgelöst wird, ist oftmals unbegreiflich („er weiß selbst nicht wie", Markus 4,27) und ein einziges Wunder (wie das Senfkorn, das schließlich größer wird als alle Gartengewächse, Markus 4,30-32, wie die geringe Menge Sauerteig, der dennoch das Ganze durchdringt, Matthäus 13,33 / Lukas 13,21). Wach, mit allen Sinnen offen für die Welt spürt man, was jetzt zu geschehen hat – und führt es aus. Es ist keine bewusste Entscheidung, man hat keine Wahl, dies und genau dies hat sich ergeben, und man zweifelt keinen Moment, dass es so richtig ist. Die „Zeit für die Aussaat" ist einfach da. Manchmal „geschieht es einem auch", wie von selbst, es fügt sich – durch Gespräche, durch Erfahrungen –, dass man in ganz bestimmten Zusammenhängen steht, in die man jetzt eingebunden und einbezogen ist, dass einem ganz bestimmte Themen, vielleicht auch aufgrund des eigenen Werdegangs, der eigenen Geschichte im „Reich Gottes", wichtig werden.

„Wunderwelt" – mit diesem Begriff ließe sich die Erfahrung dessen, was die Metapher „Reich Gottes" ($\beta\alpha\sigma\iota\lambda\varepsilon\acute{\iota}\alpha$ $\tau o\tilde{\upsilon}$ $\theta\varepsilon o\tilde{\upsilon}$) zum Ausdruck zu bringen versucht, vielleicht am besten in die Sprache unserer Zeit übersetzen. Wir erfahren die Welt, wir erleben unser Eingebundensein in sie oftmals in der Weise, als ob sie mit uns zu „sprechen" scheint, uns „meint". Es ist keine „unsichtbare Hand", die dies alles fügt, wir sind keine Marionetten in einem kosmischen Puppentheater. Es ist die Heiligkeit der Welt selber, die all dies gebiert. Es ist nichts darüber hinaus, es ist alles in ihr selbst beschlossen. Das dem Wort „Reich" (= „Welt") zugeordnete „Gott" meint kein eigenes, der Welt noch einmal übergeordnetes, von ihr unabhängiges, eigenständiges Sein. Gemeint ist nicht der Herrscher über sein Reich – in diesem Fall die ganze Welt. Vielmehr schreibt das $\tau o\tilde{\upsilon}$ $\theta\varepsilon o\tilde{\upsilon}$ die $\beta\alpha\sigma\iota\lambda\varepsilon\acute{\iota}\alpha$, das heißt die Welt selbst und als ganze, den Zusammenhang all dessen, was sie ausmacht, der Sphäre des „Göttlichen", des „Heiligen"[296] zu, das immer dann in Erscheinung tritt, wenn man sich von ihr berühren und erfassen lässt, wenn man sie

---

[296] In dieser Weise ließe sich auch das *lejahwe* in Psalm 24,1 deuten („Jahwes [*lejahwe*] ist die Erde und ihre Fülle / das Festland und die, die darauf wohnen"). Hier wird kein Besitzer, kein Eigentümer namhaft gemacht, die Übersetzung „Gott gehört die Erde" ist dem hebräischen Text nicht gemäß. Die Partikel *le* fungiert vielmehr im Sinne einer Zuschreibung: Die Welt als solche

als Bezugsraum der eigenen Existenz erfährt. Es steht für den „Geschenkcharakter" dieses Glücks, für die „Wunder", die sich in diesem Weltkontext ereignen – kurz: für die religiöse Qualität unseres Weltbezugs. Nirgendwo anders als in unserer Weltverbundenheit selbst geht uns die Kostbarkeit, eben das Wunder auch unserer eigenen Existenz in seiner ganzen Fülle auf. Wir haben durch unser weltverbundenes Sein selber teil an ihrer Göttlichkeit, wir sollen und können sie leben – in jedem Augenblick.

Medium der Erfahrung des Göttlichen ist also die Welt. Nur wer sich ihr mit allen Sinnen öffnet, wird ihres „Reich-Gottes-Charakters" inne. Während es für die Mystik[297] konstitutiv ist, dass die Seele leer wird, um der Erleuchtung, der *unio mystica*, der Einung mit dem Göttlichen teilhaftig zu werden, dass sie „kein Bild weiß, weder von sich selbst noch von irgendwelcher Kreatur", dass „der Mensch allen Sinnen entweichen und all seine Kräfte nach innen kehren und in ein Vergessen aller Dinge und seiner selber kommen sollte" (Meister Eckart[298]), ist die „Seligkeit", mit der die WeltReligion des „Reiches-Gottes" den Menschen beschenkt, nur und ausschließlich durch seine Welt*verbundenheit* zu erlangen.

Und immer wieder stellt sich das Gefühl ein: als ob es für mich geschieht, als ob es sich in diesem meinem Fall genau so und nicht anders ergeben musste. Man lebt in der Gegenwart und tut, was getan werden muss, und ist dann auch in der Lage, die Herausforderungen des Lebens anzunehmen, auch das Schwere. Die Frage nach dem „Warum" ist ausgeschlossen, sie stellt sich im „Reich Gottes" nicht. Es ist so, wie es ist in diesem großen Zusammenhang.

Darauf zu reagieren, das ist das Leben, das ist mein Leben. Es ist kein Opfer. Ich werde nichts tun und brauche nichts zu tun, was ich eigentlich nicht tun möchte, zu dem ich mich erst zwingen müsste. Ich bin keinen Geboten unterworfen oder einer Moral, die von mir etwas verlangt, was mir im Grunde widerstrebt. Ich nehme vielmehr „einfach" an, was ich nicht ausschlagen kann, wenn ich und weil ich empfinde, dass es jetzt das ist, was von mir (und vielleicht nur von mir) getan

---

ist „göttlich", ihre Heiligkeit ist gerade nicht personal zu fassen und zu erklären; vielmehr wohnt sie dem kosmischen Geschehen als solchem inne, das wir je und je als eine „Wunderwelt" erfahren.
[297] *myein* ist das griechische Verb für schließen, die Augen, die Ohren, alle Sinne verschließen. Von ihm ist das Wort Mystik abgeleitet, Mystik im Sinn von „sich von der Welt abschließen, leer werden, den Weg nach innen gehen".
[298] Meister Eckhart, Mystische Schriften. Aus dem Mittelhochdeutschen übertragen und mit einem Nachwort versehen von Gustav Landauer, Insel Verlag, Frankfurt am Main und Leipzig 1991, 17.21.

werden kann und muss. Auch diese Herausforderung, auch das Schwere, vielleicht zunächst allzu schwer Erscheinende kann mich mit der Welt als dem „Reich Gottes" verbinden. Es kann mir bestimmt sein, meinen Ort in ihm eben jetzt auf diese Weise zu füllen und zu leben.

Das, was jetzt zu geschehen hat, das, was getan werden muss, ist das, was ich unausweichlich im Medium dieser „Gotteswelt" als das Meine empfinde. Ich bin „gewürdigt", es zu tun. Ich handle aus dem „Reich-Gottes"-Zusammenhang heraus und tue jetzt, in eben dieser Situation, das, was zu tun ist, kann es tun, weil ich mein Leben nicht plane, sondern mich im Medium des „Reiches Gottes" bewege und von ihm bewegen lasse, so, wie es sich eben jetzt und un-bedingt daraus ergibt. Das – man fühlt es unmittelbar – macht das Leben aus, das ist sein „Sinn". Dieses Aufgehobensein in dem heiligen, in dem göttlichen Zusammenhang der Welt, das ist es, was man „Seligkeit" nennen könnte. Dieses Zusammenspiel selbst ist es letztlich, was dem Leben Schönheit, Tiefe, Echtheit, Erfüllung und seine unverlierbare Würde verleiht. Aus der Weltverbundenheit heraus ist es selber eingebunden ins „Reich Gottes". Aus ihm selber und aus so vielem, was sich in ihm ereignet, erstrahlt manchmal ein fast magischer, „überirdischer" Glanz, eine nicht zu fassende atemberaubende Schönheit. Es ist gut so, es ist richtig, ich kann es im Grunde nicht fassen, es wächst und gedeiht in Vollkommenheit, „ich weiß selbst nicht wie".

Es ist ein letztlich nur in religiöser Sprache aussagbares und in religiösen Bildern zu interpretierendes Seinsgefühl, das sich aus der Weltverbundenheit heraus ergibt, ein Erleben, das dann eben doch die Metapher „Reich Gottes" für diesen Gesamtzusammenhang nahelegt. Gemeint ist damit, um dies noch einmal nachdrücklich zu betonen, keineswegs eine dahinterstehende eigenständige göttliche Instanz. „Reich Gottes" bezeichnet vielmehr die Heiligkeit, ja Göttlichkeit der Welt, die sich nicht dem objektiven Betrachter öffnet, sondern nur demjenigen aufgeht, der seine existenzielle, seine leibhaftige Verbundenheit mit der Welt (wieder) verspürt. Diese Verbundenheit ist niemals ein Zustand, sondern geschieht immer wieder aufs Neue, wächst wieder und wieder empor aus dem, was den Grund und Boden unserer Existenz ausmacht, aus dem Medium, in dem sie gleichsam fluktuiert: der sich zum „Reich Gottes" öffnenden Welt. Es ist diese dem Menschen, so wird hier vermutet, einzig gemäße Daseinshaltung der Weltverbundenheit, die aber eben deshalb, weil sie geradezu seine Bestimmung ausmacht, religiöse Qualität besitzt und mit dem Begriff WeltReligion vielleicht am angemessensten zu umschreiben ist. Es ist die Haltung derer, denen Jesus zuspricht:

„ihrer ist das Reich Gottes". Sie ergibt sich aus einer Existenzweise, einer Religion, deren Thema die Welt ist, jedoch nicht als Gegenstand, sondern als Medium, dem wir angehören und in dem immer wieder neu „Reich Gottes" geschieht. „Reich Gottes" ist also gerade keine und niemals eine zukünftige Größe, kein Gegenstand der Hoffnung, es ist nicht machbar, es ist auch niemals von außen beobachtbar und kategorisierbar, es ereignet sich vielmehr immer und nur im Hier und Jetzt – und manchmal einfach „wie von selbst" in der Welt, die uns umfängt, wir nehmen es wahr wie ein „himmlisches" Wunder, es entfaltet sich – und oftmals ganz unverhofft und ungeahnt. „Siehe, es ist mitten unter euch!"

Das Heilige, das Göttliche, das Wunder ist immer nur im Medium der Welt erfahrbar. Es enthüllt sich, wenn wir weltverbunden leben. Es ist, und zwar unmittelbar, das, was uns berührt und bewegt, wenn wir mit der Welt in Kontakt sind, mit ihr kommunizieren, uns als integrales Element eines großen Zusammenhangs erfassen. Die Welt ist es, die uns die Erfahrung des Göttlichen erschließt. Der Glaube an die Erfahrung des Göttlichen jenseits der Welt oder an der Welt vorbei entheiligt, entweiht unweigerlich die Welt, und, schlimmer noch, nährt die Illusion, abgesehen von der Welt, erst außerhalb von ihr das Leben zu finden.

Als weltverbundene Wesen sind wir alle ins Dasein getreten, und wir alle sind existenziell auf das Medium Welt angewiesen, um gut und zufrieden zu leben, um das Leben in seiner ganzen Fülle zu erfahren, um unsere Identität in diesem großen Zusammenhang und aus ihm heraus zu verspüren. Wird jedoch die kontinuierliche Erfahrung dieser Weltverbundenheit unterbunden, wird uns die Kontaktaufnahme mit der Welt erschwert oder versagt, isoliert uns das von der Welt. Sie wird zur Außenwelt, zum Gegenstand, und unser Leben und gleichzeitig die Welt geraten aus der Balance und aus dem Lot. Wir Menschen können der Weltverbundenheit und damit unseres Glücks, unserer Seligkeit verlustig gehen. Und die Folgen für die Welt sind unübersehbar. Die Wunden, die Menschen ihr zufügen, weil sie die Verletzung, die sie sich selber dabei zufügen, nicht mehr empfinden, nehmen immer gigantischere Ausmaße an.

Die Weltverbundenheit bedarf also der Pflege, damit diese Quelle nicht versiegt, damit der Boden nicht vertrocknet, in dem wir wurzeln, damit wir dem „Reich-Gottes"-Zusammenhang unseres Lebens nicht entfremdet werden. Eine Instanz, der diese Aufgabe, eben die Pflege der Weltverbundenheit, die Kultivierung der WeltReligion, geradezu auf den Leib geschnitten ist, ist die Kirche – wenn sie sich ihrerseits ihres Grundes, nämlich der Reich-Gottes-Botschaft Jesu von Nazaret, wieder erinnert, wenn sie die schon sehr früh einsetzende „Reich-

Gottes"-Vergessenheit endlich überwindet, wenn sie Abwege und Irrwege als solche erkennt und sie verlässt. Die Welt als heilig, als göttlich wahrzunehmen, in der Weltverbundenheit das Leben selbst und auch sich selbst als wirklich lebendig zu fühlen, die Welt als das zu empfinden, was uns unbedingt angeht, das kennzeichnete die Botschaft, wäre das „Markenzeichen", das „Alleinstellungsmerkmal" einer Kirche, die das jesuanische Evangelium von der Gegenwart des Reiches Gottes aufnimmt und damit wie von selbst einer Kultur des Friedens beständig den Boden bereitet.

KAPITEL 4
Ecclesia reformata
Kirche: Botschafterin des Reiches Gottes, Wächterin der Erde, Hüterin des Paradieses

> *„Die Wahrheit eines Christentums, das der Reich-Gottes-Verkündigung Jesu folgt, ist aus sich überzeugend. Diese Wahrheit muss nicht geglaubt, nicht bewiesen und nicht verteidigt werden. Sich auf sie einzulassen, verlangt kein Verstandesopfer, sondern Sensibilität, Mitmenschlichkeit und Mitgefühl für alles Leben. Das Christentum, das sich in dieser Rückbesinnung auf die Reich-Gottes-Thematik zu sich selbst bekehrt, ist eine Größe, die sich heute selbst noch nicht kennt."*
>
> *„Doch ohne Systembruch gibt es kein Überleben. Natürlich kann die heutige Kirche noch hundert Jahre dahinsiechen, vielleicht auch zu einem kämpferischen Fundamentalismus degenerieren, aber ein lebendiges (...) Christentum hat nur Zukunft, wenn es sich auf eine neue Grundlage stellt, die allen zweifelsfrei gegebenen Erkenntnissen Rechnung trägt und sich in diesem Sinne von ihrem Gründer und Grund her neu erfindet."*
>
> – Hubertus Halbfas[299] –

1. „Neuer Stoff, neuer Wein" – Paradigmenwechsel

Welche Authentizität, Glaubwürdigkeit und Überzeugungskraft einer Kirche zuwachsen, die den religiösen Quantensprung der Jesusbotschaft endlich auch selber realisiert, dürften die vorausgegangenen Kapitel hinreichend verdeutlicht haben. Eine Kirche, die eine Kultur des Friedens überall auf der Welt auf den Weg bringt und sie selber lebt, eine Kirche, deren öffentliche Verlautbarungen sich aus der Botschaft Jesu von der Gegenwart des Reiches Gottes speisen, eine Kirche, die

---

[299] Hubertus Halbfas, Glaubensverlust. Warum sich das Christentum neu erfinden muss, Patmos Verlag der Schwabenverlag AG, Ostfildern 2011², 29.100.

sich nicht auf ihre Mitglieder allein, sondern auf alle Menschen dieser Erde bezieht, sie könnte das Wort sagen, auf das alle Welt so sehr wartet, ja angewiesen ist: dass die Welt nicht Objekt ist, Gegenstand, Material, sondern Medium des Reiches Gottes, Quelle eines Lebens der Freude, der Einfachheit und des Mitgefühls. Kirche meint hier also – ähnlich wie der Begriff WeltReligion – keine Konfession, ist nicht exklusiv, sondern ganz im Gegenteil inklusiv zu verstehen: Kirche im Reich-Gottes-Kontext ist Inbegriff einer Menschheit, die nicht mehr getrennt, ja in Opposition zur Welt, sondern weltverbunden lebt[300].

Der neue Stoff, der neue Wein, das ist die Sakralität der Weltverbundenheit, das ist die Welt, empfunden als unsere Heimat, die uns alle atmen, die uns alle leben lässt, das ist die wunderbare Entdeckung: das Reich Gottes, es ist mitten unter uns. Nicht als Einzelwesen, sondern im Miteinander und im Einklang und Zusammenspiel mit der Reich-Gottes-Welt gelingt und glückt uns das Leben. Es gilt, aus dem Exil, aus einer entfremdeten Existenzweise zu diesem Leben, zu dieser WeltReligion (zurück)zugelangen. Die *ecclesia reformata* lebt und feiert sie. Dem sollen die jetzt noch folgenden Anregungen und Gedankenanstöße gewidmet sein.

Zunächst aber noch ein kurzer Blick auf erste Versuche, eine solche Kurskorrektur einzuleiten.

Die Ökumenische Initiative Reich Gottes – jetzt!

Um zumindest den Wunsch nach einer „Reform der Kirchen auf der Basis der Reich-Gottes-Botschaft des Jesus von Nazaret" zu artikulieren und erste Wegmarken aufzuzeigen, hat sich am 21. Juli 2002 die „Ökumenische Initiative Reich Gottes – jetzt!" konstituiert. Den Anstoß dazu gab mein Aufsatz, der unter dem Titel „Wie Jesus an das Reich Gottes glauben. Diese Erde ist Himmel, und sie kann es auch sein. Was die Kirche schaffen könnte, wenn sie von der ‚Christus-Rede' abließe" in der Zeitschrift Publik-Forum vom 17. November 2000 erschienen ist. In

---

[300] In eine ähnliche Richtung gehen Dietrich Bonhoeffers Gedanken über ein „religionsloses Christentum". Für ihn ist Kirche „nicht mehr identisch mit einer bestimmten religiösen Form, sondern überall, wo Menschen solidarisch miteinander leben" (Renate Wind, Dem Rad in die Speichen fallen. Die Lebensgeschichte des Dietrich Bonhoeffer, Beltz Verlag, Weinheim und Basel 1991³, 54).

der Initiative haben sich evangelisch-lutherische, römisch-katholische und altkatholische Christen, aber auch Menschen, die keiner christlichen Konfession (mehr) angehören, zusammengeschlossen, für die eine Erneuerung des Christentums durch eine konsequente Rückbesinnung auf das jesuanische Evangelium von der Gegenwart des Reiches Gottes das Gebot der Stunde ist. Mit diesen Positionen ist die Initiative an die Öffentlichkeit getreten[301]:

1. Wir wünschen uns eine Reform der Kirchen auf der Basis der Reich-Gottes-Botschaft des Jesus von Nazaret.

2. Wir möchten erreichen und dazu beitragen, dass unsere Kirchen sich auf ihre jesuanischen Wurzeln zurückbesinnen.

3. Wir glauben, dass in der Botschaft Jesu Heilung und Befreiung liegen. Er hat diese Botschaft konsequent gelebt. Seine Hinrichtung am Kreuz hat nicht verhindern können, dass seine Botschaft vom Reich Gottes weiterlebt.

4. Zentrale Inhalte seiner Botschaft sind:
   - Das Reich Gottes ist angebrochen.
   - Die Erde ist im Begriff, zum „Himmel" zu werden.
   - Es geht um diese Welt und dieses Leben.
   - Es gilt, in allem dem Reich Gottes zu entsprechen.

5. Daraus folgt für uns:
   - Die Welt ist von ihrer Anlage her „sehr gut", heilig, das heißt, sie gehört Gott.
   - Alles, was wir brauchen, um die Welt zu gestalten, ist uns schon gegeben.
   - Wir müssen nicht resignieren, sondern wir glauben, dass Lebensfeindlichkeit und Stagnation überwunden werden können.
   - Wir können Jesu befreiender Botschaft in unserem Leben Raum geben und so in unserer Welt für Gerechtigkeit, Frieden und die Bewahrung der Schöpfung wirken.

---

[301] Weitere Informationen sind der Internetseite www.reich-gottes-jetzt.de zu entnehmen.

6. Die wichtigsten ethischen Folgerungen aus dem Reich-Gottes-Glauben bestehen für uns in Einfachheit und in der Ehrfurcht vor allem Leben.

7. Wir erwarten, dass diese Botschaft vom Reich Gottes in den Kirchen als legitimer Ausdruck jesuanischen Glaubens anerkannt wird und liturgisch gefeiert werden kann.

8. In den traditionellen Glaubensbekenntnissen und in der überkommenen Liturgie des Abendmahls bzw. der Eucharistie hat der Reich-Gottes-Glauben keinen Ausdruck gefunden.

9. Es muss daher in unseren Kirchen Platz sein, unseren Glauben an das Reich Gottes zu bekennen und zu feiern.

10. Wir laden zum Gespräch über unsere Thesen und zur Mitarbeit im Reich Gottes ein.

Anmerkung zu Punkt 4: Wie aus meinen insbesondere auf den S. 129f. dargelegten Ausführungen hervorgeht, entsprechen die ersten beiden Näherbestimmungen der Jesusbotschaft nicht voll und ganz meiner eigenen Sichtweise. Für Jesus ist das Reich Gottes nicht „angebrochen", sondern immer schon *präsent. Es kommt darauf an, die Welt als „Himmel", als „Reich Gottes" wahrzunehmen, in dem sich unsere Existenz vollzieht; eine entsprechende Lebensweise ergibt sich dann von selbst.*

2. „Kommt, denn es ist schon bereit!" – Wir feiern es

Alle Menschen kommen als „weltverbundene Wesen" auf die Welt. Kinder, darauf macht Jesus in aller Deutlichkeit aufmerksam, leben – eben als Kinder – im Reich Gottes. Aber Menschen können, und auch dies durchaus schon sehr früh, ihrer Weltverbundenheit verlustig gehen. Die von bereits dem Reich-Gottes-Kontext ihres Lebens entfremdeten Menschen angelegten Strukturen der Gewalt führen dazu, dass sie die Kultur des Reiches Gottes aus dem Blick verlieren, ihren Weltkontakt aufkündigen und schließlich preisgeben.

Die Reich-Gottes-Verbundenheit ist kein Selbstläufer. Obwohl sie und nur sie uns Menschen gemäß ist – von allem Anfang an –, obwohl in ihr und nur in ihr unsere „Seligkeit" beschlossen liegt, sind wir durchaus nicht gleichsam von Geburt an immun gegen den Bazillus einer weltentfremdeten Daseinsweise. Eher ist das Gegenteil der Fall: Er findet immer wieder und immer neue Angriffsflächen, er breitet sich so stark und fast ungehindert aus, dass viele Menschen die Krankheit der Weltentfremdung und gleichzeitig ihrer inneren Veröding entweder schon kaum mehr empfinden oder nur noch massiver zu verdecken und zu verdrängen versuchen (mit all den Möglichkeiten, die die Vertreter und vermeintlichen Profiteure des „alten Systems" bereitwillig dafür zur Verfügung stellen). Besteht nicht darin die eigentliche Ursache all der zahlreichen und so furchtbaren Verletzungen der Welt, unter denen wir, auch wenn wir nicht unmittelbar davon betroffen sein sollten, gleichwohl auch selber leiden?

Glücklicherweise sind wir diesem Bazillus, um im Bilde zu bleiben, nicht hilflos ausgeliefert! Man kann – und man muss! – das Immunsystem stärken. Weltverbundenheit will gestärkt, will gepflegt, will kultiviert werden. Wenn man sie nicht immer wieder empfindet und dieses Empfinden mit allen Sinnen genießt, geht sie schnell verloren. Dabei ist sie es doch, die Welt als Medium des Reiches Gottes, die „den Menschen unbedingt angeht" (Paul Tillich), mit der wir in einer Art und Weise verbunden, ja auf die wir existenziell derart angewiesen sind, dass diese Verbundenheit „ein Gefühl schlechthinniger Abhängigkeit" (Friedrich Schleiermacher) hervorruft. Ohne die Welt als Erfahrungsraum des Reiches Gottes würden wir unser Leben letztlich verfehlen. Damit uns der Reich-Gottes-Zusammenhang nicht abhanden kommt und alle Dämme brechen, die diese heilige Welt vor einer immer weitergehenden Zerstörung bewahren könnten, bedarf diese WeltReligion offensichtlich einer geradezu institutionalisierten „Pflege", bedarf es – vielleicht haben es die Menschen schon immer gewusst – wohl sogar eines

„Kultes". Nur die Kraft der WeltReligion wäre stark genug, um uns vor der Weltentfremdung zu bewahren. Nur eine religiös fundierte Kultur des Friedens würde die Barbarei der Gewalt überwinden. Eine Kirche, die als Wächterin der Erde, als Hüterin des Paradieses die Kultur des Friedens ganz und gar zu ihrer Sache machte, könnte Orientierung geben, wäre wie ein Leuchtturm in Nacht und Nebel.

So ist es doch zunächst das Leben des Menschen selbst, das sich in besonderen Momenten oder Phasen geradezu selber feiert und danach verlangt, das, was sich da ereignet hat, noch einmal eigens in den großen Reich-Gottes-Zusammenhang einzubetten: wenn ein Kind zur Welt kommt, wenn Kinder zu erwachsenen Menschen heranreifen, wenn die große Liebe zwei Menschen erfasst und miteinander verbunden hat, wenn das Leben zu seinem Ende gekommen ist.

Auch in der Abfolge der Jahreszeiten wird der Reich-Gottes-Charakter der Welt sichtbar und fordert geradezu dazu heraus, ihn zu feiern. Schon bisher nehmen die Feste des Kirchenjahrs den Jahreslauf auf. Diese Feste wären aber jetzt von Christusfesten in Reich-Gottes-Feste zu transformieren.

Allerdings – die Gründe wurden ja schon genannt – bedarf es darüber hinaus regelmäßig-kontinuierlich angeboteter Feiern des Reiches Gottes, die der Reich-Gottes-Kultur des Friedens einen Ort und eine Gestalt geben. Sie könnten die Sakralität unserer Weltverbundenheit immer wieder mit allen Sinnen erfahrbar machen. Sie böten die Möglichkeit, auch in Form von Ritualen, immer wieder an ihr teilzuhaben, immer wieder in sie eintauchen. Sie müssten so gestaltet werden, dass im Zuge einer solchen Feier der Urgrund unserer eigenen Existenz wieder spürbar, unsere Weltverbundenheit neu erfahrbar würde. In den ganzen Menschen ansprechender Weise wäre das jesuanische Evangelium von der Gegenwart des Reiches Gottes so zu präsentieren, dass alle mit hineingenommen werden, dass sie „am Tisch des Festmahls Platz nehmen", dass sie ihre „angeborene" Weltverbundenheit wieder aufspüren und neu erleben können.

Darauf allerdings gilt es von Anfang an und nachdrücklich hinzuweisen: Lebendig, das heißt der sich immer wieder neu artikulierenden und in unendlichen Varianten erfahrenen Reich-Gottes-Welt gemäß, ist diese Erinnerung und dieses Fest nur dann, wenn nichts endgültig festgelegt, festgeschrieben, dogmatisiert, verpflichtend ist, sondern in Bewegung bleibt. So handelt es sich auch hier lediglich um Vorschläge, Erfahrungen, Anregungen, Beispiele. Die *ecclesia reformata* nimmt ja erst langsam Gestalt an, muss weitestgehend erst noch entwickelt werden.

Gleichwohl sind erste mögliche liturgische Strukturen einer solchen Feier des Reiches Gottes bereits entwickelt worden. Die Ökumenische Initiative Reich Gottes – jetzt! hat von Anfang an gewissermaßen liturgische Vorarbeit zu leisten versucht, um der von ihr intendierten Reform der Kirchen auf der Basis der Reich-Gottes-Botschaft des Jesus von Nazaret ein Gesicht zu geben, einen Erfahrungsraum für das zu öffnen, womit nach ihrer Überzeugung „die Kirche steht und fällt". So feierte sie zunächst unter dem die Reich-Gottes-Thematik benennenden und zugleich den alternativen Charakter einer solchen Reich-Gottes-Feier signalisierenden Motto „Heaven on Earth – der *andere* Gottesdienst" in den Jahren 2003 bis 2005 eine Reihe von Gottesdiensten in einer evangelischen Kirche oder Kapelle in Nürnberg. Einige Jahre später hat sich eine wichtige Veränderung ergeben: Erstmals am 16. Januar 2009 lud nicht mehr die Initiative, sondern die Evangelisch-Lutherische Kirche in Nürnberg selbst zu einem „Reich-Gottes-Gottesdienst" in die Nürnberger Sebalduskirche ein, und zwar als „Teil eines Projekts, in dem Gestaltungsweisen für Gottesdienste, die den Reich-Gottes-Gedanken ins Zentrum stellen, erprobt werden"[302]. In der Regel dreimal im Jahr werden diese Gottesdienste seitdem in einer Nürnberger Innenstadtkirche gefeiert. Seit 2015 stehen sie unter dem Titel: „Compañerismo. Feier des Reiches Gottes". – Darüber hinaus feiert eine Regionalgruppe der Initiative seit 2013 zwei- bis dreimal im Jahr in Karlsruhe eine Reich-Gottes-Mahlfeier. Zu jeder Feier wird eine Vereinigung, Aktionsgruppe oder Organisation eingeladen, die mit ihren Zielen und mit ihrer konkreten Arbeit einen Aspekt des Reiches Gottes verwirklicht oder zum Vorschein bringt.

Bevor im Folgenden die Elemente der Nürnberger Feier des Reiches Gottes vorgestellt und näher betrachtet werden, seien noch einige Anmerkungen zu dem Ort vorangestellt, an dem diese Feiern stattfinden.

Kirche: „Welt-Haus" bzw. „Mikrokosmos", Erfahrungsraum des Reiches Gottes, Oase und Quelle einer Kultur des Friedens

In einer Welt, deren Makrostrukturen nach wie vor gewaltträchtig sind, in der die Abtrennung des Einzelnen von der ihn umgebenden Welt zum Prinzip erhoben wird, bedarf es eines Raumes, der eine nicht-entfremdete Wahrnehmung der Welt ermöglichen hilft. Eine Kirche, die die Reich-Gottes-Botschaft Jesu als den sie

---

[302] So in der Ankündigung einer dieser Gottesdienste im Sonntagsblatt. Evangelische Wochenzeitung für Bayern, Nr. 49 vom 6. Dezember 2009.

tragenden Grund definiert und sich damit allen Menschen dieser Erde in gleicher Weise zuwendet, bietet mit ihren Gebäuden solche Erfahrungsräume an.

Man könnte dabei an einen geradezu automatischen Vollzug anknüpfen, den jeder bei sich selbst beobachten kann, wenn er eine Kirche betritt: Der Blick richtet sich, sobald man das Portal durchschritten hat, praktisch automatisch nach oben und ins Weite, man möchte das Ganze, den gesamten Kirchenraum erfassen. Will die Schönheit seiner Gestaltung und Ausstattung nicht (auch) der Schönheit der Welt entsprechen, in der er sich befindet und auf die er sich bezieht? Sollte und könnte also nicht gerade auch das Kirchengebäude dazu dienen, dass wir das wirkliche „Welt-Haus", in dem wir leben, wieder neu erfassen, in den Blick nehmen, uns aufs Neue in ihm beheimaten? Kirchen-Raum und Welt-Raum stehen in innerstem Bezug zueinander. Das haben Menschen auch wohl schon immer so empfunden: Manche Deckengewölbe sind mit der Sonne oder dem Sternenhimmel verziert. Das Kirchengebäude und das, was sich in ihm ereignet, sollten nichts anderes als Hort, Schatzkammer und Erfahrungsfeld dessen sein, was der Begriff WeltReligion umschreibt.

Im Zentrum des als „Welt-Haus" bzw. als „Mikrokosmos des Reiches Gottes" verstandenen Kirchenraums befindet sich der Altar, der „Welt-Tisch", an dem gewissermaßen alle Menschen dieser Erde einen Platz haben. Er steht für die Weltverbundenheit im Reich Gottes. Er lädt alle ein, an ihm Platz zu nehmen und diese Verbundenheit zu leben – durch das gemeinsame Essen und Trinken, aber auch durch Begegnung und Gespräch, eben durch die Kommunikation mit der Welt in all ihren Dimensionen.

Zusätzlich verdeutlichen könnte dies ein auf dem Altar platzierter hell erleuchteter Globus: Hier im Kirchenraum stünde er für die als Reich Gottes wahrgenommene, von innen her erleuchtete, von göttlichem Licht durchstrahlte Welt. Er wäre das Symbol[303] eines Glaubens an die Welt als den heiligen Ort, an dem Freude und die Fülle des Lebens wohnen, an dem Gerechtigkeit, Frieden, die Integrität all dessen, was ist, ein Heimatrecht haben, zu Hause sind.

---

[303] Das griechische Wort „Symbolon", von dem unser Begriff Symbol abgeleitet ist, ist die ursprüngliche Bezeichnung für das Glaubensbekenntnis, gewissermaßen das Erkennungszeichen des christlichen Glaubens.

2.1 Feier des Reiches Gottes (Compañerismo)

„Compañerismo" nennen wir dieses Fest des Reiches Gottes. Compañerismo heißt „Kollegialität", „Kameradschaftssinn". Etymologisch verdeutlicht dieser Begriff zugleich ganz konkret, wovon der compañerismo lebt, was seinen Geist ausmacht, ja ihn charakterisiert, nämlich dass man „zusammen" (com) das „Brot" (pan) miteinander teilt und einander eben dadurch compañero („Gefährte"), compañera („Gefährtin") wird. Compañerismo hat sowohl einen sozialen als auch einen organisatorischen Akzent: Er meint einerseits das Bestreben, sich wahrhaft als compañero/compañera seiner Mitmenschen zu verstehen und den compañerismo auch zu leben, die „Kollegialität" auch tatsächlich anzubieten, andererseits das enschlossene Handeln, nämlich sich als compañeros/compañeras zusammenzutun und auf den Weg zu machen. Möglich ist das alles durch die konkret erfahrene Weltverbundenheit, wie sie im Teilen und Essen des Brotes, der Frucht der Erde und der menschlichen Arbeit, und im Trinken des Weins oder des Wassers, diesem Lebenselement schlechthin, in ganz elementarer Weise zum Ausdruck kommt. „Compañerismo" meint den Geist, in dem man sein Brot miteinander teilt, und die Dynamik, die dabei entsteht.

Dass wir keinen deutschen, sondern einen spanischen Begriff zur Bezeichnung unserer Feier des Reiches Gottes gewählt haben, hat zunächst darin seinen Grund, dass gerade dieses Wort, für das es im Deutschen kein Äquivalent gibt, genau das zum Ausdruck bringt, was eben diese Gefährtenschaft begründet, nämlich das Einander-Anteil-Geben an dem, was der/die andere zum Leben braucht. Darüber hinaus soll deutlich werden, dass die Gefährtenschaft aller Menschen im Reich Gottes wirklich die gesamte Ökumene im Blick hat, alle Menschen dieser Erde, und alle nationalen, kulturellen und weltanschaulichen Grenzen sprengt. ¡Compañerismo!: Wir möchten auf dieser Erde das Fest des Lebens miteinander feiern! Wir möchten einander compañeros/compañeras sein! Und wir möchten compañeros/compañeras sein auch der Erde, dem Wasser, der Luft, den Pflanzen, den Tieren, dem Leben und allen seinen Elementen! Das gemeinsame Essen und Trinken am „Welttisch des Reiches Gottes" bildet deshalb das Zentrum dieser Feier.

Aus einer Welt kommend, die weithin nicht nach den Spielregeln des Reiches Gottes eingerichtet ist, einer Welt oftmals extrem entfremdeten, verstümmelten, vertrockneten, kranken Lebens, versammeln wir uns zunächst im Kirchenschiff. Hier hat jeder einen Platz, hier ist jeder willkommen. Der Blick fällt auf den Altartisch mit einem großen, hell erleuchteten Globus darauf. Er ist mit einem Tuch gedeckt, auf dem an der Frontseite die jeweils in eines der vier Segmente eines kosmischen Kreuzes eingezeichneten Elemente dargestellt sind – Erde, Wasser, Luft und Feuer. Auf dem Altartisch liegen große Broträder, daneben stehen mehrere Wasserkaraffen.

Nach einem musikalisch gestalteten Auftakt und einer kurzen Begrüßung wird ein Text gelesen, der die Menschen, die sich in der Kirche versammelt haben, aus ihrem Alltag abholt und ihnen die Kirche als Erfahrungsraum des Reiches Gottes zu erschließen versucht. Als Vorlage dient ein von der Vollversammlung des Ökumenischen Rates der Kirchen in Vancouver im Jahr 1964 unter dem Titel „Feier des Lebens" erarbeiteter Text[304].

> Mitten in Hunger und Krieg
> > feiern wir das Reich Gottes:
> > Fülle und Frieden.
>
> Mitten in Drangsal und Tyrannei
> > feiern wir das Reich Gottes:
> > Hilfe und Freiheit.
>
> Mitten in Zweifel und Verzweiflung
> > feiern wir das Reich Gottes:
> > Wahrheit und Verbundenheit.
>
> Mitten in Furcht und Verrat
> > feiern wir das Reich Gottes:
> > Verlässlichkeit und Solidarität.
>
> Mitten in Hass und Tod
> > feiern wir das Reich Gottes:
> > Liebe und Leben.
>
> Mitten in den Strukturen der Gewalt
> > feiern wir das Reich Gottes:
> > eine Kultur des Friedens.
>
> Miteinander teilen wir das Brot,
> > feiern wir das Reich Gottes:
> > es ist mitten unter uns.

---

[304] Quelle: Evangelisches Gesangbuch a.a.O. (vgl. Anm. 84) 1504. Er wurde allerdings vor allem in der Weise zu einem Reich-Gottes-Text umgearbeitet, als jetzt nicht mehr von der Feier einer Zukunftsverheißung („…feiern wir, was verheißen ist…") die Rede ist, sondern von der Feier des Reiches Gottes hier und jetzt.

Reich Gottes, das sei hier noch einmal nachdrücklich unterstrichen, meint nicht eine ideale Zukunftswelt, die erst noch entstehen muss, sondern diese Welt, in der wir existieren, mit der zusammen wir koexistieren, nicht abgetrennt von ihr (woher all ihre Verletzungen rühren), sondern mit ihr verbunden.

Diese Verbundenheit – zunächst zumindest einmal als Gruppe, die sich in der Kirche versammelt hat – wird spürbar, ja „hörbar" beim gemeinsamen Singen eines Liedes, das eben die Schönheit dieser Weltverbundenheit, den Glanz dieses „Schatzes", am Reich Gottes teilzuhaben, zum Ausdruck bringt.

Es folgt eine Erinnerung an die Botschaft Jesu, an das jesuanische Evangelium von der Präsenz des Reiches Gottes, in dem wir uns jetzt wieder ganz beheimaten möchten. Gelesen wird in der Regel eines der 21 mit hoher Wahrscheinlichkeit authentischen Jesusworte des Neuen Testaments, das kurz erläutert und in den Kontext der Jesusbotschaft gestellt wird.

Im Anschluss daran erheben sich alle und sprechen miteinander einen Text, der die wichtigsten Grundelemente dieser Botschaft zu benennen versucht, zum Beispiel folgendes Glaubensbekenntnis:

> Ich glaube,
> dass das Reich Gottes mitten unter uns ist.
>
> Ich glaube,
> dass Jesus uns die Welt als Reich Gottes erschlossen hat.
> Ich glaube,
> dass jedem Menschen die Möglichkeit offensteht,
> im Hier und Jetzt in das Reich Gottes einzutreten.
>
> Ich glaube wie Jesus,
> dass Kinder noch unverfälscht
> und nicht entfremdet
> unsere Lehrmeister für das Reich Gottes sind.
>
> Ich glaube wie Jesus,
> dass wir eingebunden sind in eine Welt,
> die uns mit allem versorgt.
> So muss man nicht mehr haben,
> als man braucht.

Ich glaube,
dass durch eine Lebensweise,
getragen und geleitet vom Reich Gottes,
die Wunden der Welt heilen können.

Ich glaube,
dass die Erfahrung der Welt als Reich Gottes
uns selbst und allen Menschen
die Fülle des Lebens eröffnet.

Amen.

Nun werden alle eingeladen, aus den Bänken des Kirchenschiffs herauszutreten, gemeinsam in den Chorraum hinüberzugehen und dort um die für das Mahl gedeckten Tische herum Platz zu nehmen, etwa mit folgenden Worten:

An das „Reich Gottes" glauben heißt für uns nicht, das Reich Gottes lediglich erwarten, glauben, dass es irgendwann einmal kommt. Vielmehr glauben wir, dass wir es schmecken und sehen können, dass der Reich-Gottes-Charakter dieser Welt erfahrbar und spürbar ist. Wir bleiben nicht im Warteraum, sondern betreten den Festsaal. Wir laden Sie ein, am Tisch des Reiches Gottes Platz zu nehmen.

Die festlich gedeckten Tische symbolisieren die weltweite Verbundenheit mit allen Menschen dieser Erde. Alle brauchen Nahrung. Wenn wir erleben, wie wir miteinander essen und trinken können, was die Erde hervorbringt, erfahren wir uns in einen großen Zusammenhang hineingenommen. Die Welt öffnet sich zum Reich Gottes, einer Welt, in der alle Menschen einen Platz haben, in der jeder Mensch erhält, was er für ein Leben in Würde braucht, nicht weniger, aber auch nicht mehr, in der die Grundelemente der Welt allen Menschen heilig sind, in der wir nur gewaltfrei miteinander und mit unserer Mitwelt umgehen können, in der die Tiere demselben Kosmos des Lebens angehören wie wir. Wo immer uns diese Welt aufgeht und wir in sie eintreten, haben wir teil am Reich Gottes. Weil wir es als etwas Heilvolles, Heiliges erfahren, feiern wir immer wieder unsere Zugehörigkeit zu ihm. Unser Dabeisein im Reich Gottes verändert Leben und Denken, es entfaltet auch durch uns seine heilende und befreiende Kraft[305].

Eingeleitet wird die Mahlfeier mit den ersten beiden Strophen des Liedes „Eingeladen zum Fest des Glaubens"[306].

> Aus den Dörfern und aus Städten,
> von ganz nah und auch von fern,
> mal gespannt, mal eher skeptisch,
> manche zögernd, viele gern,
> folgten sie den Spuren Jesu,
> folgten sie dem, der sie rief,
> und sie wurden selbst zu Boten,
> dass der Ruf wie Feuer lief:
> Eingeladen zum Fest des Glaubens!
>
> Und so kamen sie in Scharen,
> brachten ihre Kinder mit,
> ihre Kranken, auch die Alten,
> selbst die Lahmen hielten Schritt.
> Von der Straße, aus der Gosse
> kamen Menschen ohne Zahl,
> und sie hungerten nach Liebe
> und nach Gottes Freudenmahl:
> Eingeladen zum Fest des Glaubens!

---

[305] Ähnlich äußert sich Jörg Zink zur Eucharistie: „Heute wird uns immer deutlicher, dass die Eucharistie über ihre bisherige Bedeutung hinaus immer mehr zu einem Modell wird, das zeigt, wie wir Menschen mit den Elementen umzugehen hätten, die uns unser Planet Erde anbietet. Brot und Wein als Repräsentanten der Schönheit und Fruchtbarkeit der Erde verlangen nach einem sakramentalen Umgang mit der Erde überhaupt. Und die Gemeinschaft, die wir im Zeichen von Brot und Wein schließen, ist dabei zugleich das Ende jener Vorstellung vom Menschen, die ihn in die einsame Mitte der Schöpfung rückte und zum einsamen Verbraucher machte. Eucharistie ist Verbindung mit den Elementen der Erde in ganzheitlicher Ehrfurcht." (Jörg Zink, Sieh nach den Sternen, gib acht auf die Gassen, Kreuz Verlag, Stuttgart 2002, 150)

[306] Den Text verfasste Eugen Eckert, die Melodie schrieb Alejandro Veciana; das Lied findet sich auf der CD „Blatt um Blatt" der Gruppe Habakuk (1991).

Dieses „Fest des Glaubens" ist zunächst im engeren Sinn die Mahlfeier selbst („Gottes Freudenmahl", das heißt ein Mahl, in dem sich durch das Essen und Trinken und den gegenseitigen Austausch die Welt zum Reich Gottes hin öffnet), im weiteren Sinn aber die (neue, erneuerte) Existenz, Koexistenz im Reich Gottes überhaupt („und sie lernten so zu leben / dass das Leben nicht vergehe"). Die Mahlfeier selbst wird etwa mit folgenden Worten eingeleitet:

> Das Mahl, zu dem alle Menschen eingeladen sind, steht im Mittelpunkt der Feier des Reiches Gottes. Insbesondere die Mahlfeier macht die Strukturelemente einer Kultur des Friedens ganz konkret erlebbar. Sie stärkt unsere Weltverbundenheit, macht sie als etwas zutiefst Beseligendes erfahrbar. An dem „Tisch des großen Gastmahls"[307] treten wir in Verbindung zueinander, öffnen uns für die Menschen um uns her und für die Welt. In der Reich-Gottes-Welt leben wir nicht für uns selbst. Miteinander teilen wir die Gaben der Erde, ihre Früchte, auch das Brot als Frucht menschlicher Arbeit. Miteinander teilen wir Wasser und Wein, Quellen des Lebens und der Freude. Jeder bekommt, was er braucht, und genau das ist ja die Bedingung dafür, dass niemand mehr braucht, als er wirklich benötigt. Wir spüren unsere Verbundenheit untereinander und mit der Erde. „Siehe, das Reich Gottes ist mitten unter euch." „Kommt, denn es ist schon bereit!"

Nachdem alle an die Tische getreten sind, werden die Brote gebracht und folgende Worte zum Brot gesprochen:

> Wenn wir das Brot essen, verbinden wir uns mit der Erde,
> auf der das Getreide gewachsen ist,
> und mit den Menschen, die es für uns zubereitet haben.
> Es stillt unseren Hunger und gibt uns Kraft zum Leben.
> So nehmt und esst vom Brot des Lebens.

Schweigend wird ein erstes Stück Brot gegessen. Es folgen – wieder am Altartisch – Worte zum Wasser:

---

[307] Vgl. Lukas 14,16-21a.

Wenn wir Wein oder Wasser trinken, verbinden wir uns mit der Welt,
die uns mit diesem Lebenselement versorgt,
und mit den Menschen, die daran mitgewirkt haben,
dass es uns zur Verfügung steht.
Es stillt unseren Durst und hält uns lebendig.
So nehmt und trinkt vom Kelch des Heils.

Die Wasserkaraffen werden zu den Tischen getragen. Dort schenkt man sich gegenseitig ein und trinkt bewusst einen ersten Schluck. Daran schließt sich – begleitet von „Tafelmusik" – ein gegenseitiger Austausch an. Nach etwa 15 Minuten werden alle eingeladen, wieder Platz zu nehmen und die nächsten beiden Strophen des Liedes „Eingeladen zum Fest des Glaubens" anzustimmen.

Und dort lernten sie zu teilen
Brot und Wein und Geld und Zeit;
und dort lernten sie zu heilen
Kranke, Wunden, Schmerz und Leid;
und dort lernten sie zu beten,
dass dein Wille, Gott, geschehe;
und sie lernten so zu leben,
dass das Leben nicht vergehe:
Eingeladen zum Fest des Glaubens!

Aus den Dörfern und aus Städten,
von ganz nah und auch von fern,
mal gespannt, mal eher skeptisch,
manche zögernd, viele gern,
folgen wir den Spuren Jesu,
folgen wir dem, der uns rief,
und wir werden selbst zu Boten,
dass der Ruf noch gilt, der lief:
Eingeladen zum Fest des Glaubens!

Ein kurzer Impuls soll die neue bzw. erneuerte Erfahrung des Reiches Gottes in Worte fassen, sie vertiefen und ihre Relevanz für Alltag und Welt aufzeigen.

Es folgen Bekanntgaben und die Kollekte, die einem konkreten „Reich-Gottes-Projekt" gewidmet ist, verbunden mit einer Absage an den Reichtum, etwa mit folgenden Worten:

> Wer sich mit der ganze Erde, mit den auf ihr lebenden Menschen, Tieren und Pflanzen, mit Boden, Luft und Wasser, wer sich mit dieser Welt als dem Reich Gottes verbunden weiß, der spürt es ganz unmittelbar: Man kann dann nicht mehr für sich beanspruchen, nicht mehr besitzen, als man braucht. Genug ist im Reich Gottes einfach genug. Jedes materielle Mehr, jedes Zuviel ist ein Weniger an Leben. Deshalb sagen wir dem Reichtum ab. Was wir nicht brauchen, möchten wir teilen. Eine Möglichkeit ist die Kollekte, die wir nun zusammenlegen wollen.

Nach einer Liedstrophe, die noch einmal sozusagen den Takt für den weiteren Weg im Reich Gottes angibt, erheben sich alle und sprechen die Worte des „Täglichen Gebets" von Mahatma Gandhi[308]:

> Ich will bei der Wahrheit bleiben.
> Ich will mich keiner Ungerechtigkeit beugen.
> Ich will frei sein von Furcht.
> Ich will keine Gewalt anwenden.
> Ich will guten Willens sein gegen jedermann.

Der als Zuspruch und Vergewisserung gestaltete Segen beschließt die Feier:

> Lasst uns, bevor wir wieder hinausgehen,
> noch einmal den erleuchteten Globus in den Blick nehmen,
> Symbol des Reiches Gottes,
> Symbol der Segenswelt, in der wir leben,
> in der sie sich entfaltet,
> unsere gesegnete und segnende Existenz.

---

[308] Evangelisches Gesangbuch a.a.O. (vgl. Anm. 84) 780.

Gesegnet seid ihr
und ihr sollt und könnt ein Segen sein
für die Welt und alle Wesen der Erde.
Friede erfüllt euch
und geht von euch aus.
So bringt ihr Gottes Reich zum Leuchten.
Amen.

Unter den Klängen eines Musikstücks verlässt man die Kirche – neu gestärkt für ein weltverbundenes Leben.

2.2 Das Leben feiern

Das Leben selber ist ein Fest, soll es immer wieder werden. Darauf und nicht auf Leistung, Bewährung und Erfolg ist das Leben in der Reich-Gottes-Welt angelegt. Daran will die Feier der Weltverbundenheit, wie sie gerade in Grundzügen dargestellt worden ist, immer neu erinnern.

Aber auch Ereignisse, Widerfahrnisse, Wendepunkte im persönlichen Leben sind aus sich selbst heraus Wesensäußerungen des Reiches Gottes. Sie „verlangen" auf Grund dessen, was da geschehen ist, nach einem Ritual, nach einer Feier, die ihrer Bedeutung eine angemessene Gestalt, ein Gesicht gibt, die die das Geschehene letztlich charakterisierende Sakralität zum Leuchten bringt. Sie wollen, müssen – und zwar in ihrer ganzen, in ihrer universalen, also in ihrer religiösen Dimension – „begangen", gefeiert werden, man kann darüber nicht einfach hinweg- und zur Tagesordnung übergehen, wenn man ihrem Stellenwert im persönlichen Leben und im Weltzusammenhang gerecht werden will. Es ist ja nichts Alltägliches. Vielmehr: Wenn Derartiges geschieht, dann hat sich Reich Gottes geradezu unübersehbar ereignet, müsste es allen „einleuchten", will es – durch ein Fest, durch eine Feier – „vergesellschaftet" werden. Es hat sich im Welt-Zusammenhang zugetragen, es ist aus sich selbst heraus integraler Bestandteil dessen, was hier WeltReligion genannt wird. Die kirchliche Feier stellt die Würde und Heiligkeit dessen, was sich da ereignet hat, für alle Beteiligten ins Licht. Auf diese Weise wird es zu einer Wegmarke auch ihrer eigenen Existenz im Reich Gottes.

Taufe

Es ist das Leben selber, durch das uns „das Reich Gottes erreicht" (vgl. Matthäus 12,28 / Lukas 11,20). Kinder sind Reich-Gottes-Boten, sie sind uns Lehrmeister der Weltverbundenheit – von Anfang an. Kommt ein Mensch zur Welt, so wird dies noch immer und wohl für alle Zeit als ein Wunder, als unbeschreibliches Glück, als eine zu Tränen rührende Freude empfunden. Es ist weit mehr als ein rein persönlich-familiäres Ereignis. Es hat mit dem Ganzen des Lebens zu tun, es ist Ausdruck der Heiligkeit der Welt selber. Bei der Feier der Taufe tritt es noch einmal ans Licht, kommt es noch einmal zum Leuchten.

Firmung/Konfirmation

Wenn aus Kindern Erwachsene zu werden beginnen, ist dies ein markanter, der Begleitung bedürftiger Übergang im Leben jedes Menschen. Gerade in dieser Zeit der Unsicherheit, der Selbstzweifel, aber auch der Neuorientierung und Selbstvergewisserung ist die Stärkung des Selbstwertgefühls, das Gespür, einen Platz nicht nur in der Familie, in Verwandtschaft und Freundschaft, sondern in der Welt zu haben, von zentraler Bedeutung. Sich etwas von der eigenen „kindlichen" Weltverbundenheit für das weitere Leben zu bewahren, darauf wird es ganz entscheidend ankommen. So ruft diese ganz besondere Phase im Leben jedes Menschen gleichsam vom selbst nach einer religiösen Feier. An der Schwelle dieses Übergangs will den jungen Menschen ihr einzigartiger Wert bewusst und die Bedeutung ihres nun beginnenden eigenständigen Lebens im Gesamtzusammenhang der Welt und für die Welt deutlich gemacht werden. Das Fest der Konfirmation oder der Firmung stellt es in den Welthorizont hinein, stellt dieses Leben damit ganz ins Licht und bringt es zum Leuchten.

Kirchliche Trauung

Da fühlen zwei Menschen, dass sie füreinander bestimmt sind, wundern sich und staunen über die Wege, die sie im Großen und Ganzen ihres jeweiligen Weltzusammenhangs zueinander geführt haben, können diese große Liebe gar nicht fassen, die da in ihnen entfacht worden ist. Sie wird jedem wirklich Liebenden als ein „Geschenk des Himmels" mitten im Heute, mitten im Leben erscheinen. Wegen ihres überdeutlichen Reich-Gottes-Bezugs erschöpft sich ihre Liebe nicht in der Zweierbeziehung allein. So wie sie sich der Heiligkeit der Welt selber verdankt, so will sie ihrerseits ausstrahlen in die Welt, will Kräfte freisetzen, dem Leben und der Welt in Liebe zu dienen, im Füreinander auch für das Leben selber da zu sein, mit einem Wort: Sie hat Reich-Gottes-Qualität. Bei der Feier der kirchlichen Trauung tritt sie noch einmal ans Licht, kommt sie noch einmal zum Leuchten.

Kirchliche Trauerfeier und Bestattung

Das Leben eines Menschen ist zu Ende gegangen, hat sich vollendet. Nach oder auch schon während der Trauer und durch sie hindurch, trotz der Verzweiflung, bei allen Tränen, vielleicht aber auch einfach während des nun gebotenen Innehaltens kristallisiert sich heraus, was dieses Leben im Kontext der Welt gewesen ist, was seine Einmaligkeit, seine Kostbarkeit, seine einzigartige und unverlierbare Identität im Reich Gottes ausgemacht hat. Bei der kirchlichen Trauerfeier und Bestattung tritt es noch einmal ans Licht, kommt es noch einmal zum Leuchten.

2.3 Feste im Kirchenjahr

Bislang sind die Feste im Kirchenjahr vom Paradigma der Erlösung durch Kreuz und Auferstehung bestimmt. Die Adventszeit ist die Zeit der Vorbereitung auf die Geburt des Erlösers, die am Heiligen Abend gefeiert wird („Christ ist erschienen, uns zu versühnen"). Ein großes Gewicht hat die Fasten- bzw. Passionszeit, die Wochen zwischen dem Aschermittwoch und dem Karfreitag, die dem Gedächtnis des Leidens- und Kreuzwegs Jesu gewidmet sind. Höhepunkte des Kirchenjahres sind bislang der Karfreitag als Tag des Erlösungsgeschehens und Ostern als Tag der Auferweckung des „für uns" Gekreuzigten. Seine „Himmelfahrt", von der im Neuen Testament allein der Evangelist ‚Lukas' erzählt, ist Thema des 40., an die „Ausgießung des Heiligen Geistes" (Apostelgeschichte 2) erinnert der 50. Tag nach Ostern, das Pfingstfest.

Der *ecclesia reformata* stellt sich die nicht einfache Aufgabe, diese Festtage „umzuwidmen", die alten Christusfeste von der Botschaft Jesu her neu zu füllen und sie als Reich-Gottes-Feste zu begehen, das heißt als Festtage, die die unser Leben konstituierende Weltverbundenheit thematisieren. Aus „christologischen Festen" müssen „basileiologische Feste" werden, bei denen nicht die Person des Botschafters, sondern seine Botschaft, seine Sache, sein Evangelium von der Präsenz der Basileia im Mittelpunkt stehen. Gelingen wird das am ehesten, wenn die Kirche dabei am Grundempfinden der Menschen anknüpft, das sie mit diesen Tagen – neben bzw. unterhalb der kirchlich definierten Thematik – immer auch verbinden. Der christliche Festkalender baut darauf auf. Die Termine der Festtage wurden nicht willkürlich festgelegt; mit ihnen wurden auch vorchristliche Feste im Jahreskreis inhaltlich neu gefüllt. Die meisten Feste weisen einen Bezug zur Jahreszeit auf: das Weihnachtsfest markiert die Wintersonnenwende; Ostern wird am ersten Sonntag nach dem Frühlingsvollmond gefeiert; sieben Wochen später das Pfingstfest, die zu Ostern noch knospenden Blumen und Bäume kommen jetzt zur vollen Blüte; die Sommersonnenwende wurde zum Tag Johannes des Täufers, der der Überlieferung zufolge sechs Monate vor Jesus geboren ist; das Erntedankfest feiert den Herbst. So nehmen die Feste im Rhythmus der Jahreszeiten den Menschen in den kosmischen Rhythmus auf.

Wäre das mit den Festen immer auch verbundene Gefühl des Aufgehobenseins in einem vorgegebenen großen Zusammenhang nicht ein natürlicher Anknüpfungspunkt, um dieses unbewusste Empfinden zu erweitern, um daran zu erinnern, dass wir Menschen in der Reich-Gottes-Welt zu Hause sind, aus dem Miteinander heraus unsere Kraft und unsere Freude schöpfen? Könnten diese Feste nicht immer wieder einladen zu einem weltverbundenen Leben?

Weihnachten: „Friede auf Erden"[309]

Es geht bei diesem Fest nicht um eine weihnachtliche Idylle. Es geht auch nicht um das Weihnachten vor 2000 Jahren. Es geht um den „Frieden auf Erden", heute. Den wünschen wir uns alle, so soll es sein, darin dürfte nach wie vor die tiefe, den meisten vielleicht gar nicht mehr bewusste Motivation liegen, immer noch, „alle Jahre wieder", dieses Fest zu feiern. Unsere WeltReligion, die Kultur des Friedens – Weihnachten zelebriert sie in ganz besonderer Weise. Das Weihnachtsfest erinnert durch seine Traditionen und Bilder, durch die mit ihm verbundenen Rituale und Gewohnheiten daran und lässt wieder aufleben, dass wir das Miteinander, eben die Weltverbundenheit suchen und brauchen. Auch durch noch so viel Kommerz, auch durch den in manchen Kreisen immer mehr überbordenden Konsum lässt sich die durch Weihnachten wieder auflebende Erinnerung an diese Vertrautheit mit der Welt, unsere Sehnsucht nach Einklang mit ihr nicht verdecken und verdrängen.

Es ist die Grundbotschaft jedes **Weihnachtsbildes:** In der Mitte das neugeborene Kind – mit jedem Kind entfaltet sich das Leben, immer wieder neu. Aber das kann nur geschehen, wenn Menschen, die in Liebe zueinander gefunden haben, dieses Leben hüten und pflegen. Doch Maria und Josef sind dabei nicht allein: Auf den Weihnachtsbildern sind es die Hirten, die sich ebenso über das neue Leben freuen, die es schützen und bewahren werden. Und die Tiere – Ochs und Esel neben der Krippe, die Schafe bei den Hirten – stehen für das ganze Universum des Lebens, dem das Kind angehört. Andererseits ist das Kind „zur Welt gekommen", in die Welt hineingetreten: Sie, die ganze damals bekannte Welt repräsentieren die Weisen aus dem Morgenland. Und über allem strahlt der Stern, der Weihnachtsstern: Die Geburt eines Kindes bewegt „Himmel und Erde", den ganzen Kosmos. So tritt sie uns wieder entgegen, die weihnachtliche Welt, wir treten in sie ein. Wir spüren: es ist unsere Welt, auch wir gehören dazu, wir stellen uns mit in sie hinein. Die Weltverbundenheit blüht aufs Neue in uns auf.

---

[309] Vgl. Lukas 2,14.

Weihnachten bedeutet: Friede auf Erden. Man kann nicht Weihnachten feiern und Krieg führen. Beinahe hätte Weihnachten den Ersten Weltkrieg zum Erliegen gebracht! Am 24. Dezember 1914 jedenfalls schwiegen fast an der gesamten Westfront die Waffen. Man geht heute davon aus, dass mindestens 100.000 Soldaten an dem **Weihnachtsfrieden 1914**, an diesem **Christmas Truce**, teilgenommen haben. Weihnachten hatte den Krieg unterlaufen. Die Soldaten müssen selbst von dieser „Weihnachtskraft" überrascht worden sein, der „Weihnachtsdynamik", die sie ergriffen hatte. Meistens begann es damit, dass jemand ein Weihnachtslied anstimmte, „Stille Nacht, heilige Nacht" zum Beispiel. Auf den Wällen einiger deutscher Schützengräben waren auf von der Obersten Heeresleitung zu Hunderttausenden an die Front gelieferten Tannenbäumchen Kerzen angezündet worden. Und erst dann, schier unfassbar, aber wahr: Die Soldaten verbrüderten sich mit ihren angeblichen Todfeinden[310]. Ein Weihnachtslied, die Melodie des Friedens, diesseits aller Worte intuitiv verständlich, sie über alle Unterschiede hinweg verbindend, hatte sie zueinander geführt, trotz ihrer unterschiedlichen Muttersprachen kommunizieren sie, essen zusammen, tauschen Geschenke aus, spielen Fußball miteinander. Sie fühlen sich „als Teil von etwas, das grenzenlos war und größer als alle Nationen", wie ein preisgekrönter Comic[311] über jene Ereignisse dieses sie alle befreiende, erlösende Gefühl beschreibt. Menschen fühlen ihre Verbundenheit, über alle Grenzen hinweg, Soldaten, die unter dem Befehl standen, einander zu töten, finden in diesen wahrhaft ergreifenden, wunderbaren Momenten wieder in das Reich Gottes hinein. Es muss die „weihnachtliche Grundmelodie der Welt" gewesen, es muss das gewesen sein, was Weihachten eigentlich heißt und ausmacht, dem sie sich nicht entziehen wollten und entziehen konnten: Friede auf Erden, Christmas Truce, Christmas Truth, wahres Weihnachten.

Etwas Unscheinbares und doch sehr Bewegendes hat sich in der **Weihnachtszeit im Jahr 1941 in Berlin** zugetragen. Anne Nelson erzählt davon in ihrem Buch über die „Rote Kapelle", einer Widerstandgruppe im Deutschland der nationalsozialistischen Diktatur[312]:

---

[310] Vgl. Michael Jürgs, Der kleine Frieden im Großen Krieg. Westfront 1914: Als Deutsche, Franzosen und Briten gemeinsam Weihnachten feierten, München 2003³.
[311] Der Comic „Niemandsland" von Ralf Marczinczik wurde von der Deutschen Akademie für Fußballkultur als „Bester Fußball-Comic des Jahres 2013" ausgezeichnet.
[312] Anne Nelson, Die Rote Kapelle. Die Geschichte der legendären Widerstandsgruppe. Aus dem amerikanischen Englisch von Michael Müller, C. Bertelsmann Verlag, München 2010, 313f.

„Es drohte ein trauriges Weihnachtsfest zu werden. (…) Greta und Adam Kuckhoff wollten ihrem Sohn unbedingt eine Welt zeigen, die anders war als jene Travestie um sie herum. Wenn Greta an ihre eigene entbehrungsreiche Kindheit zurückdachte, fielen ihr immer die Spielsachen ein, die ihr Vater, der ja nur wenig verdiente, ihr selbst geschnitzt hatte. Besonders geliebt hatte sie eine Arche Noah, eine einfache Holzkiste voller kleiner Tierfiguren. Als sie schwanger wurde, hatte sie angefangen, für ihr eigenes Kind kleine Fahrzeuge und Figuren zu sammeln. Ende 1941 hatten sie und ihr Mann mehr als zwölfhundert Stücke zusammengetragen. Nachdem die Kuckhoffs Freunden von ihrem Plan, eine eigene kleine Welt zu erschaffen, erzählt hatten, waren ihnen auch exotischere Miniaturen aus Afrika, Frankreich, England und den Vereinigten Staaten geschenkt worden.

Zuerst hatte das Paar vorgehabt, alles erst einmal weggepackt zu lassen und es erst später ihrem Sohn zum Geschenk zu machen. In jenem Winter jedoch wurden sie ihrem Vorsatz untreu. Es war ein schlimmer Tag gewesen. Ihre neuesten Flugblätter waren von den Leuten nur widerstrebend entgegengenommen worden. (…)

(…) beide waren der Meinung gewesen, es sei an der Zeit, sich selbst mit irgendetwas eine Freude zu machen: ‚Es war unser Plan, dem Sohn die mit viel Liebe zusammengetragene ›Welt‹ zum sechsten Geburtstag oder dem unmittelbar davorliegenden Weihnachtsfest aufzubauen. Nun bauten wir sie für uns auf', schrieb Greta in ihren Memoiren. In einer Nische ihres Ateliers hängten sie einen Mond und kleine Sterne an der Decke auf und bastelten Winterlandschaften mit silbriger Wolle. Ein Spiegel musste als Teich für eine Entenfamilie herhalten, und es fand sich auch etwas, aus dem sich ein Hügel für die Windmühle basteln ließ. Irgendwann lag sie vor ihnen, ihre kleine Welt, eine Welt ohne Bomben und Konzentrationslager – eine Welt ohne Nazis.

Sie standen auf und sahen, dass sie gut war. Sie brachten es nicht über sich, alles wieder im Schrank zu verstauen. Als ihr Sohn Ule am Abend ihr Werk zu sehen bekam, war er ganz überwältigt ‚und kriegte den Mund nicht mehr zu'."

Spielerisch hatten Grete und Adam Kuckhoff für ihren kleinen Sohn, aber nach diesem enttäuschenden Tag eben auch für sich selber die Welt in Erinnerung gebracht, sie vor sich aufgebaut, „die anders war als jene Travestie um sie herum", „eine Welt ohne Bomben und Konzentrationslager – eine Welt ohne Nazis". „Sie standen auf und sahen, dass sie gut war", fast wörtlich zitiert Nelson jenen Satz aus der priesterschriftlichen Schöpfungserzählung im ersten Kapitel der Bibel, der davon handelt, wie Gott sein Werk als Ganzes in Augenschein nimmt: „Und Gott sah an alles, was er gemacht hatte und siehe: sehr gut." (1. Mose 1,31[313]). Auf dem Boden ihres kleinen Zimmers in Berlin ist der eigentliche Charakter der Welt wieder sichtbar geworden, ihr Fundament, ihre Basis, ihr wahres Gesicht. Die Kuckhoffs wollen sich ihre innere Beziehung zur nicht-entfremdeten, nicht-verletzten, nicht-entstellten Welt bewahren, wollen sie wieder vor sich sehen. Und dies ist das Urmotiv für ihren Widerstand. Sie verbinden sich wieder – und ist es nur ein Zufall, dass es im Umfeld von Weihnachten geschieht? – neu mit der Welt, „sehen" es wieder, ihr wahres Gesicht. Und eben deshalb wollen sie es und müssen sie es verteidigen gegen die, die diese göttliche Welt beleidigen, beschädigen, verletzen, gegen die, denen diese Welt nichts mehr bedeutet.

Weihnachten ist das Fest der Weltverbundenheit schlechthin – oder muss es, ganz im Sinn der Botschaft dessen, dessen Geburt an diesem Tag gefeiert wird, wieder werden. Es ist ein subversives Fest. Da will in Wahrheit – anders ist die echte Liebe der Menschen gerade zu diesem Fest kaum zu erklären – eben durchaus keine weltferne und weltfremde Idylle gefeiert werden, da will man vielmehr wieder erleben, dass diese Erde „gehimmelt" ist, dass uns in der Verbundenheit mit ihr, wie Jesus nicht müde wurde zu betonen, das „Reich Gottes" erscheint. Das ist ihr wahres Gesicht. An Weihnachten möchten wir es immer wieder neu „zu Gesicht bekommen".

---

[313] Es heißt im hebräischen Text eben nicht: „…und sah, es *war* sehr gut". Die Rede ist nicht von einer lediglich uranfänglichen Perfektion, einem längst vergangenen goldenen Zeitalter. „Siehe, sehr gut!" (hebräisch: *hinē tōw meōd*) – das ist vielmehr das für alle Zeit gültige, in jedem Moment sich erneuernde, immer wieder neu als ein geradezu göttliches Geschenk zu empfindende „Reich-Gottes"-Prädikat der Welt.

Das Motiv der „Weltkrippe" des 2011 verstorbenen Nürnberger Künstlers Willi Biegler, eine Metallskulptur, bei der die Längen- und Breitengraden der Erde und die blauen Kontinente darauf die Krippe umgeben, ist ein wunderbares Bild dafür, wie Jesus mit seiner Botschaft die Welt wieder „zentriert", ihren Charakter enthüllt, das Heil, die Seligkeit, die in der Weltverbundenheit beschlossen liegen, verkündigt und gelebt hat. Es ist die Quelle des Friedens auf Erden.

Karfreitag: „Jedes Kreuz ein Seufzer / nach Seinem Reich, / wo's keine Kreuze mehr gibt"[314]

Jesus von Nazaret ist von den Repräsentanten der römischen Besatzungsmacht gekreuzigt worden, weil er sich den Strukturen der Gewalt und ihrer Barbarei nicht angepasst, sondern die Kultur des Friedens gelebt hat. Doch nicht nur des Todes *Jesu* gilt es am Karfreitag zu gedenken. Zu erinnern ist auch an all die anderen Menschen, die – *wie* Jesus – wegen ihres weltverbundenen Lebens und dem sich daraus ergebenden Einsatz für das Leben verfolgt und getötet worden sind. Dies

---

[314] Schlussstrophe des Gedichts „Das Kreuz" von Kurt Marti (in: Kurt Marti, Die gesellige Gottheit. Ein Diskurs, Radius Verlag, Stuttgart 2004, 48-51 [51]). Die beiden vorangehenden Strophen lauten: „Und das Kreuz? / Symbol der Grausamkeit, / widergöttlich, gegenmenschlich. // Solange auf Erden / gefoltert, getötet wird, / erinnern Kreuze und Kruzifixe / an die unendlichen Leiden / Verfolgter, Gequälter, Getöteter, / ruft der Gekreuzigte auf / zum Kreuzzug gegen das Morden."

kann am Karfreitag geschehen oder aber auch am Todestag dieser Menschen selbst. So hat die Generalversammlung der Vereinten Nationen den 24. März zum „Internationalen Tag für das Recht auf Wahrheit über schwere Menschenrechtsverletzungen und für die Würde der Opfer" erklärt, den Tag, an dem im Jahr 1980 Erzbischof Óscar Romero in San Salvador von Militärs umgebracht wurde, weil er sich aktiv für den Schutz der Menschenrechte in seinem Land eingesetzt hat. Karfreitag ist ein Tag der Erinnerung an die Märtyrer. Karfreitag ist ein Schrei nach Gerechtigkeit, Karfreitag sagt: Wir werden euch nicht vergessen. Wir werden uns mit den Kreuzen auf unserer Erde niemals abfinden!

Man wird an diesem Tag aber auch all die Menschen „ins Gebet nehmen", die jene verfolgen, die an den Strukturen des Unrechts rütteln, die das falsche Leben verteidigen und das richtige Leben nicht zulassen wollen. Wie konnte es geschehen, dass sie ihre Weltverbundenheit verloren haben? Was müsste geschehen, damit sie sie wiedergewinnen?

In diesen Zusammenhang gehören auch all die anderen internationalen Gedenktage der Vereinten Nationen, die „an Leistungen der Völkergemeinschaft in der Vergangenheit erinnern, Anlass zur Reflexion über weltweite Probleme geben, die Aufmerksamkeit auf ein wichtiges Zukunftsthema lenken und möglichst viele Menschen zu mehr Engagement motivieren"[315] sollen. Eine Kirche, deren Herz für die Welt schlägt, die sich als „Wächterin der Erde", als „Hüterin des Paradieses" versteht und die Weltverbundenheit pflegt, wird diesen Tagen die ihnen gebührende Bedeutung zukommen lassen, erinnern sie doch an die Verletzungen der Welt, weisen auf die Wunden, die der Heilung bedürfen.

---

[315] https://www.unesco.de/infothek/gedenkanlaesse-der-un.html; abgerufen am 9.1.2016.

Ostern: „Die Sache Jesu geht weiter"[316]

Die *ecclesia reformata* feiert an Ostern die Reich-Gottes-Erfahrung, dass die als Inbegriff des Heils und des Lebens, als Seligkeit schlechthin erfahrene Weltverbundenheit Grenzen überwindet, neue Möglichkeiten des Lebens und Zusammenlebens eröffnet, die Welt erblühen lässt – und natürlich in keiner Weise auf die Lebenszeit Jesu von Nazaret beschränkt ist.

Die Sache Jesu geht weiter! Davon erzählt im Grunde auch die Emmauslegende in Lukas 24,13-35, die Erzählung von den beiden in tiefer Trauer in ihr Heimatdorf Emmaus zurückkehrenden Jüngern. Ohne allzu sehr in den Text einzugreifen, kann sie, grob skizziert, etwa in folgender Weise zu einer österlichen Reich-Gottes-Erzählung umgeformt werden:

> In tiefer Traurigkeit und Verzweiflung befinden sich zwei Jesusjünger nach der Hinrichtung Jesu auf dem Weg von Jerusalem in ihr etwa zwei Wegstunden entferntes Heimatdorf Emmaus. Da gesellt sich ein Fremder zu ihnen. Sie erzählen ihm von Jesus, von seiner Botschaft vom Reich Gottes, wie sie Gestalt angenommen hatte, wenn sie miteinander Tischgemeinschaft hielten. Als ob ihr Leben gleichsam noch einmal neu begonnen hätte. Doch nun sei alles zu Ende: Jesus ist ans Kreuz geschlagen worden, eine Welt, ihre ganz neue Sicht der Welt, sei damit für sie wie ein Kartenhaus zusammengestürzt.
>
> Als schließlich das Dorf Emmaus in den Blick kommt und der Fremde Anstalten macht sich zu verabschieden, drängen ihn die beiden, doch bei ihnen einzukehren. Er nimmt die Einladung an. Er setzt sich mit ihnen an den Tisch. Dann teilen sie miteinander das

---

[316] Am 7. Januar 1964 gebrauchte Willi Marxsen (1919-1993, seinerzeit Professor für Neues Testament an der Universität Münster) in einem Vortrag in der Alten Aula der Universität Heidelberg erstmals die oft zitierte Wendung „Die Sache Jesu geht weiter". Allerdings verstand Marxsen darunter nicht die Botschaft Jesu vom Reich Gottes. Anders als Rudolf Bultmann unterschied er inhaltlich nicht zwischen dem Glauben der Menschen, der zu Jesu Lebzeiten durch sein Wirken und Verkündigen entstanden war, und der nachösterlichen Christusverkündigung (dem „Kerygma"). Zwischen beiden sah er eine inhaltliche Kontinuität, die er in den Satz kleidete: „Die Sache Jesu geht weiter."

Brot und reichen einander den Wein. Und mit einem Mal wird genau das wieder lebendig, was sie schon verloren geglaubt hatten: die Erfahrung des Reiches Gottes hier und jetzt. Sie hatten – wie intuitiv, ganz „wie von selbst" – den Fremden aufgenommen, hatten ihre Weltverbundenheit realisiert, und beim gemeinsamen Mahl fällt es ihnen wie Schuppen von den Augen: Siehe, das Reich Gottes ist mitten unter uns! Ja, die Sache Jesu geht weiter!

Der Ostergruß einer wahrhaft orthodoxen, nämlich auf der Botschaft Jesu vom Reich Gottes gründenden Kirche könnte demgemäß lauten:

- „Die Sache Jesu geht weiter!"
- „Sie geht wahrhaftig weiter!"

Pfingsten: „Die Sache Jesu braucht Begeisterte"[317]

Pfingsten gilt als Geburtstag der Kirche. Sturm, Feuer oder Taube wären jetzt zu interpretieren als Symbole und Metaphern für die alle Fesseln sprengende Begeisterung für das Reich Gottes und seinen Schalom. So ruft dieses Fest dazu auf, die sich jetzt in ihrer sommerlichen Schönheit darbietende Welt leidenschaftlich zu lieben, Trennungen zu überwinden, sich klarzumachen, dass wir die uns allen gemeinsame Sprache des Lebens noch kennen, sie noch sprechen und verstehen können. In großer Dynamik, so erzählt es die jetzt mit dem jesuanischen Evangelium verknüpfte Festlegende, ergreift der Reich-Gottes-Glaube die Menschen und entwickelt eine gesellschafts-, ja weltverändernde Kraft. Sätze aus der Apostelgeschichte, mögen sie auch die geschichtliche Wirklichkeit idealtypisch überhöhen, lassen die Schönheit und das Befreiungspotenzial der Reich-Gottes-Botschaft klar hervorleuchten. Entgegen dem Wortlaut erlaube ich mir, an die Stelle der nachjesuanischen Erlösungslehre die Reich-Gottes-Gewissheit zum Glaubensgegenstand der Ur-Kirche zu erklären: „Alle aber, denen sich die Welt zum Reich Gottes hin geöffnet hatte, waren beieinander und hatten alle Dinge gemeinsam. Sie verkauften Güter und Habe und teilten sie aus unter alle, je nach dem es einer nötig hatte." (Apostelgeschichte 2,44f.) „Sie waren ein Herz und eine Seele; auch nicht einer

---

[317] Titel eines von Alois Albrecht verfassten und von Peter Janssens vertonten Liedes aus dem Jahr 1972.

sagte von seinen Gütern, dass sie sein wären, sondern es war ihnen alles gemeinsam." (Apostelgeschichte 4,32)

Erntedank: „Jeder Teil dieser Erde ist meinem Volk heilig"[318]

„Die Entwicklung von uns Menschen steht in intensiver Wechselwirkung mit der Aussaat und Ernte von Pflanzen. Saatgut als eines unserer wichtigsten Kulturgüter ist Teil unserer innigsten Verbundenheit mit der Natur."[319] Am ersten Sonntag im Oktober wird das Erntedankfest begangen, jetzt im Herbst will gefeiert werden, dass uns die Erde mit allem versorgt, was wir zum Leben brauchen. So erneuert auch dieser Tag auf ganz konkrete Weise unsere Weltverbundenheit. Erntedank stärkt unsere Verantwortung für die Erde, erinnert wieder an die Bedeutung unserer Lebens-Mittel. Darüber hinaus will der mit Erntedank verknüpfte „Tag der Regionen"[320] unseren persönlichen Bezug zum „Garten Eden" in unserer unmittelbaren Umgebung erfahrbar machen.

---

[318] „Every part of this country is sacred to my people", wörtlich: „Jeder Teil dieses Landes ist meinem Volk heilig" (aus der Rede des Indianerhäuptlings Seattle, ca. 1786-1866, nach dem Bericht des Ohrenzeugen Dr. Henry A. Smith in der Zeitung „Seattle Sunday Star" vom 29. Oktober 1887). Quelle: Diese Erde ist uns heilig a.a.O. (vgl. Anm. 283) 82.
[319] http://www.oekosaatgutinitiative.de/; abgerufen am 23.1.2016.
[320] Der bundesweite Aktionstag macht Werbung für die Stärken der Regionen – für regionale Produkte, regionale Dienstleistungen und regionales Engagement. Er wurde erstmals 1998 von einem Verein in Bayern und einer Bürgerinitiative in Nordrhein-Westfalen veranstaltet und findet seit 2002 bundesweit statt.

3. Die Welt in den Blick nehmen, eine Welt, die nach den Spielregeln des Reiches Gottes eingerichtet ist

*Altar und Chorraum der Jakobskirche in Nürnberg,
vorbereitet für eine Feier des Reiches Gottes („Compañerismo")*

Die Zugehörigkeit des Menschen zur Welt als dem Reich Gottes, seine Beheimatung in ihr ist das große Thema Jesu gewesen, nicht der Himmel, nicht das Jenseits, nicht die Seele des Einzelnen und auch nicht die Verkündigung eines neuen Gottesbildes. Jesus hat uns mit seiner Lebensbotschaft von der Gegenwart des Reiches Gottes eine ganz neue Sicht der Welt eröffnet. Es ist ja nicht wahr, dass wir nur die Augen zu öffnen brauchen, um die Welt zu erkennen. Wir sehen zwar die Welt, wir wissen etwas von ihr, wir verfügen, zumindest theoretisch, über eine Unmenge an Informationen, verkennen dabei aber oftmals erst recht das ganze Ausmaß unserer Welt-Entfremdung. Wir betrachten sie wie einen uns fremden Gegenstand, wie ein Objekt. Wir sind nicht mehr mit ihr vertraut. Wenn es uns aber gelingt, sie mit unserem Herzen zu sehen, wenn wir wieder spüren, mit wie vielen tausend Fäden wir mit ihr verbunden sind, wenn uns aufgeht, dass bestimmte Dinge, die sich entwickeln, sich nur durch uns so ergeben, wie sie es tun, dann empfinden wir kraft dieser Verbundenheit die Welt als etwas von Grund auf Heiliges, ja Göttliches, eben als Reich Gottes. Die Sakralität der Weltverbundenheit ermöglicht erst das Leben in seiner ganzen Fülle. Menschen, deren Bedürfnisse erfüllt werden und die selber die Bedürfnisse anderer zu erfüllen suchen, Menschen, denen deshalb Genug wirklich genug ist und jedes Zuviel (oder Zuwenig) auch spirituell ein Zuviel (oder Zuwenig) wäre, Menschen, denen der Einklang ihrer Lebensweise mit ihrer Mitwelt ein tiefes spirituelles Bedürfnis ist, entwickeln und praktizieren eine Kultur des Friedens; die Strukturen der Gewalt lösen sich auf.

All das erfordert Zeit, Anstrengung, Konzentration, ja ganz unbedingt auch Formen, regelmäßiges Wiederholen, ritualisiertes Erinnern, weil wir Menschen offenbar die Reich-Gottes-Qualität der Welt ständig wieder zu vergessen geneigt sind. Diese Notwendigkeit zu erkennen und ihr Genüge zu tun, wäre die Aufgabe eines erneuerten Christentums, einer Kirche, die wieder am jesuanischen Evangelium von der Gegenwart des Reiches Gottes anknüpft. Als Wächterin der Erde, als Hüterin des Paradieses, eben als Anwältin der WeltReligion des Reiches Gottes ist die Sakralität der Weltverbundenheit jetzt ihr zentrales Thema. Man kann es, einfach aufgrund seines Charakters, nur auf religiöse Weise „bearbeiten", man kann dieser Sakralität nur als religiöser, und das heißt eben: als weltverbundener, die Welt als Reich Gottes gleichsam in die Arme und ins Herz schließender Mensch gerecht werden. Und man wird jetzt wie von selbst einen Lebensstil entwickeln und praktizieren, der diese Weltverbundenheit durch alles Tun und Lassen feiert.

Die *ecclesia reformata* ist zurückgekehrt zu ihrem – dank der historisch-kritischen Bibelwissenschaft freigelegten – jesuanischen Grund, hat sich neu formiert auf der Basis des jesuanischen Evangeliums von der Gegenwart des Reiches Gottes. Hier und jetzt finden die Menschen durch ihre Weltverbundenheit das Heil und das Leben. Zu dieser *ecclesia* sind alle Menschen gerufen, herausgerufen[321] aus der Welt-Entfremdung, es ist eine ökumenische Kirche im biblischen Wortsinn: sie bezieht sich auf den „ganzen bewohnten Erdkreis"[322]. Wir alle sind Schwestern und Brüder. Exklusion, Diskriminierung ist im Reich Gottes nicht mehr möglich. Unsere eigene Existenz würde beschädigt werden, wenn wir unserer Weltverbundenheit, der Quelle unseres Heils, irgendwelche Grenzen setzten. Und sie übersteigt die Menschenwelt bei weitem: Die Achtung vor den Tieren und die Freude über sie stärkt unsere eigene Verbundenheit mit dem Leben. Die Pflanzenwelt umfängt uns und stärkt uns als ein sich immer wieder erneuerndes mächtig-grünes Lebenselixier. Die Ehrfurcht vor den Elementen, unsere bewusste Teilhabe an Erde, Luft und Wasser auf diesem Leben ermöglichenden und Leben schützenden Heimatplaneten erweitert unser persönliches Leben ins Unendliche hinein. Gleichwohl spüren wir, dass wir auch ganz persönlich in dieses Netz des Lebens eingebunden sind, dass jedem Menschen nicht nur ein, sondern sein Platz darin zukommt. So lange er lebt, vom ersten bis zu seinem letzten Atemzug, ist diese Welt Reich Gottes auch durch ihn; ohne ihn könnte sie es nicht sein. Und auch diese jesuanische WeltReligion des Reiches Gottes hat ihre Heiligen: Es sind – die Kinder.

So feiert die erneuerte Kirche das Leben und die Welt[323], ihre göttliche Schönheit und Heiligkeit. Ihre Botschaft vom Reich Gottes entzieht jeglicher Form von Gewalt den Boden. Mehr zu haben als man braucht, wäre geradezu widersinnig im Reich Gottes, die Erde auszubeuten ein Sakrileg für jeden Menschen, der in der Welt wieder heimisch geworden ist. Dies also wäre das Wesensmerkmal der Kirche, die *nota ecclesiae* schlechthin: das jesuanische Evangelium in der Weise zu hüten und zu bewahren, dass die Menschen nicht Fremdlinge bleiben oder zu

---

[321] Ecclesia bedeutet wörtlich „die Herausgerufene".
[322] Vgl. Walter Bauer a.a.O. (vgl. Anm. 47) 1137.
[323] Es ist die Kirche, die Andreas Altmann (und gewiss nicht nur er) sich wünscht: „Ich würde gern einen Glauben entdecken, der sich nicht nach der ‚Wiederkunft des Messias' (oder eines anderen göttlichen Rächers) sehnt, nicht nach dem Tod, nicht nach dem – gewiss sterbensfaden – Himmel. Eine Religion, bitte, die das Diesseits verherrlicht und die Liebe zur Welt." (Verdammtes Land. Eine Reise durch Palästina, Piper Verlag GmbH, München 2014, 9)

Fremdlingen werden in dieser Welt, sondern so, wie sie einmal „zur Welt gekommen" sind – ein göttliches Wunder! –, dieser Reich-Gottes-Welt allezeit, alle Tage ihres Lebens verbunden bleiben, einer Welt, in der „Gerechtigkeit sprudelt wie ein unversieglicher Bach", in der „Gerechtigkeit und Frieden sich küssen", in der wir mit jedem Atemzug neu überwältigt werden von ihrer Heiligkeit.